A Ruppersberg

Saarbrücker Kriegschronik

A Ruppersberg

Saarbrücker Kriegschronik

ISBN/EAN: 9783743310261

Hergestellt in Europa, USA, Kanada, Australien, Japan

Cover: Foto ©ninafisch / pixelio.de

Manufactured and distributed by brebook publishing software
(www.brebook.com)

A Ruppersberg

Saarbrücker Kriegschronik

Saarbrücker Kriegs-Chronik.

Ereignisse

in und bei

Saarbrücken und St. Johann,

sowie am

Spicherer Berge
1870

von

A. Ruppersberg,

Oberlehrer am Gymnasium in Saarbrücken.

Mit vielen Zeichnungen

von

Karl Röchling.

Fünftes und sechstes Tausend.

Verlag von H. Klingebeil in Saarbrücken.
1895.

Druck von Gebrüder Hofer in Saarbrücken.

Vorwort.

Unser Vaterland rüstet sich die 25jährige Jubelfeier des Krieges von 1870/71 zu begehen, des größten und ruhmvollsten, den Deutschland je geführt, der durch seine Erfolge ohne Beispiel in der Weltgeschichte dasteht, der die langersehnte Einigung unserer Nation herbeiführte.

Diese Feier hat für die Bewohner von St. Johann-Saarbrücken ihre besondere Bedeutung: waren sie doch durch den feindlichen Angriff zunächst bedroht; ihre Städte, nach tapferer Verteidigung dem übermächtigen Gegner überlassen, waren die einzigen Deutschlands, die den Feind in ihren Mauern sahen, und in ihrer Nähe fand der furchtbare, siegreiche Kampf statt, durch den das feindliche Heer von unsern Grenzen zurückgeworfen wurde.

Bei dem Herannahen dieses Festes mußte der Gedanke naheliegen, die Erinnerungen aus jener denkwürdigen Zeit, die teils in dem Gedächtnis der Bewohner noch fortleben, teils im Druck erschienen sind, in einer wahrheitsgetreuen und vollstümlichen Darstellung zu vereinigen. Der Aufforderung des Herrn Verlegers, diese Arbeit zu übernehmen, habe ich Folge geleistet, da dieselbe mir bei dem Interesse, das ich der Geschichte dieses Grenzlandes entgegenbrachte, als eine dankbare Aufgabe erschien. Es fehlt ja bisher an einer einigermaßen vollständigen Kriegsgeschichte unserer Gegend, und schon beginnt die Sage mit ihrem duftigen Gespinnst die geschichtlichen Vorgänge zu umranken.

An Hilfsmitteln fehlte es nicht, da in Tagesblättern, Zeitschriften und militärischen Werken interessante Mitteilungen der verschiedensten Art veröffentlicht worden sind, sodaß wir heute über manche Vorgänge ein geklärteres Urteil abgeben können, als die Verfasser der unmittelbar nach dem Kriege erschienenen, im Übrigen so dankenswerten Erinnerungen. Vor allem aber sah ich mich auf die Unterstützung derjenigen angewiesen, die als Zeugen jener Tage noch unter uns leben, deren lebendige Erinnerung uns in die vergangene Zeit zurückversetzen kann.

Und in dieser Hoffnung bin ich nicht getäuscht worden. Fast überall, wo ich anklopfte, habe ich freundliches Entgegenkommen und lebhafte Teilnahme für meine Arbeit gefunden. So konnte; ich außer den unten angeführten Druckschriften die betreffenden Alten des Königlichen Landratsamtes, der Bürgermeistereien Saarbrücken und St. Johann, der Königlichen Bergwerks= direktion und des städtischen Hospitals, außerdem die freundlichst mir über= lassenen Tagebücher und Aufzeichnungen des verstorbenen Generals Freiherrn v. Rosen, des verstorbenen Bergrats Herrn Dr. Römer, des Fabrikbesitzers Herrn Eduard Böcking (früher in Brebach), des Fabrikbesitzers und Ritt= meisters der Landwehr Herrn Karl Karcher in St. Johann, des Herrn Professors Dr. Krohn und des Herrn Rechnungsrats Helmbach in Saarbrücken, des Herrn Sauerbrey in St. Johann und des Herrn Jakob Grentz in Forbach benutzen. Hierzu kommen zahlreiche größere und kleinere Beiträge, die mir aus allen Kreisen der Bürgerschaft, von nah und fern, mündlich und schriftlich zugegangen sind. Für diese freundliche Unterstützung auch an dieser Stelle meinen herzlichen Dank auszusprechen ist mir ein tiefempfundenes Bedürfnis.

So biete ich zugleich im Namen meines verehrten Mitarbeiters Herrn Karl Röchling*) dies kleine Werk als Jubiläumsgabe zu dem bevorstehenden Feste dar, mit dem Wunsche, daß das Interesse, welches wir für unsere Arbeit gehabt haben, einen Wiederhall in den Herzen der Leser finden möge.

Saarbrücken, ben 8. Juli 1895.

A. Kuppersberg.

---

*) Herr Röchling veröffentlicht auf die Bitte der Verlagshandlung auch ein größeres farbiges Bild, die „Erstürmung des Spicherer Berges" darstellend.

Quellenschriften.

Der deutsch-französische Krieg 1870—71. Redigiert von der kriegsgeschichtlichen Abteilung des Großen Generalstabes I. Berlin, Mittler und Sohn. 1874.

Graf H. v. Moltke, Geschichte des deutsch-französischen Krieges. Berlin, Mittler. 1893.

H. Fechner, der deutsch-französische Krieg. Berlin, Grote. 1871.

W. Oncken, das Zeitalter des Kaisers Wilhelm. Berlin, Grote. 1892.

C. Canera, der Krieg von 1870—71, dargestellt von Mitkämpfern. München, Beck. 1890.

Birth und v. Gosen, Tagebuch des deutsch-französischen Krieges I. Berlin, Stilke und van Munden. 1871.

v. Alpans, Tagebuch des deutsch-französischen Krieges. Saarbrücken, Klingebeil.

Froffard, Rapport sur les opérations du deuxième corps de l'armée du Rhin. Paris, Baudouin. 1871.

Bazaine, Episodes de la guerre de 1870. Madrid 1883.

Dick de Lonlay, Français et Allemands. Histoire anecdotique de la guerre de 1870—71. II. Paris, Garnier frères.

v. Schell, Operationen der 1. Armee. Berlin, Mittler. 1872.

Seton, Notes on the operations of the North German Troops. London, Mitchell & Co.

v. Verdy, Studien über den Krieg I. Berlin, Mittler. 1892.

Woide, die Ursachen der Siege und Niederlagen im Kriege 1870. Aus dem Russischen übersetzt von Klingender. I. Berlin, Mittler. 1894.

Henderson, the battle of Spicheren. London, Gale & Polden. (Mit Benutzung eines Auszugs von Herrn Premierlieutenant v. Düring.)

Kriegsgeschichtliche Einzelschriften, herausgegeben von dem Großen Generalstabe.

Heft 9: Stärkeverhältnisse im deutsch-französischen Kriege. Berlin, Mittler. 1888.

Heft 18: das Generalkommando des 3. Armeekorps bei Spichern und Bionville. Berlin, Mittler. 1895.

Gisevius, das Hohenzollern'sche Füsilierregiment Nr. 40 im Kriege gegen Frankreich. Berlin, Mittler 1875.

Sauerwein, die Vierziger in Frankreich. Trier, Linz. 1874.

Kusenberg, Geschichte des Rheinischen Ulanenregiments Nr. 7. Berlin, Mittler. 1890.

Frhr. v. Schrötter, Geschichte des 7. Rheinischen Infanterieregiments Nr. 69. Berlin, Mittler 1885.

Bothe und v. Ebart, Geschichte des Ulanenregiments Nr. 3. II. Berlin, Mittler. 1879.

Kriegstagebuch des Kürassierregiments Nr. 6. (handschriftlich).

v. Bredow, Geschichte des 2. Rheinischen Husarenregiments Nr. 9. 2. Auflage. Berlin, Mittler. 1889.

Rintelen, Geschichte des Niederrheinischen Füsilierregiments Nr. 39. Berlin, Mittler. 1893.

Geschichte des 1. Hannover'schen Infanterieregiments Nr. 74 (handschriftlich).

v. Conrady, Geschichte des 2. Hannover'schen Infanterieregiments Nr. 77. Berlin, Mittler.

Lichter, Geschichte des 5. Westfälischen Infanterieregiments Nr. 53. Berlin, Mittler. 1885.

Dallmer, Geschichte des 6. Brandenburgischen Infanterieregiments Nr. 48. Berlin, Mittler.

Lichtenstein, Geschichte des Leibgrenadierregiments Nr. 8. Berlin, Mittler 1883.

v. Müller, Geschichte des Grenadierregiments Nr. 12. Berlin, Mittler. 1875.

Geschichte des Infanterieregiments v. Alvensleben Nr. 52 (handschriftlich).

Frhr. v. Blomberg und v. Oeszczynski, Geschichte des 7. Westfälischen Infanterieregiments Nr. 55. Detmold, Meyer. 1877.

Damm und Mäwes, Geschichte des 1. Westfälischen Feldartillerieregiments Nr. 7. Berlin, Mittler 1891.

Krätzig, Geschichte des Feldartillerieregiments v. Holtzendorff Nr. 8. Berlin, Mittler. 1876.

Kriegstagebuch des Brandenburgischen Feldartillerieregiments Nr. 3 (handschriftlich).

Geschichte des Brandenburgischen Jägerbataillons Nr. 3. 2. Auflage. Berlin, Mittler. 1880.

Schramm-Otto, illustrierte Chronik des deutschen Nationalkrieges. Leipzig, Spamer. 1872.

Illustrierte Kriegschronik. Leipzig, J. J. Weber 1871.

Moritz Busch, Graf Bismarck und seine Leute während des Krieges mit Frankreich. Leipzig, Grunow. 1890.

H. Wachenhusen, Tagebuch vom französischen Kriege. Berlin, Hausfreund-Expedition.

Prinzessin zu Salm-Salm, 10 Jahre aus meinem Leben. Stuttgart, Hallberger. 1875.

A. Forbes, My experiences of the war between France & Germany. Leipzig, Tauchnitz.

W. Schmitz, das Saarbrücker Land 1815 und 1865. Saarbrücken, Hofer. 1866.

Erlebnisse in den Tagen vom 2. bis 9. August 1870. Von einem Saarbrücker (M. G. W. Brandt). Eckartsberga, Eckartshaus. 1871.

J. Römer, die Vorpostengefechte bei Saarbrücken und die Schlacht bei Spichern. 2. Auflage. Saarbrücken, Siebert.

Konr. Herrmann, die Invasion der Franzosen in Saarbrücken. 2. Auflage. St. Johann a. Saar, Bock und Seip.

—, Schlimme und hohe Tage. Historische Sonette. Saarbrücken, Siebert. 1871.

F. Tendering, die Schlacht bei Spichern. Saarbrücken, Klingebeil 1882.

E. Röchling, meine Erlebnisse in Saarbrücken 1870. Universum VIII. Jahrgang. 1891/92.

Prof. Dr. Leg, zur Erinnerung an die Juli- und Augusttage 1870. Saarbrücken, Hofer.

Frhr. v. Steinäcker, 14 Tage auf Vorposten (nach Aufzeichnungen eines Hohenzollern'schen Füsiliers). Soldatenfreund 1890/91.

Cornet, une quinzaine à Spickeren. Verviers. 1870.

Selbsterlebtes 1870/71. Von verschiedenen Verfassern. Saarbrücken, Klingebeil. 1894.

E. Vorberg, das Heldentum des Dampfes. St. Johann-Saarbrücken, Selbstverlag.

v. Lattorf, Denkmäler und Erinnerungszeichen auf den Schlachtfeldern bei Saarbrücken. St. Johann-Saarbrücken, Kühn. 1877.

Führer zum Spicherer Schlachtfelde. 4. Auflage. Saarbrücken, Möllinger. 1892.

Kölnische Zeitung, Gartenlaube, Daheim, Klabberadatsch, Saarbrücker und St. Johanner Zeitung von 1870, außerdem zahlreiche Artikel und Notizen in den späteren Jahrgängen der Saarbrücker Zeitung.

━━━◆◦◆━━━

Inhaltsangabe.

Krieg mit Frankreich

I. „Der Krieg ist erklärt!"

rohende Gewitterwolken zogen in der ersten Juliwoche des Jahres 1870 am politischen Himmel auf, einen Sturm ankündigend, der das betriebsame Saarthal schwer heimsuchen sollte. Mit begreiflicher Spannung und Besorgnis verfolgte man hier, eine halbe Stunde von der französischen Grenze entfernt, die Verhandlungen wegen der spanischen Königskrone. Doch alle Befürchtungen schwanden, als am 13. Juli die Zeitungen die Nachricht brachten, daß der Erbprinz von Hohenzollern von der Kandidatur zurückgetreten sei, weil er nicht wollte, daß um seinetwillen Deutschland in ein Meer von Blut und Jammer gestürzt werde. Alle Welt atmete auf: der Friede schien gesichert, da ja nun jeder Anlaß zu französischer Empfindlichkeit beseitigt war.

„Wir sind befriedigt", schrieb selbst der „Constitutionel", das Leibblatt des französischen Ministers Ollivier, und in demselben Sinne äußerten sich andere angesehene französische Zeitungen. Aber nicht befriedigt war Kaiser Napoleon und die französische Kriegspartei. Der Mann, der das Wort sprach: „das Kaiserreich ist der Friede", der dann mit aller Welt Händel angefangen, mußte jetzt um jeden Preis einen Kriegsfall haben, um den wankenden Thron der Bonaparte zu stützen. So las man denn am 14. Juli das schier Unglaubliche: wie der Botschafter Benedetti auf der

1

Promenade in Ems dem König Wilhelm zugemutet hatte, er solle sich für alle Zukunft verpflichten, niemals wieder zuzustimmen, wenn diese Kandibatur wieder aufleben sollte.

Ein Schrei der Entrüstung ging durch die deutschen Gaue, ganz Deutschland empfand dies Ansinnen wie einen Schlag in's Gesicht; doch zugleich wurden die Herzen von stolzer Befriedigung erfüllt. Wie entschieden und doch maßvoll hatte der greise König diese Zumutung zurückgewiesen! War auch die Lage dadurch ernster geworden, so gab man doch die Hoffnung auf Erhaltung des Friedens nicht auf. Auch die Luxemburger Verwickelung vor 3 Jahren war ja in friedlicher Weise gelöst worden.

Freilich kamen schon beunruhigende Nachrichten: es hieß, die französische Ostbahn ziehe ihre Wagen aus Luxemburg zurück und treffe in Metz Vorbereitungen zur Beförderung von Truppen, aber doch ging das Geschäftsleben in unsern Saarstädten noch seinen gewöhnlichen Gang, und mancher dachte am nächsten Sonntag, für den zahlreiche Konzerte angekündigt waren, bei Musik und Tanz von der Arbeit der Woche sich zu erholen. Doch es sollte anders kommen.

Am Freitag, den 15. Juli, war abends im Garten des neuen Kasinos „Harmonie"; eine Militärkapelle spielte, das Konzert war gut besucht, und das junge Volk gedachte sich bald im Reigen zu schwingen. Da kommt Herr L. H. Röchling mit einem Extrablatt der „Saarbrücker Zeitung" in der Hand herbeigeeilt und verliest das Telegramm: „Der Krieg ist erklärt."*) Alle springen mit erregten Mienen auf. Herr Rechtsanwalt Böcking bringt ein „Hurrah" auf den König aus, die Musik fällt mit einem Tusch ein; doch der Augenblick erscheint so ernst, daß alsbald allgemeiner Aufbruch erfolgt: Die Sorge um Haus und Herd nimmt jeden einzelnen zu sehr in Anspruch, als daß er noch länger hier weilen möchte. Schon heute Abend kann ja der Feind mit seinen Turkos und Zuaven über uns herfallen! In großer Aufregung trennte sich die Versammlung. Alle eilten nach Hause, um dort nach dem Rechten zu sehen und das Wertvollste in Sicherheit zu bringen. Die Stätte, wo eben noch lustige Weisen — zum letzten Male für lange Zeit — erschallten, ist verödet. Drei Wochen später liegen tote und sterbende Krieger in diesem Hause, und das Stöhnen der Verwundeten bringt durch die Räume, wo sonst oft froher Becherklang ertönte.

In den Städten entfaltet sich bald ein reges Leben. Vor der Hofer'schen Druckerei ist eine große Menschenmenge versammelt, man reißt sich um die

---

*) Dies war bekanntlich ein Irrtum. Die Kriegserklärung wurde erst am 19. Juli in Berlin überreicht. Damals wurde die Einberufung der Reserve, die Bewilligung eines Kredits und andere Kriegsmaßregeln in Paris beschlossen.

Extrablätter, um die wichtige Nachricht schwarz auf weiß zu haben. Auf den Straßen stehen dichte Gruppen zusammen, die das große Ereignis besprechen; die Wirtshäuser sind überfüllt, da es viele drängt, noch einen Abschiedstrunk mit den Freunden zu thun, ehe der Krieg sie auseinander reißt, vielleicht auf Nimmerwiedersehen. Manch' kräftiger Trinkspruch wird ausgebracht: „Deutschland hoch!" — „Pereat Napoleon!" so ertönen die Rufe durcheinander. Da der Einbruch der Franzosen in der nächsten Nacht befürchtet wird, so werden die öffentlichen Kassen noch am Abend an die Bahn gebracht und fortgeschafft. In der Bergwerksdirektionskasse befanden sich an 3 Millionen Thaler in Wertpapieren und Wechseln; doch wurden zuvor noch in aller Eile die Lohngelder für die Bergleute ausgezahlt, dann der Rest an Bargeld und die Papiere durch Bergrat Follenius und Rendant Müller nach Koblenz geflüchtet. Die kriegspflichtigen Männer rüsten sich zur Abreise, Offiziere und Ordonnanzen sprengen durch die Stadt; einer der ersteren, Lieutenant Heydenreich, stürzt, wie er um eine Ecke biegen will, mit dem Pferde auf dem glatten Pflaster, bricht den Arm und wird kriegsuntauglich — trauriges Mißgeschick für einen Soldaten, der sich auf den Waffengang gefreut hat!

Das Füsilierbataillon des 69. Infanterieregiments und 3 Schwadronen der 7. Ulanen bildeten damals die Besatzung Saarbrückens. In den Kasernen hatte schon in den letzten Tagen infolge der drohenden Kriegsgefahr ein reges Treiben geherrscht; von dem Divisionskommandeur v. Barnekow war der Befehl an die Truppen ausgegeben worden, sich marschfertig zu machen. Daher hatte man begonnen die Kammern zu räumen, die Kriegs= ausrüstung war ausgegeben und die alten Sachen eingefordert worden Heute vollends ist alles in lebhaftester Bewegung. Die Kammerbestände werden in aller Eile unter freiwilliger Beihilfe von Bürgern in Kisten und Fässer verpackt; alle Fuhrwerke der Städte sind requiriert, um die Sachen zur Bahn zu bringen. Die Soldaten leeren ihre Schränke und packen die Tornister; alles Überflüssige fliegt unter dem Jubel der Gassenjugend durch die Fenster auf die Straße. Die Arrestanten werden aus ihrem Kerker entlassen, alle sind in gehobener Stimmung, wenn auch manchem das Herz etwas bange pocht: Jetzt geht's in den Krieg, in den lustigen Krieg, aus der finstern Kaserne und dem langweiligen Gamaschendienst heraus! — Zur Sicherung gegen einen feindlichen Überfall besetzte noch an demselben Abend Lieutenant Bauer mit einem Zug 69er den hochgelegenen Exerzierplatz; ein zweiter Zug unter Premierlieutenant Schweder stand an der Lerches= flur zur Unterstützung bereit, jeder Mann mit 40 scharfen Patronen; Infanterie= und Reiterpatrouillen gingen bis zur Grenze vor. Durch die dunkle Nacht lauschen die Füsiliere und Ulanen auf jedes Geräusch: die erregten Sinne glauben schon Waffenklirren und Kolonnentritt zu vernehmen. Doch alles bleibt ruhig. Um 12½ Uhr wird das Bataillon alarmiert und rückt unter Führung des Oberstlieutenants Marschall v. Sulicki mit klingendem Spiel an den Bahnhof; durch die stille Nacht ertönt ein donnerndes Hoch, das die scheidenden Krieger ihrem Könige ausbringen. Dann entführt sie das Dampfroß nach ihrem Stabsquartier Saarlouis, wo sie die Besatzung verstärken sollen.

Major v. Peſtel.

Major v. Peſtel, der Kommandeur der Ulanen, erhielt eine Stunde nach Mitternacht folgende Depeſche vom Generalkommando:

Koblenz, den 16. Juli.
12 Uhr 44 M. Vm.

„Plötzlicher Angriff möglich. Die Ulanen von Saarbrücken ſollen beim Rückzug hinter ſich an vielen Stellen die Eiſenbahn auf Bingen und über Kaiserslautern unbrauchbar machen, hierbei jedoch keine größeren Bauwerke zerſtören.

v. Herwarth.“

Eine halbe Stunde ſpäter ging auch der Mobilmachungsbefehl ein. Da früher ergangenem Befehl zufolge der Rückzug des Regiments über Kirn nach Siegburg, bem Mobilmachungsort ber Ulanen, ſtattfinden ſollte, ſo wurde um 3½ Uhr morgens ber Marſch nach Ottweiler angetreten. Der Abzug ging ſo eilig von ſtatten, daß man vergaß die aus dem Sergeanten Borchers, Gefreiten Seibel und Ulan Fritz Zix beſtehende Patrouille auf ber Folſter Höhe einzuziehen, bie erſt morgens 9 Uhr durch einen von Dubweiler zurückgeſandten Trompeter von ihrem Wachtdienſt erlöſt wurde.

So waren unſere Städte bem einbrechenden Feinde wehrlos preisgegeben.

II. Bange Stunden.

Wohl manchem ist in dieser Nacht nur wenig Schlaf in die Augen gekommen. Krieg mit Frankreich! Das ist ein furchtbares Wort. Wird nicht die Kriegsfurie hierher zuerst sich wälzen, wo ein wichtiges Straßen- und Eisenbahnnetz die Verkehrslinien Deutschlands und Frankreichs verbindet? Die Bewohner des Saarbrücker Landes haben es gar oft schon erfahren, was ein Krieg mit den Franzosen für sie zu bedeuten hat, und hegen nichts weniger als Sympathie für Frankreich. Die Schrecken des 30jährigen Krieges und der Raubkriege Ludwigs XIV. haben sich in unserer Gegend abgespielt. 1677 ist Saarbrücken von den Franzosen in Brand gesteckt worden, sobaß kaum 7 bis 8 Häuser stehen blieben. Die Franzosen wurden dann unsere nächsten Nachbarn, nachdem sie Saarlouis als Waffenplatz erbaut und schließlich auch Lothringen erworben hatten, und die beiden letzten Fürsten von Nassau-Saarbrücken waren um ihrer eigenen Sicherheit willen getreue Vasallen der allerchristlichsten Majestät, für die sie mehrere Regimenter im Solde hielten. Das schützte aber den Fürsten Ludwig nicht vor dem Verdachte der Revolutionsmänner, als diese mit der Parole: „Krieg den Palästen, Friede den Hütten!" hier einzogen. Der Fürst und der Erb- prinz mußten flüchten, ihre prächtigen Schlösser wurden von den Franzosen geplündert und angezündet, den Städten eine Zwangsanleihe von 1 Million Franken auferlegt und jeglicher Übermut verübt. Auch die ambulante Guillotine gab hier eine Gastrolle und beförderte zwei unschuldige Bauern als Verräter an der französischen Nation vom Leben zum Tode. Noch ist in Saarbrücken das Wort eines französischen Generals unvergessen, welcher zu den um Schonung bittenden Einwohnern sagte: „Wir werden Euch nichts lassen als die Augen um zu weinen."

Zwanzig Jahre haben dann unsere Städte die Fremdherrschaft ertragen, bis sie im Januar 1814 Blücher mit seinen Tapfern als Befreier begrüßen konnten. Doch leider sollte die Befreiungsstunde nicht so bald schlagen, da schmählicher Weise der größte Teil der alten Grafschaft Saarbrücken wieder an Frankreich herausgegeben wurde. Mit Kummer und Schmerz fügte man sich in das Unabänderliche. Doch als der ruhelose Friedensstörer bei Waterloo geschlagen war, da gelobten 345 Bürger aus beiden Städten am 11. Juli 1815 urkundlich: „mit allen Mitteln für die Lostrennung von Frank- reich und die Wiedervereinigung mit Deutschland zu wirken." Und ihre Bemühungen wurden mit Erfolg gekrönt: die Saarbrücker wurden wieder deutsch, und da das einheimische Fürstengeschlecht ausgestorben war, so nahm der preußische Adler das Land unter seine mächtigen Fittiche. Aber die französischen Gelüste nach der Rheingrenze, die 1840 zuerst wieder sich kund gaben, blieben eine stete Drohung für unsere Gegend. Mit Jubel wurde daher das Wort des Prinzregenten Wilhelm bei der Einweihung der Rhein= Nahebahn im Jahre 1860 begrüßt: „daß er niemals darein willigen werde, einen Fuß breit deutschen Landes abzutreten." Trotzdem verlangte im August 1866 Napoleon als „Kompensation" oder, wie Bismarck sagte, als „Trinkgeld" für die Vergrößerung Preußens u. a. auch die Wiederabtretung des Saarbrücker Landes mit seinen reichen Kohlengruben, und die Ab= lehnung dieses Ansinnens war der eigentliche Grund der Feindschaft des Franzosenkaisers gegen Preußen. Unterliegen also in dem bevor= stehenden Kampfe unsere Heere, so wird Saarbrücken das erste Opfer welscher Eroberungslust werden.

Wohl haben wir Vertrauen auf unser tapferes Heer und seine erprobten Führer, die es bei Düppel und Königgrätz zum Siege geführt haben. Doch auch der Feind kann auf glänzende Erfolge hinweisen: vor Sebastopol, bei Magenta und bei Solferino haben die Franzosen sich mit Ruhm bedeckt; in Afrika, in China und in Mexiko sind ihre Waffen siegreich gewesen. Die französische Armee betrachtet sich als die erste der Welt; die Verbesserung der Kriegswerkzeuge ist Napoleons III. eifrige Sorge gewesen: die Chassepots haben bei Mentana „Wunder gethan", und die Mitrailleusen sollen von furchtbarer Wirkung sein. Bleibt aber auch der gerechten Sache der Sieg, so ist doch der Einbruch des Feindes in unsere unbeschützten Grenzen sicher: Raub und Plünderung, wenn nicht Schlimmeres, steht uns bevor.

III. Vorbereitung auf ungebetene Gäste.

Am folgenden Morgen, dem 16., waren die Franzosen merkwürdiger Weise noch nicht da. Saarbrücker Jungen rekognoscieren auf eigene Faust bis zur Grenze am Spicherer Berg, doch von Rothosen ist nichts zu sehen. Die Gerüchte jagen sich: die Franzosen sollen in Luxemburg und in der Pfalz eingefallen sein; die Brücke bei Conz soll gesprengt sein, die Saargemünder Garnison schon in Großblittersdorf stehen. Da die Städte von Truppen ganz entblößt sind, so werden Gensdarmen auf Rekognoscierung nach dieser Gegend ausgeschickt. Bei der Nähe der Grenze scheint es zu gefährlich, die Pferdeaushebung hier abzuhalten, da diese nur desto eher die Franzosen herbeilocken könnte. Das Bezirkskommando in St. Wendel fragt telegraphisch an, ob schon französische Patrouillen sich gezeigt haben. In Saarlouis hat man gehört, daß die Franzosen im Anmarsch auf Saarbrücken sind; die Bahn hierher wird von dort aus bei Ensdorf gesperrt, die Festung unter Beihilfe der Bürger in Verteidigungs= zustand gesetzt. Auch hier werden alle Maßregeln zur Kriegsbereitschaft getroffen: die Beamten bekommen Verhaltungsbefehle für den Fall des Ein= rückens der Feinde*), die Pferde= und Fourageausfuhr nach Frankreich wird verboten, alle Staatsbauten werden eingestellt, das Militärmagazin, dessen Verwalter sich entfernt, wird der Bürgerschaft überlassen, damit die Vorräte an Heu, Stroh und Hafer nicht den Franzosen in die Hände fallen; ein patriotischer Bürger, Herr W. Hartung, übernimmt freiwillig die Verwaltung. Selbst die Lose der preußischen Lotterie werden von dem Kollekteur der Kriegsgefahr wegen nach Berlin zurückgesandt.

Auf der Saar ziehen die französischen Schiffe, befrachtet oder nicht, zu Berg, der Heimat zu; die übrigen werden nach Saarlouis geschickt oder hier im Hafen eingeschlossen und dieser durch zwei versenkte Schiffe gesperrt, damit der Feind keine Fahrzeuge zum Brückenschlagen vorfindet. Alle Kähne und Fähren werden am rechten Ufer versenkt, die Nadelwehre gezogen und so die Schiffahrt unmöglich gemacht.

Besonders wichtig erscheint es, das wertvolle Bahnmaterial, an 2000 Wagen und gegen 60 Lokomotiven, nicht in die Hände der Franzosen fallen

---

*) Wie man an maßgebender Stelle darüber dachte, beweist folgendes Telegramm aus Berlin vom 17. Juli:

Sind die fiskalischen Kassen in Sicherheit gebracht? Wenn noch nicht, so hat es sofort zu geschehen. Der Einmarsch der Franzosen kann zu jeder Stunde erfolgen.

Der Ministerpräsident:
von Bismarck.

Verfenken der Schiffe.

zu laffen, daher wird die Unterbrechung der Strecke Saarbrücken—Bingerbrück vorläufig aufgeschoben und der Güterverkehr sofort völlig eingestellt; das entbehrliche Material wird schleunigst nach dem Rhein in Sicherheit gebracht, 20 und mehr Lokomotiven dampfen in einem Zuge gen Bingen. Von Saargemünd ist heute Morgen der letzte Zug angekommen; der Pöbel dort hat ihn mit Schmutz und Steinen beworfen und die Beamten beschimpft. In Forbach hat sich der Lokomotivführer Eil, der gestern Abend gegen 9 Uhr mit einem Kohlenzug aus Grube v. d. Heydt dort eintraf, von den Kriegsvorbereitungen der Franzosen überzeugt. Ohne Ahnung von dem Vorgefallenen fährt er in den Forbacher Bahnhof ein, der heute ganz leer und still ist, während sonst dort lebhafter Verkehr herrschte. „Was ist das?" denkt unser Landsmann. Ein alter Weichensteller giebt ihm Auskunft. „Ach Gott, es giebt Krieg, Herr Eil! Alle unsere Maschinen sind fortgefahren Soldaten holen." — „Geschwind gedreht und fort!" ruft der Zugführer Bäumler, „sonst halten sie uns hier fest." Ohne Wasser einzunehmen, fährt die Lokomotive wieder vor, und schnell verläßt der Zug den Bahnhof. Hinter der letzten Weiche giebt Eil durch einen langgezogenen Pfiff der Maschine seiner Freude über das glückliche Entkommen Ausdruck. Auf den Bahnstrecken nach Forbach und nach Saargemünd werden jetzt die Schienen aufgerissen; das Telegraphenamt schickt sich an, den Verkehr einzustellen. Wer will es unter solchen Umständen den Bewohnern verdenken, wenn ihnen das Herz schwer wird? Doch es denkt kaum jemand daran, sich und die Seinigen durch Flucht der Gefahr zu entziehen; die Haltung der Bevölkerung bleibt ruhig und vertrauensvoll.

Nicht einmal die Schulen werden geschlossen, zum größten Leidwesen der Jugend, die viel lieber draußen dem Kriegsspiel zusehen, als die Thaten Xenophons und Cäsars lesen möchte. Wie werden von den Gymnasiasten die Abiturienten beneidet, die eben die schriftliche Prüfung bestanden haben und nun sich zum Heeresdienst stellen können! Ihr Beispiel begeistert zwei Sekundaner, ebenfalls die Schulbänke zu verlassen und sich als Freiwillige zu melden.

Indes suchen sich die Bürger, so gut es geht, auf ungebetene Gäste und teure Zeit einzurichten. Das Silberzeug und sonstige Wertsachen werden versteckt. Doch wo ist's am sichersten? Sollen wir's im Garten vergraben oder im Keller vermauern? — Den Armen freilich drücken solche Sorgen nicht, doch ihm droht bitterer Mangel. Bauthätigkeit und Verkehr stockt, die Kohlengruben schränken ihre Förderung ein, da es an Absatz fehlt, und ihrem Beispiel folgen die Fabriken: es mangelt an Arbeit und Verdienst. Dabei steigen die Lebensmittel infolge des unterbrochenen Verkehrs und der lebhaften Nachfrage schnell bis zum doppelten Preise; bald ist kaum noch etwas zu haben. Auch die Spicherer Milchweiber kommen nicht mehr über die Grenze und setzen unsere Hausfrauen und Mütter in arge Verlegenheit. — Wohl dem, der noch einen Sack Kartoffeln, einen Centner Mehl, ein paar Pfund Salz nebst einigen Schinken und Würsten sich rechtzeitig gesichert hat: er kann dem Kommenden ruhiger entgegensehen. Die Landleute eilen, die reife Frucht heimzubringen, ehe der Feind sie raubt oder die Hufe der Rosse sie zertreten.

IV. Mobilmachung an der Grenze.

Schon am Morgen des 16. war der Mobilmachungsbefehl durch die Schelle bekannt gemacht worden; bald sah man auch an allen Straßenecken den „Aufruf" des Divisionskommandeurs v. Barnekow und des Regierungspräsidenten v. Ernsthausen angeschlagen; derselbe enthielt u. a. folgende Sätze:

„Seine Majestät der König hat die Mobilmachung der Armee befohlen. Sämtliche Dienstpflichtigen, beurlaubten Offiziere, Ärzte und Mannschaften der Reserve und Landwehr aller Waffen, sowie die Ersatz-Reserve I. Klasse des Landwehr-Bataillons Saarlouis haben unverzüglich nach erhaltener Kenntnis dieses Befehls aufzubrechen und sich auf die schnellste Weise nach Engers zu begeben, sich dort bei ihrem Bezirkskommandeur, dem Oberst-lieutenant v. Plachecki, so zu melden, als ob sie eine schriftliche Ein-berufungsorbre erhalten hätten. — — —

Seine Majestät rechnet auf den bewährten patriotischen Geist seines Volkes und ist fest davon überzeugt, daß der wehrpflichtige Teil desselben mit Freuden zu den Fahnen eilen wird, um einen übermütigen, ohne jede Veranlassung in unser Land eindringenden Feind wieder hinauszuwerfen." — —

Diese Botschaft wirkte wie ein elektrischer Funke. Alsbald sieht man die wehrpflichtigen Männer, die sich bereit gemacht haben, dem Rufe ihres Königs zu folgen, nach dem Bahnhofe eilen. An freudiger Bereitwilligkeit, im Dienste des Vaterlandes ihre Pflicht zu erfüllen, stehen die Bewohner der Saargegend den Altpreußen nicht nach. Der König rief, und Alle, Alle kamen. Ja, viele Reservisten hatten den Befehl gar nicht abgewartet und waren schon am 16. früh aufgebrochen.

Es regnet; „zum Abschiednehmen just das rechte Wetter." Mit thränenden Augen geleiten die Angehörigen der Wehrmänner diese zum Bahnhof. Hier erfüllt eine dichtgedrängte Menge den Bahnsteig. Indes die älteren Leute ihre weinenden Frauen trösten und mit ihnen die letzten Abschiedsworte wechseln, sind die Jüngern in freudiger Stimmung.

„Nun abe, Louise, wisch' ab Dein Gesicht!
Eine jede Kugel die trifft ja nicht!"

singt ein junger Reservist. Viele machen ihrer Begeisterung in patriotischen Reden und Liedern Luft. Von der Höhe eines Eisenbahnwagens wird ein Hoch auf den König ausgebracht, „Die Wacht am Rhein" ertönt und „Deutschland, Deutschland über alles." Endlich wird das Zeichen zur Ab-fahrt gegeben; jeder sucht, wo er Platz findet: der eine sitzt stolz in der erſten Klaſſe, andere ſtehen in einem Güterwagen, der keinerlei Sitzgelegenheit bietet, oder gar auf offenen Kohlenwagen; noch andere ſitzen auf den Plätzen der Bremſer oder haben ſich auf dem Dach des Wagens gelagert. Eine letzte Umarmung, dann ſetzt ſich der Zug langſam in Bewegung, Tücher winken noch lange zum Abſchied, Vaterlandslieder ertönen und übertäuben den Trennungsſchmerz.

Als am Abend dieſes Tages dem kommandierenden General vor dem Schloſſe in Koblenz ein Hoch ausgebracht wurde und dieſer die Leute fragte, woher ſie ſeien, konnten ſie ihm mit Stolz antworten: „Von Saarbrücken!“ Von der am meiſten bedrohten Südweſtmark ſind die Wehrmänner, Weib und Kind, Haus und Hof dem Feinde überlaſſend, zuerſt dem Rufe des Königs gefolgt. Bei der Ankunft in Engers wollte ein Bahnwärter einem Saar= brücker Reſerviſten, Schornſteinſegermeiſter Weißmüller, das Überſchreiten der Bahngeleiſe verwehren, worauf dieſer ſchnellgefaßt erwiderte: „Seine Majeſtät hat befohlen, daß wir uns auf die ſchnellſte Weiſe nach Engers begeben, alſo habe ich das Recht über den Bahndamm zu gehen.“

Viele Hunderte waren in Engers angelangt, ehe das Bezirkskommando dort ankam; die Uniformen kamen erſt viel ſpäter die Moſel herunter. An Unterkommen für alle war dort nicht zu denken, auch war bald nichts Eß= und Trinkbares mehr zu haben. Viele kehrten für die Nacht nach Koblenz zurück oder biwakierten unter freiem Himmel. Ein erhebender Anblick war es, alle die Männer zu ſehen, die zur Verteidigung des Vaterlandes herbei= geeilt waren: Jünglinge, die eben die Schulbank verlaſſen hatten, neben Männern mit ergrauendem Bart und Haupthaar. Wer ſie ſah und ihren begeiſterten Geſang hörte, der konnte nicht zweifeln, daß es ein „heiliger Krieg“ ſei, der ſie zuſammengeführt hatte. Mut leuchtet aus jedem Auge, und das Vertrauen auf den Sieg der gerechten Sache iſt unerſchütterlich. Der Zudrang war ſo groß, daß viele wieder entlaſſen werden mußten, die nun traurig zurückkehrten. Aus dem Kreiſe Saarbrücken hatten ſich 3711 Wehrmänner und Freiwillige in Engers geſtellt, von denen 204 zurückgewieſen wurden.

Die in der Heimat Zurückgebliebenen rüſten ſich zu ernſtem Liebeswerke; Frauen und Jungfrauen ſorgen für Verbandzeug, auch die Kinder müſſen helfen Charpie zupfen. Nur zu wahrſcheinlich iſt's ja, daß es hier in der Nähe zu blutigem Zuſammenſtoße kommt.

V. Eintreffen der Beschützer.

Der folgende Tag, der 17., war ein Sonntag. Der Zug der Reservisten nach dem Bahnhof dauert fort, dazu kommen die Einberufenen vom Lande zu Fuß und zu Wagen in Begleitung ihrer Lieben. Wieder rührende Abschiedsscenen am Bahnhofe, ehe der Zug mit der Blüte der Männer unserer Grenzmark sich in Bewegung setzt. Noch oft den Tag hindurch erneuert sich dies Schauspiel. In den Städten sind die Kirchen stark besucht, denn gar viele Herzen bedürfen des Trostes. Erbaulich und tröstlich klingt denn auch die Predigt. Die Jugend freilich ist nicht immer aufmerksam; tönt's doch draußen vor der Kirche wie Pferdegetrappel, kaum können sie das Ende des Gottesdienstes erwarten. Und wahrhaftig, beim Austritt aus der Schloßkirche

Freiherr v. Lefort.

sieht man eine Abteilung Ulanen mit ihren schmucken Pferden und den schwarz-weißen Lanzenfähnlein am Schloßberge halten. „Die Ulanen sind wieder da! Die lieben Kölsche Jungs! So sind wir doch nicht ganz verlassen!" —

Das Regiment war nur bis in die Gegend von Neunkirchen gekommen, wo Rittmeister Freiherr von Lefort die Schienen auf der Strecke nach Kaiserslautern aufreißen ließ, um den Franzosen das Vordringen durch die Pfalz zu erschweren.

Eben hatte man angefangen, die Säbel und Lanzen zu schärfen, als der Befehl kam, möglichst bald genaue Nachrichten über die feindlichen Bewegungen zu senden. Nur im Falle überlegenen Angriffs sollen die Ulanen sich zurückziehen, die Bergung des Eisenbahnmaterials möglichst lange sichern, den Feind durch Aufheben der Schienen und andere Maßregeln am raschen Vordringen hindern.

So wird nur die Ersatzschwadron nach Siegburg entsendet; die jetzt überflüssigen Musikinstrumente werden in Neunkirchen zurückgelassen, wo sie der Fabrikbesitzer Karl Stumm in Verwahrung nimmt. Die drei Schwadronen kehren eilends in ihre alte Garnison zurück und werden hier mit

Jubel begrüßt. Alles eilt hinaus auf die St. Johanner Wiese, wo die blauen Reiter lagern, und mit Speise und Trank werden sie reichlich erquickt. Bereits um Mittag bezog die 4. Schwadron Vorposten nach der französischen Grenze zu in der Linie Drahtzug—Goldene Bremm—St. Arnual—Fechingen. Die Bekanntschaft mit Weg und Steg, welche die Ulanen bei den Feldbienstübungen erworben haben, kam ihnen jetzt trefflich zu statten. Die 3. Schwadron biwalierte nördlich von St. Johann bei Jägersfreude, während die zweite mit dem Stab in Dubweiler einquartiert wurde. Die vorläufige Verbindung mit dem nächsten bayrischen Posten in Blieskastel stellte Lieutenant v. Häseler mit einer stehenden Patrouille auf dem Elster= stein (Besitzung der Familie Krämer bei St. Ingbert) her. Zwar kam die Nachricht, daß Saargemünd stark besetzt sei, doch in nächster Nähe wurde vom Feinde noch nichts bemerkt.

Die Ulanen hätten auch keinen scharfen Schuß abgeben können, da sie einstweilen nur mit Platzpatronen versehen waren. Die von Saarlouis gelieferte scharfe Munition war kurz vorher aufgebraucht worden.

Um so willkommener ist die gegen Abend sich verbreitende Kunde, daß auch Infanterie wieder einrücken soll, und zwar das 2. Bataillon des Hohen= zollern'schen Füsilierregiments Nr. 40 aus Trier, das vorher die Grenzwacht gegen Luxemburg gehalten hat. Erst eine halbe Stunde vor Mitternacht kommen die Vierziger an. Trotz vorgerückter Zeit ist der Bahnhof dicht besetzt, und schon von Weitem hören die Ankommenden das Willkommenrufen.

Mit Jubel und Hurrahrufen werden sie empfangen, im Triumphe in die Stadt geleitet und noch in der Nacht einquartiert; nur die 7. Kompagnie bezieht ein Alarmquartier. Jetzt können die Saarbrücker wieder mit mehr Vertrauen in die Zukunft blicken.

Am folgenden Morgen (18. Juli) hallen die Straßen der Städte wieder von endlosem Pferdegetrappel. Doch es sind nicht die gefürchteten Franzosen, sondern meist friedliche Bauern, die der St. Johanner Saarwiese mit ihren Mähren zuziehen. Dort findet heute unter dem Schutze unserer Besatzung große Musterung aller Pferde des Kreises statt. Neben edlen Reit= und Wagenpferden sieht man tüchtige Ackergäule und starke Zugpferde, aber auch manchen armseligen Klepper. Gar viele Rosse sind es, die der Aushebungs= kommission vorgeführt werden; da geht es natürlich nicht immer glatt und ohne Verwirrung ab; kein Wunder, wenn mancher ungeduldig wird.

Ist der aufgerufene Bauer mit seinem Pferde nicht gleich zur Stelle, so setzt es auch Grobheiten. „Wenn Ihr dummen Bauern nicht besser auf= paßt", wettert ein Ulanenoffizier mit rotem Gesicht, „so lasse ich Euch totschießen. Jetzt ist's Krieg; da kommt's auf einen Bauern mehr oder-

weniger nicht an." Endlich gegen 4 Uhr ist das schwierige Werk zu Ende,
das von 6 Uhr morgens an gedauert hat. Von vielen wurden wenige erwählt:
von 2534 nur 73, da der Bedarf nicht größer war. Das wichtige Geschäft
ist ohne feindliche Störung beendet, und noch an demselben Abend können die
Pferde verladen werden.

Es war, wie es schien, die höchste Zeit. Denn drüben jenseits der Grenze
braust Zug auf Zug mit Truppen von Metz nach St. Avold, wo es schon
von Rothosen wimmelt. So berichten die aus Frankreich zurückkehrenden oder
ausgewiesenen Deutschen, die jetzt in großer Zahl über die Grenze kommen,
während viele Franzosen aus den deutschen Bädern zurückeilen und für
schweres Geld Wagen nach Saargemünd und Forbach mieten.

—— ••• ——

VI. Unsere Vorpostenstellung.

Ehe wir den Gang der Ereignisse weiter verfolgen, wollen wir den Lesern, die unsere Gegend nicht von Augenschein kennen, einen kurzen Überblick über dieselbe geben, der mit der beigegebenen Karte das Verständnis des Folgenden erleichtern wird.

Die Schwesterstädte Saarbrücken und St. Johann werden durch die kanalifierte Saar getrennt und durch zwei Brücken verbunden, zwischen denen der Fluß von Süden nach Norden fließt; die südliche Brücke heißt die alte, die nördliche die neue. Von der letzteren an wendet sich der Fluß nach Westen und wird etwa zwei Kilometer abwärts, zwischen dem Schanzenberg und Malstatt-Burbach, durch eine Eisenbahnbrücke gekreuzt.

St. Johann, rechts von der Saar gelegen, ist durch die Anlage des Bahnhofs, der am Nordwestende auf einer Anhöhe sich erhebt, die voll= und verkehrreichere der beiden Städte geworden. Hier befindet sich auch der Hafen für die Schiffe, welche die Saarkohle besonders nach Elsaß-Lothringen und weiter nach Frankreich verfrachten. Im Norden und Nordosten wird St. Johann von einem bewaldeten Höhenzuge überragt, der das dahinter liegende Gebiet völlig verdeckt. Damals gingen 4 Hauptbahnlinien von hier aus: 1) nach Forbach—Metz, die bald die Saar auf der erwähnten Eisenbahnbrücke überschreitet; 2) stromabwärts an den industriereichen Orten Malstatt-Burbach, Völklingen und Louisenthal vorbei nach Saarlouis und Trier; 3) durch das Sulzbachthal, das Hauptgrubenrevier, über Neunkirchen nach Bingerbrück; 4) stromaufwärts an dem Kaninchenberg und Halberg vorbei nach Brebach und Saargemünd. Außer den diese Bahnlinien in größerer oder geringerer Entfernung begleitenden Heerstraßen führt nordwärts durch den Köllerthaler Wald, den sie am Wirtshaus zum Raftpfuhl erreicht, die Lebacher Straße und ostwärts die Kaiserstraße durch das Scheidter Thal über St. Ingbert und Homburg nach Mainz. Gewiß ein wichtiges Straßen= und Schienennetz, das von unseren Städten ausgeht.

Die Kreisstadt Saarbrücken liegt auf dem linken Saarufer am Vereinigungspunkte dreier Straßen. Am Flusse entlang zieht stromaufwärts die Straße über St. Arnual nach Saargemünd und stromabwärts über Gersweiler nach Saarlouis, während in südlicher Richtung die Heerstraße nach Forbach und Metz führt. Die letztere überschreitet einen vom Westen nach Osten sich erstreckenden Bergzug, an den

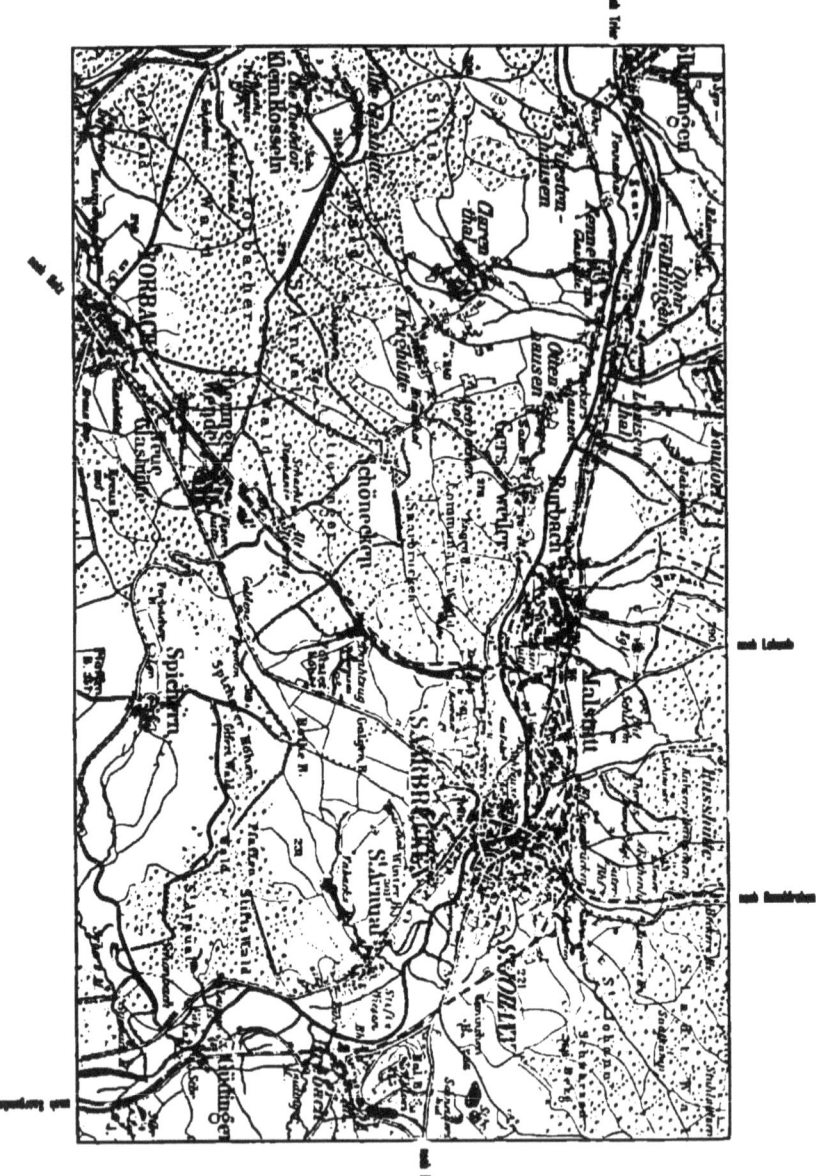

fich die Stadt mit ihrem füdlichen Teile „am Hahn"*) dicht anschmiegt. Dieser Bergzug bildet gewiffermaßen den Brückenkopf und die natürliche Verteidigungslinie der Saarftädte gegen einen von Metz zu erwartenden Feind, dem er den Einblick in das Saarthal verwehrt. Steigen wir nun die Metzer Straße hinauf, fo erreichen wir die Höhe bei dem Wirtshaufe „Zur Bellevue" und fehen vor uns ein etwa 1200 bis 1500 Meter breites wellenförmiges Thalgelände, jenfeits deffen der langgeftreckte Höhenzug der Spicherer Berge auffteigt; rechts von uns liegt der fandige (alte) Exerzier= platz, der im Süden nach dem jetzigen Ehrenthal, im Norden nach der Gers= weilerftraße (hier liegt am Abhang das Deutfchherrenhaus) und im Weften nach einem tiefen etwa 200 Meter breiten Grunde zu abfällt; in diefem führt am Deutfchmühlen= und Drahtzugweiher**) vorbei die Bahn nach Stieringen und Forbach; jenfeits erhebt fich ein zufammenhängendes Waldgebiet, der Saarbrücker, Stieringer und Forbacher Wald. Links von der Bellevue führt der füdliche mit Getreidefeldern und Wiefen bedeckte Teil den Namen „Lerchesflur" (auf den militärifchen Karten fälfchlich „Neppertsberg" genannt), während nördlich nach der Stadt zu der mit Gärten bedeckte „Triller" vorfpringt. Über die Lerchesflur kommen wir auf den Spicherer Weg, der am Rotenhof vorbei parallel mit der Metzer Straße ebenfalls in das erwähnte Thal (hier jetzt der neue Exerzierplatz) führt und dann an dem vorfpringenden roten Berg die Spicherer Höhen erfteigt. Jenfeits des Spicherer Weges liegt der Neppertsberg, deffen höchfte Erhebung der Nußberg heißt; diefer wird durch eine tiefe Schlucht, das Hinterthal, von dem hohen und fteilen Winterberg gefchieden, an deffen Südoft= fuß das Dorf St. Arnual liegt. Hier mündet das zwifchen den erwähnten Saarbrücker Höhen und den Spicherer Bergen fich erftreckende Thal in die Saarniederung ein. Kehren wir nun auf die Metzer Straße zurück, fo fehen wir rechts von den Spicherer Bergen im Thalgrund die Stieringer Eifenwerke rauchen; dahinter erhebt fich der kegelförmige Forbacher Schloß= berg. Die Straße fenkt fich vor uns ins Thal, überfchreitet aber, ehe fie fich den Spicherer Höhen nähert, noch zwei Landwellen; die erfte ift der Galgenberg mit dem rechts von der Straße nach Süden ftark abfallenden Heidenhübel, die zweite heißt die Folfterhöhe. Hier befand fich das preußifche Zollhaus, neben dem jetzt das Wirtshaus „Zur neuen Bremm" errichtet ift. Da, wo die Straße den Bergfuß erreicht, liegt das frühere franzöfifche Zoll=

---

*) Eigentlich „am Hagen"; „am Hahnen", wie man jetzt gut hochdeutfch fchreibt, ift ganz finnwidrig.

**) Die Deutfchmühle gehörte dem Deutfchherrenorden; der Drahtzugweiher heißt fo nach einer früher dort betriebenen Drahtzieherei.

18

haus und die Wirtschaft „Zur (alten) goldenen Bremm".*) Dicht vor diesen
Gebäuden schneidet die Grenze von Schöneden herkommend die Straße,
zieht sich dann um den Fuß des Roten Berges herum und erreicht die
Spicherer Höhen übersteigend bei der Eimbachmühle die Saar, die von hier
an aufwärts bis zur Mündung der Blies bei Saargemünd damals Deutschland und Frankreich schied.

In der Sicherung dieses Geländabschnittes teilen sich nun die Vierziger
mit den Ulanen, freilich ein kleines Häuflein von ungefähr 350 Reitern und
500 Infanteristen. Die Vierziger waren nämlich in Friedensstärke hier eingerückt und erreichten erst am 28. Juli nach dem Eintreffen der Reserven
ihre volle Kriegszahl (1000 Mann).

Schon um 6 Uhr morgens am 18. Juli war die 6. Kompagnie auf
Vorposten gezogen: Eine Feldwache wurde auf dem Exerzierplatz aufgestellt
und sandte Patrouillen auf der Straße nach Forbach vor; zwei Unteroffizierposten standen am Schanzenberg und am Winterberg, der Rest der Kompagnie
im Heumagazin an der Arnualer Straße, das als Alarmhaus diente. Den
Feldwachen wurde eine Anzahl Ulanen als Meldereiter beigegeben. Um gegen
eine Überraschung von Saargemünd her zu sichern, wurde zu gleicher Zeit
Brebach mit einer Feldwache besetzt, und Ulanenpatrouillen gingen über Klein-
blittersdorf vor. „Am Halberg", so erzählt Lieutenant v. Konarsky,
(6. Komp. 40. Reg.) „kamen uns weinende Arbeiterfrauen mit ihren Kindern
entgegen: sie fürchteten für ihre kleinen Häuschen und glaubten nicht anders
als die Franzosen würden kommen, um alles niederzubrennen und zu morden.
Vielleicht lebte noch im Volksbewußtsein die Erinnerung an die Greuel unter
Ludwig XIV. Unsere Füsiliere trösteten und beruhigten die Geängstigten
so gut sie es konnten. Als ich meine Feldwache aufstellte, kam Herr Böding,
der Besitzer des Halberger Werks, und bot mir bereitwilligst die Plattform
eines Hochofens für die Aufstellung eines Postens an, was ich dankend annahm,
denn man hatte von dort einen weiten Ausblick die Saar hinauf nach Süden
zu." Die 8. Kompagnie, die in dem Lamarche'schen Hause (Ecke der
Mainzer und Bleichstraße) ihr Alarmquartier erhielt, diente als Unterstützungs-
trupp. Mittags wurden die beiden Kompagnieen durch die 5. und 7. abgelöst.

*) „Bremm" bedeutet in der Saarbrücker Mundart die Ginsterpflanze oder das
Pfriemkraut, auch Primme oder Bremm genannt. Es ist also nicht richtig, wenn ein
englischer Berichterstatter das Haus „the golden gadfly", d. h. „die goldene Bremse"
nennt. Der Ausschank in der dort betriebenen Wirtschaft war früher, wie man es ähnlich
am Rhein heute noch findet, durch einen Ginsterbusch bezeichnet. Wenn der Ginster,
der in unserer Gegend sehr viel vorkommt, im Frühjahr seine gelben Blüten entfaltet
hatte, so mochte die Bezeichnung „goldene Bremm" wohl nahe liegen.

Das Kommando über unsere Besatzung führte zunächst Oberstlieutenant von Henning von den Vierzigern; nachdem dieser am 23. Juli Kommandeur des 33. Infanterie-Regiments geworden war, der Major v. Pestel.

VII. Die Franzosen kommen!
Der erste Zusammenstoß mit dem Feinde.

Am 18. nachmittags hieß es: „Die Franzosen kommen!" Alarmsignale ertönen in den Straßen; die Ulanen kommen durch die Stadt gesprengt, die 7. Kompagnie eilt im Sturmschritt die Metzer Straße hinauf, um den Posten an der Bellevue zu verstärken, die übrigen Vierziger sammeln sich auf dem Marktplatz in St. Johann, von wo die 8. Kompagnie mit einer Abteilung Ulanen nach Malstatt hinauszieht, da es heißt, die Franzosen wollten bei Völklingen über die Saar gehen und unsere kleine Garnison abschneiden. Der Rest der Füsiliere setzt sich an den Brücken fest, um dem von Forbach erwarteten Feinde den Übergang streitig zu machen. Die Bewohner verleben eine schreckliche Stunde. Alles schließt die Läden, Frauen und Kinder flüchten in den Keller, jeden Augenblick erwartet man den Beginn des Straßenkampfes. — Doch es war nur blinder Lärm; die über die Grenze ausgesandten Ulanenpatrouillen fanden nichts vom Feinde vor. Nur bewaffnete Douaniers hatten sich an der Grenze bei der „goldenen Bremm" versammelt und Veranlassung zu dem Alarm gegeben. Gegen 5 Uhr kehrten die Vierziger unter frohem Gesange vom Exerzierplatze zurück. Wie beruhigend und tröstlich klingt doch jetzt der Kehrreim:

> „Lieb' Vaterland, magst ruhig sein:
> Fest steht und treu die Wacht am Rhein!"

Doch so ganz unbegründet war die Besorgnis vor einem Überfall nicht; in der That stand der Feind bereits ganz in der Nähe. Wer hat ihn zuerst gesehen und die Kunde davon geschickt? —

Westlich von Forbach ragt ein Zipfel preußischen Gebiets nach Lothringen hinein; die Südostgrenze desselben reicht bei Naßweiler—Roßbrücken und Merlenbach dicht bis an die große Metzer Kaiserstraße, die dort Forbach und St. Avold verbindet. Nicht weit davon liegt im Walde versteckt die Oberförsterei Karlsbrunn, vom Oberförster Solff verwaltet. In unscheinbarer Kleidung, einem Holzfäller ähnlicher als einem königlichen Oberförster, streift dieser in dem Grenzrevier umher, hält scharfe

2*

Wacht und späht, was drüben vorgeht; denn er weiß, wie wichtig jetzt jede Nachricht vom Feinde für die Unsrigen ist.

Am 18. bald nach Mittag sieht Solff bei Merlenbach eine gewaltige Staubwolke auf der Straße sich erheben, Waffen blitzen: der Feind ist da! Dort kommen sie herangezogen in zahllosen Scharen: Infanterie, Kavallerie und Artillerie. Voran zieht ein Regiment Chasseurs à cheval: die kurze Flinte umgehängt, tummeln sie ihre mutigen kleinen Berberpferde; mit ihren gebräunten Gesichtern unter dem Astrachantalpak bieten die Reiter einen malerischen Anblick. Dann kommt ein Bataillon Jäger zu Fuß, die Soldaten im kurzen Waffenrock, die Unteroffiziere mit der Tunika; darauf zwei Regimenter Linien-Infanterie, die Musik an der Spitze. Die Offiziere tragen ihren gerollten Regenmantel umgehängt, der ihren Körper wie ein

Rittmeister v. Lück.

roter Wulst umzieht; die Soldaten beugen sich unter der Last des Tornisters, über den die Zeltleinwand geschnallt ist. Vor jedem Regiment schreitet ein großer Sappeur-Korporal, die Axt auf der Schulter, mit seinem langen Bart einem Dürer'schen Landsknecht ähnlich. So ziehen sie dahin gen Forbach, der deutschen Grenze zu, eine bedrohliche Kriegsmacht.*)

Flugs eilt unser Oberförster nach Karlsbrunn zurück und telegraphiert an das Divisions-Kommando nach Trier, was er gesehen. Diese Depesche ging über Völklingen und muß von dort aus etwas entstellt in Saarbrücken bekannt geworden sein, so daß man hier den feindlichen Anmarsch auf Völklingen vermutete. Doch wie dem auch sei, jedenfalls war der Feind in der Nähe; noch am Abend wurde von den Vorposten gemeldet, daß das 66. und 67. Linienregiment, sowie die 5. Chasseurs bei Forbach angekommen seien.

*) Es war die Brigade Pouget, der bald darauf die 2. Brigade (Jauvart-Bastoul) der Division Bataille folgte.

Major v. Peſtel beſchloß deshalb für den folgenden Tag eine Rekognoscierung nach Stieringen zu, um zuverläſſige Nachrichten über den Feind einzuziehen. Noch vor Tagesanbruch ging die 2. Schwadron unter Rittmeiſter v. Luck gegen die Grenze vor. Um 3¼ Uhr war die Folſter=höhe erreicht, wo eine verdeckte Aufſtellung genommen und Patrouillen aus=geſandt werden, die bald mit der Meldung zurückkommen, daß ein feind=liches Kavallerieregiment von Stieringen anrückt. Langſam marſchiert es auf, zahlreiche Kommandos und Signale ertönen. — „Denen ihre Drom=beden ſtehen in Es“, bemerkt Trompeter Blanke, ein echter Sachſe, in trockenem Tone zu ſeinem Rittmeiſter. Etwa 500 Meter vor dem preußiſchen

Gefangennahme der preußiſchen Zollbeamten auf der Folſterhöhe.

Zollhauſe machte eine feindliche Plänklerkette halt und eröffnete auf die Ulanen ein ebenſo lebhaftes wie erfolgloſes Feuer. Zugleich ſprengten gegen 50 Chaſſeurs nach dem Zollhaus, riſſen die beiden ſchlafenden Zollbeamten aus den Betten und ſchleppten ſie halb angekleidet mit ſich fort. Vergebens beriefen ſich die erſchrockenen Leute darauf, daß ſie keine Militärs, nicht

einmal landwehrpflichtig seien: zwischen den Pferden zweier Chasseurs wurden
sie im Trabe mit fortgeführt.

Angesichts dieser Heldenthat gingen die Ulanen vor und trieben die
Chasseurs bis zu ihrer Plänklerlinie zurück. Unterdessen war die Garnison
alarmiert worden, 2 Kompagnieen Vierziger hatten den Exerzierplatz besetzt,
bie 3. und 4. Schwadron unter Rittmeister

Premierlieutenant v. Müller I.

Freiherrn v. Lefort und Premierlieutenant
v. Müller I kamen zur Verstärkung heran
und schwenkten östlich von der Straße in die
Flanke der Franzosen rechts ein. Das Signal
zum Angriff ertönt, die Lanzen senken sich zur
Attacke, doch der Feind wartet diese nicht ab,
sondern eilt im Trabe, allerlei Signale blasend,
der Grenze zu, wo er noch einmal Front macht.
Da Rittmeister v. Lefort infolgedessen glaubte,
daß Infanterie hinter den feindlichen Reitern
im Hinterhalt liege, so stand er von der Attacke
ab, gab aber dem Wachtmeister Schranz
Befehl, mit ein paar Mann vorzureiten, um
Aufklärung zu bringen. Schranz nahm drei
Mann vom linken Flügel, unter denen sich
auch unser Mitbürger Fr. Zix befand und
ritt über die Wiesen in einer Entfernung von
200 Schritten an den auf der Straße ab-
ziehenden Feinden entlang. Als er in die Höhe der Spitze gekommen war,
ritt ihm ein Offizier mit ungefähr einem halben Zuge entgegen. Schranz
sagte zu dem ihm zunächst folgenden Zix: „Ich will mal den Kerls da
guten Morgen wünschen", galoppierte den Feinden auf 50 Schritt entgegen
und drückte seine Pistole auf ihren Führer ab.*) Zix sah den Offizier,
dessen rotgefütterter Mantel im Morgenwinde flatterte, eine Bewegung machen,
aber im selben Moment erhielten die Ulanen von dem Regiment, das auf der

---

*) Nach Schranz' eigenem Berichte mit dem Rufe: „So erklärt Preußen den
Krieg!" Dies war der erste Schuß auf Franzosen in diesem Kriege. Unser König
Wilhelm schenkte Schranz (jetzt Gerichtsvollzieher a. D. in Baumholder) später
einen schönen Revolver, den ein Waffenfabrikant für Denjenigen bestimmt hatte, der den
ersten Schuß im Feldzuge auf einen Franzosen abgegeben hätte. Schranz glaubt den
französischen Offizier getroffen zu haben, doch wollen wir einen französischen Bericht
nicht verschweigen, der folgendermaßen lautet: „Un sous-officier de uhlans prussiens
s'avance vers le colonel du 5e chasseurs et lui tire hors de portée un coup de
pistolet, dont on n'entend pas même siffler la balle." de Loulay II, 9.

Chaussee hielt, sowie von der Abteilung, die der Offizier führte, so starkes Feuer, daß sie gezwungen waren Kehrt zu machen und, um aus dem Kreuz= feuer zu kommen, der Schwadron zugaloppierten, die am Fuße des Galgen= berges stand. Um ¹/₂6 Uhr war dies unblutige Scharmützel, das erste im Kriege, zu Ende. Nur ein Ulanenpferd soll verwundet worden sein. Die beiden Zollaufseher wurden nach Forbach gebracht, wo sie einem Verhör über Stellung und Stärke der Preußen unterworfen wurden; sie erklärten aber, nichts zu wissen. Dann wurden sie in ein enges Gelaß gesperrt, wo sie zwei Saarbrücker als Leidensgefährten vorfanden.*)

Auch die Zollkasse hatten die Franzosen mitgenommen. Sie haben sich aber nicht sehr damit bereichert, denn sie enthielt nur 5 Thaler 25 Silbergroschen.

Dieser Einfall in deutsches Gebiet fand also in der Morgenfrühe des 19. Juli statt, während erst am Mittag dieses Tages der französische Geschäftsträger Le Sourd in Berlin die Kriegserklärung überreichte. — In der vorhergehenden Nacht hatte Major v. Pestel dem General= kommando seine Absicht nach Forbach zu aufzuklären mitgeteilt. Darauf erhielt er die Antwort: „Krieg ist noch gar nicht erklärt, Grenzüberschreitung daher zu vermeiden." Das war deutsche Gewissenhaftigkeit, die Franzosen waren nicht so skrupulös.

Ganz bedeutungslos ist dieser Vorfall nicht geblieben. Damals befand sich hier ein bayerischer Zollkontroleur, namens Schießl, ein echt deutsch gesinnter Mann, der sehr beliebt war. Er weinte Thränen der Freude, als er hörte, daß der König von Bayern treu zu Preußen gegen den Erbfeind stehe. Die französische Grenzverletzung wurde durch Schießl telegraphisch nach München berichtet, und der Minister Graf Bray konnte in der bayerischen Kammersitzung, die an demselben 19. Juli stattfand, gegenüber der Partei, die für Neutralität stimmte, darauf hinweisen, daß durch den französischen Angriff auf deutsches Gebiet der casus foederis d. h. der Fall der Bundeshülfe gegeben sei.

---

*) Das Weitere siehe unter: „Spionenjagd".

VIII. Brief einer deutschen Frau aus St. Johann-Saarbrücken.

Unterdessen erlebte Deutschland seinen Völkerfrühling. In Süd und Nord, in Ost und West nur ein Gefühl: Entrüstung über den frechen Friedensbruch. Deutschland ist einig! Seit langer Zeit zum ersten Male wieder, und einig ist es auch stark. Wie ein Mann erhebt es sich, furchtbar, kriegsgewaltig. Mit sicherer Ruhe vollzieht sich das Mobilmachungswerk, bald können die kampfesfrohen Scharen an die Grenzen entsandt werden. Am 19. Juli, dem Todestage seiner Mutter, der die Napoleonische Gewaltherrschaft das Herz gebrochen, erneuerte König Wilhelm das eiserne Kreuz und eröffnete den Reichstag des norddeutschen Bundes mit der Thronrede, die man nur mit stolzer Freude lesen kann. Wie mannhaft klingen seine Worte und doch wie fern von jeder Ruhmrebigkeit und Überhebung. Auch hier an der bedrohten Südwestmark, im Angesicht des Feindes finden die Worte des Königs einen Widerhall in den deutschen Herzen.

„Mögen jetzt auch schwere Tage kommen", schrieb damals eine deutsche Frau an der Saar,*) „daß wir diese Tage erleben geburft, ist des Preises wert. In der ganzen Geschichte kenne ich kein ähnliches Beispiel solch einer Erhebung, solch eines Zusammengehens. Du weißt, ich habe keine geringe Meinung von Süddeutschland, aber so viel habe ich selbst nicht erwartet, daß so sehr aller Haber der Parteien, alle Eifersucht schwänden in dem einen Gefühl für des Vaterlandes Ehre; daß Bayern und Württemberg um dieser willen sich Preußens Führung unterwerfen, habe ich kaum gehofft. Mir ist wie an einem Feiertage, als ob meine Seele Flügel hätte. Ich habe noch nie so viel leisten können und habe weder Hunger noch Schlaf, ich empfinde es an mir selbst und an Andern, wie in solchen Zeiten man die Kraft in sich wachsen fühlt. Alles, wofür wir in halben Kinderjahren geschwärmt, das nimmt um uns jetzt Form und Gestalt an; die Ideen werden lebendig, und in der in Frivolität und Materialismus versunkenen Zeit darf der Enthusiasmus wieder sein Haupt heben, und die Ideale haben wieder ihr Recht. Ich verhehle mir nicht, wie schwer die Tage und wie blutig die Opfer sein werden, aber wir wollen immer darüber hinaus nach dem Ziel sehen. Und dieses Ziel ist für mich in erster Linie, daß dieses Sündenbabel von Paris ausgefegt wird, daß reinere Elemente fortan herrschen sollen, reinere und gesundere als jene, welche seit fast zwei Jahrzehenden die Gesellschaft umformten. Ich habe die Überzeugung, lieber Vater, daß

---

*) Frau Dietzsch, als Schriftstellerin unter dem Namen E. Diethoff bekannt.

dieſer Krieg der ſozialen Stellung der Frauen mehr nußen wird, als all
dieſes Emanzipations-Gewäſch; es wird wieder eine Tugend ſein, einfach und
häuslich zu ſein. Du ſiehſt, ich erwarte viel Gutes, auch noch außer Elſaß
und Lothringen. Von den ſchlichten Worten des Königs bin ich aufs tiefſte
gerührt. Wenn eine Sache gerecht iſt, dann redet ſie für ſich ſelbſt, und
braucht keine diplomatiſchen Künſteleien, aber daß dieſer Sieger von Königg-
grätz ſo wenig auf ſeine Siege pocht, daß er die Größe einer ſolch einfachen
Demut hat, das iſt überwältigend."

IX. Der erſte Einfall in Feindesland.

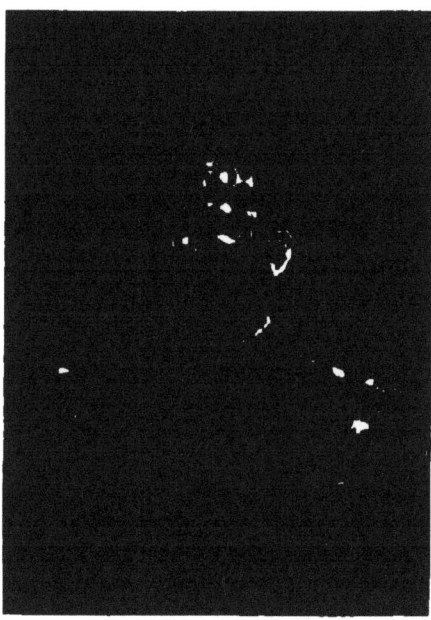

Premierlieutenant v. Voigt.

Am Abend des 20.
Juli hatte ſich die Mann-
ſchaft der 3. Schwadron
im Hofe der Wilhelms-
kaſerne zur Ruhe nieder-
geſtreckt, als kurz nach 11
Uhr Premierlieutenant
v. Voigt dort erſchien.
„Unteroffizier Bank-
rabt!" — „Herr Lieu-
tenant!" — „Um halb
zwölf Uhr ſteht der vierte
Zug zum Abmarſch be-
reit." — „Zu Befehl,
Herr Lieutenant."

Pünktlich zur be-
ſtimmten Zeit hielten 2
Unteroffiziere und 24
Mann marſchbereit vor
der Kaſerne. Der Lieute-
nant nimmt die Meldung
entgegen. „Ulanen! heut
gehts zu einem gefähr-
lichen Zuge, bei dem es

das Leben kosten kann. Ist jemand unter Euch, der nicht mit mir reiten will, der melde sich!" Niemand tritt vor. „Rechts um! Marsch! Zu dreien Trab!" ertönt das Kommando. So geht's in eiligem Ritte zum Bahnhofe, wo ein Zug bereit steht. In einer Viertelstunde sind die Pferde verladen, und nachdem sich noch der Ingenieur Zimmer als freiwilliger Begleiter mit einigen Bahnarbeitern zu der kleinen Schar gesellt hat, dampft der Zug um Mitternacht nach Neunkirchen ab. Hier stehen 16 Bergleute mit Pulverfässern bereit, die durch Berginspektor Raiffeisen den Ulanen beigegeben werden. Jetzt erst erfahren diese, um was es sich handelt: es gilt einen Eisenbahnübergang auf französischem Gebiete zu sprengen!

Major v. Pestel hatte ein Telegramm aus Berlin erhalten, das am 20. Juli 8 Uhr 46 Min. nachmittags von dort abgegangen war:

„Versuchen Sie durch kleines Detachement von Zweibrücken aus Bahn Saargemünd—Hagenau gründlich zu zerstören. Bahndirektion Saarbrücken um technische Hilfe zu ersuchen.

v. Moltke."

Kaum zwei Stunden nach Empfang dieses Befehls konnte Premier=lieutenant v. Voigt — dank der eifrigen Mitwirkung der Königlichen Eisenbahndirektion — Saarbrücken verlassen, ein Beweis für die Entschlossen=heit und Kühnheit, die in unseren Reitern lebte. Ein schwieriges und gefahr=volles Unternehmen war's, in einer ganz unbekannten Gegend, in Feindesland, ohne ausreichende Karten, ohne Kenntnis von der Bauart der Bahn im Dunkel der Nacht an den geeigneten Punkt sich heranzuschleichen. Doch die Ulanen reizt die Gefahr, und mutig eilen sie ihr entgegen. Das Gelingen des Planes, die Zerstörung der damals einzigen direkten Bahnverbindung zwischen Metz und Straßburg, zwischen den Armeeen Bazaines und Mac Mahons mußte den Franzosen große Verlegenheiten schaffen und ihren beabsichtigten Einfall in Süddeutschland erschweren.

Bei Tagesgrauen (21.) um 4 Uhr morgens gelangte man nach Zwei=brücken*), wo die Pferde gefüttert und getränkt wurden. „Pflegt Euch und die Pferde gut!" war die Weisung des Führers; „wir werden unsere Kräfte brauchen." Herr Zimmer benutzte die Zeit, indem er bei den Ulanen noch schnell Reitstunde nahm, um den weiteren Zug zu Pferde mitmachen zu können. Leider gelang es trotz vieler Mühe nicht, eine brauchbare Karte zu erhalten, da die erst vor kurzem angelegte Linie Saargemünd—Hagenau auf den gangbaren Karten nicht verzeichnet war. Lieutenant v. Voigt verließ um 4 Uhr nachmittags Zweibrücken, indem er die Absicht kundgab, wieder

---

*) Die direkte Verbindung Saarbrücken—Zweibrücken über St. Ingbert ist erst 1879 hergestellt worden.

in seine Garnison zurückzukehren; doch war dies nur ein Vorwand, um etwaige Späher von seiner Fährte abzuleiten. Auf weitem Umwege erreichten die Reiter — die Bergleute und Pulverfässer wurden auf zwei vierspännigen Wagen mitgeführt — einen Wald bei Neu=Altheim (südlich von Blies= kastel), nicht weit von der pfälzisch-lothringischen Grenze, wo sie sich ver= bargen, um auf einen Boten zu warten, den der Führer auf Kundschaft über die Grenze gesandt hatte. Schließlich kam dieser, ein Kolporteur seines Zeichens, auch an, aber er war von französischen Bauern übel zugerichtet worden; er berichtete außerdem, daß die Wege an der Grenze durch Douaniers und Patrouillen bewacht würden. Doch v. Voigt ließ sich nicht abschrecken. Unter Zurücklassung der Arbeiter machte er sich nach Einbruch der Dunkelheit auf und überschritt eine halbe Stunde vor Mitternacht wirklich die Grenze. Indem er die Straßen vermied, suchte er in der gänzlich unbekannten Gegend die Bahn zu erreichen. Die Sterne müssen ihm die Südrichtung zeigen, in der er das Ziel zu suchen hat; doch gegen 2 Uhr bewölkt sich der Himmel, sodaß auch dies Mittel versagt. Unverrichteter Sache muß er nach Neu= Altheim zurückkehren, wo er gegen 6 Uhr morgens (22.) eintrifft.

„Als ich gegen Morgen wieder die Grenze überschritt", erzählt der Führer selbst, „konnte ein Pferd nicht mehr mitkommen. Ich machte daher auf einer bewaldeten Höhe halt, um Mann und Pferd, die seit 4 Uhr nachmittags unterwegs gewesen, Ruhe zu gönnen. Ich ließ, im Walde versteckt, die Abteilung absitzen und ging selbst an den Rand vor, um Umschau zu halten, wo ich am besten einen Posten aufstellen könnte. Weithin war die Grenze und das dahinter liegende Gelände zu übersehen: ein Posten genügte. Als ich nach kaum 5 Minuten zur Abteilung zurückkam, lagen sämtliche Ulanen fest schlafend an der Erde, und neben ihnen, den Kopf tief gesenkt, standen die gleichfalls schlafenden Pferde. Ich ließ die Gesellschaft schlafen und stand selbst Posten, wohl fühlend, daß auch mich der Schlaf übermannen würde, wenn mich nicht das Gefühl der Verantwortung wach gehalten hätte. Als ich nach 1½ Stunden weckte, um weiter zu reiten, bot sich uns ein ganz wunderbarer Anblick dar. Das vorher erwähnte Pferd hatte vollständig seine Gestalt verloren: Rumpf, Kopf und Hals bildeten eine unförmliche dicke Wurst, auch die Beine waren dick angelaufen. Ich habe nie wieder etwas Ähnliches gesehen. Den Tag darauf kam das Pferd nach Zweibrücken, und hier stellte sich heraus, daß es eine Verletzung zwischen den Hinterbeinen hatte, die beim Durchreiten eines Weinbergs ent= standen war und als Pumpe gewirkt hatte. Die unter die Haut eingedrungene Luft hatte erstere zu einem Ballon aufgeblasen. Durch viele Hauteinschnitte entwich die Luft bei Druck auf die umliegenden Teile, wie aus einem Blasebalg, und das Pferd wurde in kurzer Zeit wieder brauchbar."

Schon zwei Nächte hat die Schar schlaflos zugebracht; die Arbeiter fangen an zu murren über diese mühseligen und ergebnislosen nächtlichen Streifereien. Kurz entschlossen entläßt sie der Führer, da er ohnehin Bedenken trägt, diese Leute der Gefahr, in die Hände der Franzosen zu fallen, auszusetzen, und bittet den Techniker, seine Ulanen zu instruieren. Er selbst bemüht sich den ganzen Tag, eine Karte oder einen Führer aufzutreiben, doch vergebens. Die Bevölkerung mancher bayerischen Dörfer bewies sich geradezu feindselig; die Bauern, denen das neue Bundesverhältnis noch nicht in Fleisch und Blut übergegangen war, mochten in den Preußen noch den alten Feind von 1866 erblicken. Zugleich erhält v. Voigt von dem Kommandanten von Zweibrücken die Nachricht, daß seine Anwesenheit und das Ziel seines Streifzuges bekannt sei und daß die bayerischen Dörfer an der Grenze von Spionen wimmelten. Doch die Preußen verlieren Mut und Spannkraft nicht; die Ausführung des Befehls ist das Ziel, das sie um jeden Preis erreichen wollen. Die Futtersäcke werden jetzt mit Pulver gefüllt, Gepäck und Waffen mit Ausnahme der Lanzen, von denen die Fähnchen losgetrennt sind, werden zurückgelassen, Schraubenschlüssel, Schmiedehämmer und Brecheisen werden unter die Mannschaft verteilt. So gehts vorwärts, Zimmer immer zur Seite des Lieutenants, trotz der Beschwerden, die ihm das ungewohnte Reiten verursacht. Jeden Augenblick können sie auf eine französische Patrouille stoßen. „Wenn ich fallen sollte", schärft der Führer seinen Leuten ein, „so übernimmt der älteste Unteroffizier das Kommando, nach diesem der zweite Unteroffizier und dann, wer die meiste Kourage hat. Auf den Stern dort müßt Ihr zureiten, der zeigt Euch den Weg."

Oft zu Fuß, mit dem Revolver in der Hand seinen Leuten voranschreitend, sucht Lieutenant v. Voigt zwischen Bächen und Schluchten in der Dunkelheit den Weg. Doch der Tag bricht an, ehe man die gesuchte Bahn erblickt hat. Wieder müssen sie zurück und lagern diesen Tag (23.) in einem näher an der Grenze gelegenen Walde. In der nächsten Nacht reiten die Ulanen aufs neue über die Grenze und finden jetzt nach dreistündigem Suchen zwar nicht den Eisenbahnviadukt südlich von Bliesbrücken, wohl aber die Bahn in einem tiefen Einschnitt, den die Landstraße auf einer Überführung überschreitet. Doch Zimmer erklärte die Sprengung für unmöglich, da die Pfeiler auf 3 Meter hohen Felssockeln errichtet waren, in denen sich keine Sprenglöcher anbringen ließen, und Dynamit nicht vorhanden war. Um die Bahn wenigstens zu sperren, wurden in mühevoller Arbeit, an der von Voigt und Zimmer sich eifrigst beteiligten, die Quadern von den beiden

Schutzmauern der Brücke und alle erreichbaren Steine des Brückenbogens abgebrochen und auf den Bahndamm geworfen. Die Schienen zu lösen gelang nicht, da die mitgenommenen Schraubenschlüssel an der französischen Bahn den Dienst versagten. Dagegen wurden mit allem Kraftaufwand einige Schwellen mit den daraufliegenden Schienen aus ihrer Lage gebracht. Die Arbeit, die durch ausgestellte Wachen gesichert war, dauerte an zwei Stunden; erst als der Tag (24.) angebrochen war, kehrten die Reiter nach Zweibrücken zurück, wo sie von den bayerischen Waffenbrüdern herzlich empfangen wurden. Der Erfolg der Unternehmung war insofern erreicht, als der Verkehr an der betreffenden Stelle einige Zeit unterbrochen war.

Doch Lieutenant v. Voigt war von seinem Erfolge nicht befriedigt. Eine dauernde Sperrung der Bahn schien ihm nur dann möglich, wenn es gelänge das Hauptbauwerk der ganzen Linie, die Eisenbahnbrücke zu sprengen, die dicht bei Saargemünd südöstlich von der Stadt über die Saar führt. Auch seine Leute waren jetzt warm geworden und brannten vor Unter=nehmungslust. Nachdem er nach Saarbrücken das bisher Erreichte telegraphisch gemeldet und der Mannschaft wie den Pferden einige Ruhe gegönnt hatte, verließ v. Voigt am 25. Juli abends 7 Uhr wiederum Zweibrücken, diesmal mit einem Führer, einer guten Karte, die Herr Dingler geliehen hatte, und mit Zerstörungswerkzeugen versehen, auch ver=stärkt durch 20 bayerische Jäger vom 5. Bataillon nebst ebensoviel Mann des in Homburg angekommenen 4. Landwehr=Pionierbataillons. Obgleich ein Gewitter aufzog, der Regen in Strömen herabgoß und dichte Finsternis, nur zuweilen durch Blitze erhellt, alles verdeckte, zog man doch unbeirrt vor=wärts. Schon hatte die kühne Schar die Grenze überschritten und näherte sich dem Dorfe Bliesbrücken, als auf die vorausgesandten Jäger zwei Schüsse fielen. Einen Augenblick stutzte die Kolonne, dann drangen die Jäger und Pioniere unter v. Voigts Führung mit Hurrah vor, während die Ulanen sich um den Ort herumzogen. Im Dorfe standen an allen Fenstern Lichter, die ihren Schein auf die Straße warfen, dahinter bewegten sich dunkle Gestalten, und von allen Seiten krachten Schüsse. Die Bayern schlugen die Thüren ein und verfolgten die aus den Hinterthüren sich flüchtenden feindlichen Schützen. Als man an den Ausgang des Dorfes gelangte, wurden die Deutschen mit einer Salve begrüßt, die eine stärkere feindliche Truppe ver=muten ließ. Da durch die Alarmierung des Dorfes der Plan vereitelt war, so wurde in guter Ordnung der Rückzug nach Reinheim angetreten, wo zwei verwundete Pioniere verbunden wurden. Lieutenant v. Voigt selbst war merkwürdigerweise unverletzt geblieben, obwohl er hoch zu Roß die Jäger in der erleuchteten Dorfstraße geführt hatte.

In diesem Scharmützel*) standen zum ersten Male in diesem Kriege Preußen und Bayern zusammen gegen Franzosen, hier erhielt also die deutsche Einigkeit zuerst die Bluttaufe.

Nach 5stündigem Marsche kehrten die Ulanen am Morgen des 26. Juli nach Zweibrücken zurück. Hier traf sie der Befehl zur Schwabron zurück, zukehren, da von Berlin die Nachricht eingegangen war, daß der Auftrag als erfüllt angesehen werde.

X. Die Wacht an der Saar.

In unsern Städten ist es still geworden; die Geschäfte stocken, die Fabriken und Gruben in der Umgegend haben den Betrieb eingestellt oder doch den größten Teil ihrer Arbeiter entlassen; die mächtigen Hochöfen der Burbacher und Halberger Hütte, die sonst den Nachthimmel mit ihren Flammen röteten, sind erloschen. Der Mangel an Verdienst führt viel arbeitsloses Volk in die Städte, so daß bald allgemein über Unsicherheit geklagt wird. Die Bildung einer freiwilligen Sicherheitswache wird vor= geschlagen, doch melden sich dazu so wenig Vertrauen erweckende Personen, daß den Saarbrückern vor solchen Beschützern bange wird und sie lieber auf ihren Beistand verzichten.

Auf dem veröbeten Bahnhofe sind die wenigen noch hier befindlichen Lokomotiven Tag und Nacht geheizt, um sofort bei Feindeseinbruch nach dem Rhein abzufahren, denn ein kleiner Zug, vom Volkswitz „Reißauszug" genannt, für die Direktionsmitglieder bereitsteht.

Nur die Truppen, die alle in Alarmquartieren liegen, bringen Leben in die stillen Straßen. Patrouillen kommen und gehen, Meldereiter traben heran, dann und wann ertönt das Alarmsignal, und im Geschwindschritt sieht man die Kompagnieen der Höhe zueilen.

Sie stammen aus allen Teilen des Rheinlandes, unsere Verteidiger: Solinger und Remscheider Messerschmiede, rauflustig, aber tüchtige Soldaten, „Kölsche Jungs" mit ihrem unverwüstlichen Humor, wetterfeste und beherzte Schiffer von Rhein und Mosel, biedere Eifler und ausdauernde Arbeiter aus unserm Industriebezirk, die hier für Haus und Hof fechten und als vortreffliche Führer bei Patrouillen dienen, da sie jeden Fußsteig weit und

---

*) In dem Generalstabswerke I. S. 97, als Gefecht bei Reinheim bezeichnet.

breit kennen. Troß der Strapazen in der Julihiße geht ihnen die gute
Laune nicht aus, und oft hallen die Straßen der Stadt wieder von ihrem
munteren Gesange:

> „Wenn die Soldaten durch die Stadt marschieren,
> Halb rechts, halb links, gerade aus, marsch!
> Schauen die Mädchen aus Fenstern und Thüren u. s. w."

Wir machen nun einen Rundgang bei unsern Vorposten und beginnen
am rechten Flügel, an der Burbacher Eisenbahnbrücke. Hier liegt ein Teil der

Hauptmann Rosch.

5. Kompagnie, welche Hauptmann Rosch
befehligt, im Biwak. Eine Barrikade
sperrt die Brücke nach dem linken Ufer
ab, auf einer Telegraphenstange ist
eine riesige Strohgarbe befestigt, die
als Alarmsignal dient. Drüben auf
dem Schanzenberg rechts von der Eisen=
bahn steht der Doppelposten Nr. 1,
der in das Thal des Deutschmühlen=
weihers und nach den Spicherer Höhen
hinübersieht. Er muß scharf aufpassen,
daß die Franzosen nicht unbemerkt her=
ankommen und durch Überrumpelung
der kleinen Wachmannschaft die Brücke
in Besiß nehmen. Zur größeren Sicher=
heit wird deshalb ein Unteroffizier=
posten an die Deutschmühle vorge=
schoben; ein anderer Posten von 17
Mann steht am rechten Ufer bei der
Burbacher Hütte. Der Patrouillengang
geht besonders durch den Schönecker
Wald und durch das Deutschmühlenthal. Das Alarmquartier der Kompagnie
befindet sich im Garten des Hôtel Hagen (jeßt Hôtel Korn) in St. Jo=
hann, dessen Gäste jeßt hauptsächlich fremde Berichterstatter sind, die hier
auf Kriegsthaten lauern.

Ebenfalls in St. Johann liegt die 8. Kompagnie des Hauptmanns
Neybecker, welche die Straße Brebach—Saargemünd bewacht. Die Soldaten
liegen vor ihrem Alarmquartier, dem Hause von Lamarche, auf Stroh;
die Gewehre sind in Pyramiden zusammengeseßt, an eine derselben ist die
Bataillonsfahne angelehnt. In einer nahen Thorfahrt stehen die Pferde des
Hauptmanns und des Stabsarztes gesattelt; alles ist zu sofortigem Aufbruch

Förster Bergmann von St. Arnual führt eine 40er Patrouille.

bereit. An der Dudweiler Straße bei Krämershäuschen stehen die Gepäckwagen der 40er mit Patronen= und Medizinkarren. Die Tornister sind
aufgeladen, um die Soldaten bei dem häufigen Alarm zu erleichtern, alle
Wagen sind bespannt, um sofort nach Dudweiler abzufahren, wenn der
Feind in die Städte einbringt.

Hauptmann Grubner mit der 6. Kompagnie steht am Heumagazin neben der Halby'schen Brauerei in der Thalstraße. Hier dasselbe Bild wie

40er im Zollamt.

drüben in St. Johann. Die Feldwachen stehen am Spicherer Weg, im Hinterthal und auf dem Winterberg. Die Patrouillen gehen besonders nach

Hauptmann v. Wulffen.

bem Stiftswalde, wo Förster Berg=
mann sie gar oft mit eigener
Lebensgefahr begleitet, ihnen die
Wege und die Stellungen des Feindes
zeigend.

Im Hofe des Hauptzollamts am
Anfang der Metzer Straße liegt die
7. Kompagnie des Freiherrn von
Rosen, die einen Posten an der
Gersweiler Straße und eine Feld=
wache auf dem Exerzierplatz auf=
gestellt hat. Einen Besuch bei der
letzteren wollen wir auf später ver=
schieben.

Die 5. und 7. Kompagnie, sowie
die 6. und 8. Kompagnie haben mehr=
mals ihre Stellungen gewechselt. Das
Kommando des Bataillons führte vom
25. Juli ab der älteste Hauptmann
des Regiments v. Wulffen, vom

3

29. Juli bis 1. August Hauptmann Freiherr v. Rosen, sodann Major
v. Horn, Bataillons-Adjutant war Lieutenant v. Ekensteen; das
Stabsquartier befand sich im „Rheinischen Hof" (Hôtel Reinhold) in
St. Johann.

Von den Unteroffizieren des Bataillons verdient als Unikum die Mutter
der 8. Kompagnie, „der alte Kniebler", genannt zu werden, der damals
56½ Jahre alt, 38 Jahre im Dienst und schon 21 Jahre Feldwebel war.

Trotz seines Alters hat er nachher den
ganzen Feldzug zu Fuße mitgemacht,
ohne jemals ein Zeichen der Ermüdung
zu geben, durch Pflichttreue und Un=
erschrockenheit bei allen Gelegenheiten
ein leuchtendes Vorbild für die Jün=
geren. Der alte Feldwebel hat sich
später noch in den jüngsten Lieutenant
verwandelt, indem er zur Anerkennung
seiner vor dem Feinde bewiesenen
Tapferkeit im März 1871 zum Offizier
ernannt wurde.

Doch zurück zu unseren Vorposten!
Von den Ulanen liegt je eine Schwadron
in der Wilhelms= und Ludwigskaserne;
die Pferde stehen gesattelt, nur ab=
taubart in den Ställen, während die
Mannschaft auf dem Hofe biwakiert
und die Offiziere an einem Tisch vor
der Kaserne sitzend auf Meldungen
warten. Jede Schwadron bleibt 2 Tage

Lieutenant Kniebler.

auf Vorposten und kommt am 3. Tage zur Ruhe nach Dubweiler. Die
Ruhe haben Mann und Pferd auch sehr nötig, denn in Saarbrücken
giebts keine, da die Ulanen die ganze Linie Gersweiler=Brebach und
darüber hinaus durch vorgeschobene Posten und Patrouillen aufklären müssen.
Sie sollen besonders die etwaige Annäherung des Feindes rechtzeitig melden,
den abzuwehren dann der Infanterie obliegt.

Das Hauptquartier des Majors v. Pestel befindet sich, wenn er nicht
bei den Vorposten sich aufhält, in der „alten Post" (Hôtel Zix) in der
Wilhelmstraße, dem einzigen Gasthofe Saarbrückens, wo stets das Neueste
zu erfahren ist. Hier kommen oft genug mitten in der Nacht Staffetten

angesprengt, die den Kommandanten mit seinem Ordonnanzoffizier, Premier=
lieutenant K u h l s, nach einem bedrohten Punkte rufen.

So ist unsere kleine Schar Tag und Nacht bereit, die Franzosen würdig
zu empfangen.

————•••————

XI. An der Bellevue.

Steigen wir nun die Metzer Straße hinauf, um uns den Krieg etwas
in der Nähe anzusehen. An der Bellevue steht ein Ulanenposten und eine
Feldwache der 7. Kompagnie. Sie sind auch hier im Angesicht des Feindes
guten Muts, die rheinischen Jungen, zumal da es — dank der treuen Für=
sorge der S a a r b r ü c k e r — an reichlichem Essen und Trinken nicht fehlt.
So vertrocknet denn auch der Humor nicht, mancher muntere Witz wird belacht,
und wenn sie dürsten, würden sie fröhliche Soldatenlieder ertönen lassen.
An einem Tische vor dem Wirtshause sieht man Offiziere mit deutschen und
englischen Berichterstattern; auch sie sitzen nicht trocken, wie manche geleerte
Flasche zeigt. Da ist H a n s W a c h e n h u s e n, der Korrespondent der Köl=
nischen Zeitung, der überall dabei ist, wo's Krieg giebt. In der Krim wie
in Italien hat er die Franzosen schon kennen gelernt und auch 1866 in
Böhmen dem Kriegsleben zugeschaut. So kann er viele interessante Geschichten
erzählen und manchen Vergleich zwischen heute und damals anstellen. Seine
Berichte in der Kölnischen Zeitung sind nur gar zu eingehend, und die
Franzosen könnten daraus mehr erfahren, als uns lieb ist. — Da sitzt auch
ein englischer Offizier, Captain S e t o n vom 102. Regiment Madras=Füsiliere,
der den Krieg in Indien mitgemacht hat und dort verwundet worden ist.
Beim Ausbruch des Krieges befand er sich in K r e u z n a c h und eilte alsbald
hierher auf den Kriegsschauplatz. Er trägt die englische Interimsuniform,
doch ohne Degen; ein blauer Schleier an der Mütze schützt den Nacken gegen
die Sonne. Stundenlang sitzt er vor der Bellevue und späht durch seinen
Krimstecher nach den Franzosen hinüber, jede neue Wahrnehmung in seinem
gebrochenen Deutsch unsern Offizieren und Posten mitteilend. Der „Eng=
länder" ist bei den Soldaten eine allbekannte und beliebte Erscheinung; den
Offizieren ist er nicht nur als guter Gesellschafter, sondern auch als Soldat
mit Leib und Seele ein geschätzter Kamerad geworden. „Mit hohem Mut
begabt und keine Gefahr kennend, erwarb er sich bald die allgemeine An=
erkennung. Er fehlte bei keiner Rekognoscierung; sein klarer Blick und die

scharfe, stets richtige Beurteilung der Lage, unterstützt durch sein gutes Fern=
glas, leisteten manch guten Dienst, in den kleinen Gefechten ermutigte er in
seiner schlichten Uniform ohne Waffen, nur einen Stock in der Hand, die
Leute der 7. Kompagnie, bei der er sich mit Vorliebe aufhielt, durch Worte
und Benehmen."*)

Hinter den Pappeln des Exerzierplatzes, auf der Straße und an der
Lerchesflur stehen in kleinen Gruppen Bürger aus der Stadt und Leute aus
der Umgegend, die mit Fernrohren nach der Grenze hinüberspähen und
dem Kriegsschauspiel wie einem friedlichen Manöver in aller Ruhe zusehen.
Gar lebhaft wird gestikuliert und disputiert; man hört es hüben und drüben
knallen, man beobachtet, wie die Kugeln einschlagen und von dem trockenen
Boden Staubwölkchen aufwirbeln. Weiter vorn sieht man durch das Grün
der Pappeln die schwarz=weißen Fähnchen der Ulanenvedetten und Patrouillen.
Auf den Feldern brütet die Julihitze; die reife Frucht steht in Garben ge=
bunden, und inmitten der Vorposten sind die Landleute noch immer beschäftigt

Chasseur à cheval.

bie Ernte heimzubringen.
Das Stieringer Eisenwerk
sendet gelbe Rauchwolken
gen Himmel und läßt in
dumpfen Schlägen den
schweren Hammer ertönen.
In der goldenen Bremm,
wo in friedlichen Zeiten die
Saarbrücker ihren Kaffee
tranken und bei franzö=
sischem Rotwein und Rahm=
käse sich's wohl sein ließen,
schlürfen jetzt die fran=
zösischen Offiziere ihren
„kouetch", doch die preu=
ßischen Kugeln haben keine
Scheibe in dem Hause ganz
gelassen. Dort hält ein
Reiter auf kleinem Pferde
mit buschigem Schweif, den

Karabiner in der Hand: es ist ein Chasseur à cheval; einige seiner Kameraden
sieht man immerfort Volten reiten, sodaß die Hufe der Pferde eine liegende 8
beschreiben. Am roten Berg, die Grenze entlang, stehen Infanterieposten; sie

*) Gisevius, das Hohenzoll. Füsilierregiment Nr. 40 im Kriege 1870/71, S. 71.

zeigen die Farben der Trikolore: blau der Rock, weiß die Gamaschen und rot die Pumphosen, ihre Yataganscheiden blitzen in der Sonne. Das also sind die Feinde, die unsere Söhne und Brüder tot schießen wollen! Wer wird nicht den wackern Vierzigern und Ulanen gut sein, die Tag und Nacht auf den Beinen sind, um uns die Rothosen vom Leibe zu halten?

Da knallt ein Schuß aus dem Getreidefelde, ein Pulverwölkchen zerstiebt in der Luft, der Kopf eines Vierzigers taucht auf, der spähend hinüber blickt nach dem Waldsaum, ob die Kugel den Franzmann getroffen. Drüben antworten knatternd die Chassepots, doch ohne Schaden anzurichten. Jetzt

Feldwache an der Bellevue.

geht eine stärkere Patrouille unter Führung eines Offiziers von der Bellevue gegen die Folsterhöhe vor. Die Saarbrücker Buben, die gerade schulfreien Nachmittag genießen, haben die größte Lust sich anzuschließen. „Die Jungens zurück!“ ruft der Offizier, doch etliche Waghälse lassen sich nicht abhalten in einiger Entfernung zu folgen. Einer der unternehmendsten Tertianer heißt Karl Röchling, der hier seine ersten Studien macht. Die Vierziger knieen hinter dem Zollhaus; von den Spicherer Höhen pfeifen die Kugeln herunter, und die Unseren bleiben die Antwort nicht schuldig. Aus dem Walde rechts kommen jetzt zwei Ulanen und reiten kühn gegen die goldene Bremm vor. Plötzlich sprengen vier Chaffeurs heran, die Ulanen feuern ihre Pistolen ab und machen Kehrt. Da kommt Verstärkung, und nun jagen die Franzosen zurück. So geht die Jagd hin und her.

Auch den Saarbrücker Jungen pfeifen die Kugeln um die Ohren, doch sie achten die Kunst der Chaffepotschützen nicht hoch: „Die treffe jo doch nix!" sagt einer gleichmütig. Freilich bleibt's auf die Dauer nicht aus, daß einer angeschossen wird, worauf die anderen etwas vorsichtiger werden. Der von der Jugend vielbeklagte Schulunterricht in jenen Tagen hat vielleicht manchen vor trüben Erfahrungen bewahrt.

XII. Die ersten Gefangenen und der erste Tote.

Wenige Stunden nach der Kriegserklärung, am Nachmittag des 19. Juli, wurde bereits der erste französische Gefangene durch Sergeant Ernst von der 5. Kompagnie hier eingebracht. Wie er gefaßt wurde, erzählt ein Augen= zeuge, der Grubenschlosser Karl Kuhn in Dudweiler, der damals in Gersweiler wohnte, folgendermaßen:

Der Grenzwächter Tempelstein aus Gersweiler hatte am 19. früh am Ziegelhof einen französischen Soldaten mit Blechgefäßen und Feldflaschen nach Krughütte wandern sehen, wo er Schnaps einkaufte. Er teilte dies seinem Kollegen Pabe mit, und beide verabredeten sich, den durstigen Franzosen abzufangen. Gesagt, gethan. Die Grenzwächter legen sich nach Mittag in einem Versteck auf die Lauer, und es dauert nicht lange, so sehen sie ihren Mann nichts Böses ahnend von Schönecken herkommen. Da er bisher von den Prussiens nichts gemerkt, so hat er sein Gewehr als lästige Bürde daheimgelassen und ist nur mit dem Seitengewehr bewaffnet. Wie der Franzose nahe herangekommen ist, erblickt er „die Grenzgard" und ergreift das Hasenpanier, doch Pabe, ein kräftiger und behender Mann, eilt ihm nach, und es gelingt ihm den Franzmann zu fassen und niederzureißen, noch ehe er die Höhe erreicht hat, auf der er von den Franzosen in Schönecken bemerkt worden wäre. Nach einigem Widerstande wird der Gefangene von den Grenzwächtern gefesselt und im Triumph nach Gersweiler gebracht, wo alles Volk zusammenströmt, um sich den französischen Krieger in der Nähe zu betrachten. In einem Wirtshause ließ man ihm zu essen geben, und hier erzählte er einem französisch sprechenden Einwohner, daß er schon lange diene und auch in Algier gewesen sei. Nachdem er sich gestärkt hatte, wurde er einer Patrouille der 5. Kompagnie übergeben, die gerade nach Gersweiler gekommen war und nun mit der ersten lebenden Trophäe nach Saarbrücken zog.

Der Franzose gehörte zum 23. Linienregiment; er war schlecht gekleidet und sah recht unbedeutend aus, sobaß ein Bürger sagte: „Wenn sie alle so sind, wie der, dann habt Ihr leicht Spiel." Die genossenen Getränke und die allgemeine Aufmerksamkeit, deren Gegenstand er war, schienen ihm jetzt zu Kopfe gestiegen zu sein. Er schimpfte auf die Prussiens, riß den Adler von seinem Czako und rief, indem er in der Luft damit herumfocht, ein Mal über's andere Mal: „vive l'aigle!" (Es lebe der Adler!) Dem begleitenden Unteroffizier wurde schließlich die Sache zu toll, und er versetzte ihm mit den Worten: „Wart', ich will Dich lägeln!" eine derbe Ohrfeige, worauf der Franzose stille wurde und in sich ging. Dieser erste Gefangene, dem mehr als 380 000 im Verlaufe des Krieges nach Deutschland gefolgt sind, wurde nach Saarlouis in sichern Gewahrsam gebracht und erhielt bald Gesellschaft von seinen Landsleuten.

vive l'aigle!

Am 26. nahm ein preußischer Zollaufseher von Klarenthal einen französischen Sergeanten vom 23. Infanterieregiment fest, der in einem Wirtshaus in Krughütte ganz gemütlich beim Schoppen saß. Er hatte sein Dienstbuch bei sich, aus dem hervorging, daß er bereits 10 Jahre diente und wegen guten Schießens eine Prämie erhalten hatte. Über seine Gefangennahme erzählte er Folgendes: Sein Oberst habe ihn ungerecht behandelt, und entrüstet darüber sei er zu einem Soldaten auf Vorposten gegangen und habe von diesem sein Gewehr gefordert, um an dem nächsten Prussien zu zeigen, wie gut er schießen könne und was für einen braven Soldaten der Oberst beleidigt habe. Aber der Posten habe ihm das Gewehr nicht überlassen, und verstimmt darüber sei er in das nächste Wirtshaus gegangen, um seinen Schmerz zu betäuben. Er verlangte von dem Major v. Pestel allen Ernstes eine Bescheinigung in seinem Dienstbuche, daß er auf die Eroberung eines Zündnadelgewehres ausgegangen und unterwegs hinterlistig überfallen worden sei.

War bei diesem Franzosen der Verdacht, daß er sich absichtlich habe fangen lassen, nicht unbegründet, so zeigte sich dies noch deutlicher bei einem Soldaten des 8. Regiments, der am folgenden Tage eingebracht wurde. Derselbe war nicht im geringsten verlegen und gab bereitwillig auf alle Fragen Auskunft. Er erzählte, daß drüben General Frossard kommandiere und daß in Forbach die Division Bataille stehe; auch nannte er ohne Zögern die Regimenter, aus denen diese bestand, und berichtete ferner, daß die Reserven noch nicht angekommen seien und daß es nicht viel zu essen gebe. Im Laufe des Verhörs merkte er, daß er sein Käppi noch auf dem Kopfe hatte; er nahm dies mit freundlicher Miene ab und sagte: „Ich bin so zerstreut, meine Herren, entschuldigen Sie mich!" Als er von der Post nach der Ludwigskaserne abgeführt wurde, gesellte sich ein Saarbrücker Bürger, Faktor Bruch, zu ihm, und der Franzose stand auch diesem gern Rede. Er berichtete, daß er aus der Côte d'or stamme, wo der gute Burgunderwein wachse. „Ach, hätte ich doch jetzt ein Glas davon!" setzte er hinzu. Auf die Frage, wie er gefangen worden sei, erzählte er: „Ich lag im Walde und schlief; plötzlich hörte ich schießen, ich sprang auf und lief fort; und da hat der Herr mich gefangen." Dabei deutete er auf den ihn begleitenden Ulanen. In der Kaserne angekommen, wo es an Essen und Trinken nicht fehlte, wurde er gut bewirtet und äußerte dann sehr befriedigt: „Wenn ich das gewußt hätte, wäre ich schon vor acht Tagen gekommen."

Die Art und Weise, wie die ersten Franzosen gefangen wurden, ist gewiß bezeichnend für die Zucht, die bei den Feinden herrschte. Wir dürfen wohl ohne Selbstüberschätzung sagen, daß in unsern Truppen ein besserer Geist lebte. Sie waren sich in ganz anderer Weise ihrer Soldatenpflicht bewußt, und trotz ihrer kühnen Patrouillengänge fiel keiner den Feinden in die Hände.

Auch unsere Feuerwaffe erwies sich dem weittragenden Chassepotgewehr mindestens ebenbürtig, weil sie mit sicherem Auge, fester Hand und kühlem Blute gehandhabt wurde, während die Franzosen ihr Gewehr an die Brust haltend schon auf weite Entfernungen losknallten und meist ins Blaue schossen. So war denn auch der erste auf der Totenliste ein Franzose, den der Gefreite Kraus von der 6. Kompagnie am 20. Juli in der Nähe der Folster Höhe erschoß. Auf Patrouille geschickt erwiderte er das Feuer eines französischen Doppelpostens mit solchem Erfolge, daß er den einen Franzosen niederstreckte, während der andere davonlief. Das war das erste Opfer des männermordenden Krieges. Wie viele Tausende sollten ihm in wenigen Wochen folgen! Kraus, ein kräftiger, untersetzter Bursche mit blondem Haar und offenen Gesichtszügen, wurde durch diese That ein berühmter Mann. Er

Der erste tote Franzose.

erntete nicht nur das Lob seines Hauptmanns Grundner und die Glück-
wünsche seiner Kameraden, sondern wurde sogar in der „St. Johanner Zeitung"
in Versen gefeiert. Von Berlin aus wurden ihm 30 Thaler zugesandt, die
auf den ersten getöteten Franzosen ausgesetzt waren. Kraus konnte sich
leider seines Ruhmes nicht lange freuen: seit dem 2. August wurde er vermißt und ist also wohl den Heldentod bei der Verteidigung Saarbrückens
gestorben. Noch längere Zeit nachher kamen für ihn Geschenke an.

An demselben Tage schoß der Unteroffizier Globke der 7. Kompagnie
einen feindlichen Chasseur vom Pferde; Globke, ein gewandter Patrouillen-
führer und trefflicher Schütze, war der erste Soldat, der das eiserne Kreuz
erhielt. In den folgenden Tagen wurde gewiß noch mancher erfolgreiche
Schuß abgegeben, doch lassen sich die verschiedenen Angaben schwer auf ihre
Richtigkeit prüfen. Am 25. oder 26. Juli fand Lieutenant v. Konarsky
bei einem Streifzug im Dickicht des Stiftswaldes die Leiche eines französischen
Infanteristen, dem unsere Füsiliere mit ihren Haubajonnetten schnell ein
notdürftiges Grab bereiteten. Auf unserer Seite kamen in dieser ersten Zeit
nur leichte Verwundungen vor; unsere Verlustliste zählte weder Tote noch
Vermißte.

***

XIII. Vorpostengeplänkel und Ulanenlist.

ielt sich der Feind vor unserer Haupt=
stellung Exerzierplatz—Winterberg in
achtungsvoller Entfernung, so boten da=
gegen die dichten Wälder, die rechts und
links von uns bis dicht an die Saar sich
erstrecken — hier der Aruualer Stiftsforst,
dort der Saarbrücker Stadtwald — den
Franzosen willkommene Gelegenheit, einen
Einblick in das Saarthal zu gewinnen.

Bereits am 21. Juli machten 2 Schwadronen Chasseurs und eine
Infanterieabteilung unter der Führung des Obersten du Ferron Besuch in
Gersweiler. Die Offiziere gingen in ein Wirtshaus und verlangten
„un bock" (1 Glas bayrisch Bier), das sie sich wohl schmecken ließen und
mit 50 cent. die Flasche bezahlten. Die Mannschaft verlangte besonders
Brot und Kartoffeln, wofür sie ebenfalls den hier geltenden hohen Preis
entrichteten, manche freilich nur mit Widerwillen. „Quels brigands que ces
têtes carrées", rief ein französischer Soldat aus; „nous ne leur avons pas
fait de mal, et pourtant ils nous font payer 50 centimes un morceau
de pain noir gluant, à peine gros comme le poing!" (Was für Spitz=
buben sind diese deutschen Dickköpfe! Wir haben ihnen nichts Böses gethan,
und dennoch müssen wir ihnen 50 cent. für ein kaum faustgroßes Stück
klebrigen Schwarzbrotes bezahlen!) Doch es war offenbar von oben herunter
die Weisung gegeben worden, die Bewohner des Landes gut zu behandeln
und sie so der französischen Annexion geneigt zu machen. Deutsch sprechende
Soldaten aus Elsaß und Lothringen versicherten, gegen die Bürger führten
sie keinen Krieg; ein Offizier erklärte, im Reichstage habe man die Sache
unrichtig dargestellt, der Kaiser werde morgen die Wahrheit enthüllen. In
der That soll bei einem späteren Besuche ein französischer Offizier dem Orts=
vorsteher in Gersweiler eine Proklamation Napoleons an die Deutschen
eingehändigt haben.

Es war dies offenbar die Proklamation des Kaisers vom 23. Juli an
das französische Volk, die einige an die Adresse der Deutschen gerichtete Sätze

enthielt und in den Grenzbezirken verbreitet werden sollte. Hören wir doch, mit welchen Phrasen man uns bethören wollte: „Wir führen nicht Krieg gegen Deutschland, dessen Unabhängigkeit wir achten. Wir thun das Gelübde, daß die Völker, aus denen sich die große germanische Nation zusammensetzt, frei über ihre Geschicke bestimmen sollen. Wir für uns nehmen in Anspruch, einen Stand der Dinge herzustellen, welcher unsere Sicherheit gewährleistet und für die Zukunft bürgt."

Der Besitz des linken Rheinufers würde den Franzosen wohl „die genügende Sicherheit" gewährleistet haben.

In Gersweiler bemerkte man, daß die Feinde die Tiefe der Saar zu ermitteln suchten; ein Zeichen, daß sie hier einen Übergang beabsichtigten. Gegenüber Gersweiler nämlich, auf dem rechten Saarufer, kaum 2 km von der französischen Grenze entfernt, pfiff jetzt wieder lustig die Lokomotive, da seit dem 19. der Verkehr nach Trier und Bingerbrück wieder auf= genommen war. Das war den Franzosen natürlich ein Dorn im Auge, und sie hätten uns dies Vergnügen gern gestört.

Am 22. erfuhr Hauptmann Koch bei einem Patrouillengang durch den Ortsvorsteher in Krughütte, daß die Franzosen bei Völklingen einen Übergang über den Fluß beabsichtigten. Dies wurde schleunigst durch den Draht nach Saarlouis gemeldet, worauf alsbald 3 Kompagnien des 69. Regiments und die 1. Schwadron der 7. Ulanen von dort nach der Brücke geschickt wurden, die zwischen Völklingen und Wehrden über die Saar führt.

Am andern Morgen um 6 Uhr erschien ein französisches Bataillon (23. Reg.), das über Schönecken durch den Wald vorgedrungen war, in Gersweiler. Der Feind besetzte den hochgelegenen Kirchhof mit einer Kompagnie, worauf eine andere Abteilung in das Dorf vorrückte. Hier umstellten sie das Haus des Grenzwächters Pabe; doch gelang es diesem noch rechtzeitig durch die Hinterthür und die Gärten sich in ein Nachbarhaus zu retten. Dann stiegen sie nach der Saar hinab und wurden hier von dem am Burbacher Werk stehenden Unteroffizierposten der 5. Kompagnie wirksam beschossen, während der Zug an der Eisenbahnbrücke unter Lieutenant Freiherrn von Steinäcker sich fertig machte, die Franzosen kräftig zu begrüßen. Bei diesem Scharmützel sollen auf Seiten der Franzosen 13 Mann gefechtsunfähig geworden sein, während die Vierziger keinen Verlust erlitten. Dagegen wurde der Kolporteur Ackermann aus Burbach tödlich ver= wundet und ein Mädchen von einer Kugel getroffen. Das Burbacher Werk stellte infolge des Gewehrfeuers, durch das ein Arbeiter am Kopfe verletzt worden war, eine Zeitlang den Betrieb ein. Einige Kugeln schlugen in einen von Saarlouis kommenden Personenzug ein, mit dem auch ein französischer Gefangener vom 23. Regiment nach Koblenz befördert wurde, wahrscheinlich wohl unſer Bekannter vom 19. Juli. Dieſer wurde an das Wagenfenſter geſtellt, um ſeine Landsleute zu größerer Rückſicht zu veranlaſſen. Nachdem noch von der 7. Kompagnie ein Zug abgeſandt worden war, um die rechte Flanke der Franzoſen zu bedrohen, zog ſich der Feind gegen 10 Uhr zurück. Major v. Peſtel, der noch während des Gefechts auf dem Kampfplatz in Burbach erſchienen war, ordnete an, daß jetzt die ganze 5. Kompagnie an

Lieutenant Freiherr v. Steinäcker.

die Eiſenbahnbrücke gezogen werde, um den Fluß und die Bahn bis Völklingen zu bewachen.

Um den Franzoſen dieſe Beſuche zu verleiden, unternahm am 25. Juli gegen 3 Uhr morgens die 7. und ein Teil der 5. Kompagnie unter den Hauptleuten v. Roſen und Koſch mit 2 Zügen Ulanen unter Ritt= meiſter v. Luck einen Streifzug nach Gersweiler zu. Unter Führung eines Grenzwächters bogen die 7. Kompagnie und die Ulanen links in den Wald ein und legten ſich hier in einer Mulde zwiſchen Gersweiler und Schöneden in einen Hinter= halt, während Hauptmann Koſch den Waldſaum bei Gersweiler beſetzte. So mußten die Franzoſen, wenn ſie erſchienen, zwiſchen zwei Feuer kommen. Doch der ſchöne Plan zerrann, da die Feinde gerade an dieſem Morgen keine Luſt hatten ſich in Gersweiler zu erfriſchen. Nachdem die Unſern ganz in der Nähe die franzöſiſche Reveille gehört und bis 8 Uhr vergeblich gewartet hatten, traten ſie den Rückmarſch an.

Auch auf der Oſtſeite unſerer Aufſtellung war man nicht müßig. Südlich von St. Arnual liegt oberhalb der Saargemünder Straße am Eingang des Stiftswaldes das Forſthaus, welches der ſchon erwähnte Stiftsförſter Bergmann bewohnt. Er hat früher bei der Garde du corps gedient und jetzt, da die Franzoſen ſo nahe ſtehen, verleugnet er das Soldatenblut nicht.

Da sein Wald-Revier im Süden bis an die Grenze reicht und sich von hier aus die Hochfläche von Spichern übersehen läßt, so hat Bergmann die beste Gelegenheit, Beobachtungen über den Feind zu machen. Bereits am 20. Juli früh bemerkte er beim Waldbegang französische Chasseurvedetten drüben bei Spichern und erstattete nicht nur die vorschriftsmäßige Anzeige auf dem Landratsamt, sondern teilte seine Wahrnehmung auch dem Hauptmann Neybecker mit, der mit der 8. Kompagnie im Thal lag. Dieser

unternahm daraufhin nachmittags mit der halben Kompagnie einen Erkundigungszug, der ihn auf den von dem Förster bezeichneten Waldwegen bis dicht vor die aufs höchste überraschten französischen Vorposten führte. Die Kugeln der Vierziger verwundeten zwei Franzosen, von denen einer bald nachher starb. In Folge dieses Überfalls fühlte sich die französische Abteilung auf den Höhen nicht mehr sicher und rückte in der Nacht hinunter nach Forbach. Doch General Bataille schickte den tapferen Kommandanten, nachdem er ihm wahrscheinlich etwas Mut angehaucht hatte, umgehend wieder hinauf und verstärkte den Posten durch eine ganze Brigade mit 2 Batterieen.[*)]

Lieutenant v. Holleben.

Am 25. abends sah man eine französische Abteilung südlich von dem St. Arnualer Weiher lagern; ein Versuch, sie am folgenden Morgen abzuschneiden, mißlang, da der Feind das Feld geräumt hatte. Doch erhielt eine Patrouille des Lieutenants v. Holleben, die aus 50 Mann der 8. Kompagnie und einigen Ulanen bestand, aus dem Stiftswalde heftiges Feuer. Trotzdem

---

*) Dieser Streifzug des Hauptmanns Neybecker ist in der Kriegsgeschichte des 40. Regiments nicht erwähnt. Ich verdanke die Mitteilung davon Herrn Bergmann, dessen Bericht durch Dick de Lonlay II S. 9 und 12 bestätigt und ergänzt wird. Die Besetzung der Spicherer Höhen erfolgte nach dem letzteren nicht erst am 21., wie Frossard, rapport S. 10 angibt, sondern schon am 19. abends durch ein Bataillon des 67. Regiments und einen Zug Chasseurs. Erst die zweite stärkere Besatzung erfolgte am 21. früh.

sprengte der Gefreite Pieroth von der 4. Schwadron allein gegen den Wald vor, wobei er selbst verwundet und sein Pferd ihm unter dem Leibe erschossen wurde.

Doch nicht nur durch kühnes Vorgehen machten die Unsern sich dem Feinde furchtbar, sondern sie suchten ihn auch listig über die eigene Stärke zu täuschen. „Es war gegen Ende Juli", so berichtet ein alter Vierziger, der eben erwähnte damalige Lieutenant v. Holleben, „als ich eines

Lieutenant Goldschmidt.

Abends den Befehl erhielt, am folgenden Morgen eine Rekognoscierung gegen den Stiftswald vorzunehmen. Noch in der Dunkelheit machte ich mich mit meinem Zuge auf den Weg, und als am Horizonte der erste blaßrote Streifen des Morgenlichtes sichtbar wurde, stiegen wir den Südhang des Winterberges hinab. Das vor uns liegende Gelände umhüllte der wogende Nebel mit einem dichten Schleier, und ich wollte eben aus einer Anpflanzung heraustreten, als mich ein Füsilier am Arme zurückriß und mir zuflüsterte: „Herr Lieutenant, vor uns kommt wer; es sind Chasseurs." Und in der That sah ich kaum hundert Schritte vor uns aus dem Nebelmeer heraus mehrere Reiter

auf uns zu traben, deren Helme die ersten Sonnenstrahlen trafen. Den ersten Reitern folgte unmittelbar eine geschlossene Abteilung. Ein schnelles Besinnen, ein kurzes Kommando, und unsere Flinten sendeten den feindlichen Reitern den ersten Morgengruß. Die Masse stob auseinander, aber echte deutsche Flüche schallten uns entgegen. Es waren unsere Ulanen, die, um den Feind glauben zu machen, es seien neue Regimenter eingerückt, in täglich wechselnder Verkleidung die Gegend durchstreiften. Unser Erstaunen war grenzenlos, und glücklicherweise brauchten wir auf unsere Schießresultate diesmal nicht stolz zu sein. Die immer siegreicher hervorbrechende Sonne beschien weder Tote noch Verwundete."

Der Erfinder dieses köstlichen Ulanenscherzes, der zuerst am Sonntag den 24. Juli bei der Schwadron des Rittmeisters v. Luck in Scene gesetzt wurde, war Lieutenant Goldschmidt von den Vierzigern.

Früh morgens, wenn Dämmerung und Nebel noch das Thal erfüllten, und abends bei Dunkelwerden wurden maskierte Ulanenpatrouillen ausgeschickt, die sich auf der ganzen Linie vom Schanzenberg bis nach St. Arnual hin

Verkleidete Ulanen und Saarbrücker Spannesäuten am Reivenhagel.

ben Franzosen zeigen mußten. Bald erschienen die Reiter statt mit roten Aufschlägen und Kragen mit weißen oder gelben, die aus Papier sehr säuberlich hergestellt waren, bald ließen sie die Lanzen zu Hause, und nachdem sie statt der Czaplas Infanteriehelme aufgesetzt und die Waffenröcke von Vierzigern angezogen, patrouillierten sie mit aufgenommenem Säbel als Dragoner. Noch andere erschienen in ihren weißen Stalljacken mit den blanken Helmen der St. Johanner Feuerwehr als Küraffiere. Den Ulanen machte dieser Karnevals= scherz viel Vergnügen, und auch die Saarbrücker lachten herzlich über die Ver= wandlung, die mit ihren blauen Reitern vorgegangen war.

Um den Feind in der Meinung, daß zahlreiche Truppen hier lägen, zu bestärken, wurden auf den St. Johanner Höhen vom Eschberg bis zum Rotenhof Holzstöße aus dem Stadtwalde aufgeschichtet und abends angezündet, um die Vorstellung von Biwakfeuern zu erwecken. Die lustige Täuschung gelang vortrefflich, da die französischen Zeitungen bald von preußischen Küraffieren und einer Kavalleriedivision bei Saarbrücken zu berichten wußten.

* * *

XIV. Der Bettag an der Grenze.

Hatte die Sonntagsmaskerade der Ulanen die Saarbrücker erheitert, so wurden am Montag den 25. die Gesichter wieder trüber, als die 40er anfingen, die beiden Brücken in der Stadt mit Barrikaden zu sperren. Man hatte nämlich im französischen Lager stark trommeln und trompeten gehört, in Stieringen wurde geläutet; man hielt dies für Alarm und befürchtete jetzt einen ernstlichen Angriff, zumal da auch sonst sich mehr Bewegung bei dem Feinde zeigte. Fässer, Sandsäcke und Balken werden daher angefahren und am Ausgang der Brücken abgeladen; nur ein schmaler Durchlaß bleibt frei. Wagen mit Dünger und Sand stehen bereit, um auch diesen sofort zu sperren, wenn's Not thut. Zur Verteidigung der neuen Brücke wird der größte Teil der 5. Kompagnie wieder ins Hôtel Hagen zurückgezogen. So wird es denn doch zum Straßenkampfe mit allen seinen Schrecknissen kommen, wenn die Franzosen jetzt anrücken! Manche Eltern in St. Johann lassen ihre Kinder nicht mehr nach Saarbrücken in die Schule gehen, um die Kleinen nicht den französischen Kugeln und dem Kampfgewühl auszusetzen. Die

Bewohner der Städte gehen jeden Abend mit schweren Besorgnissen zu Bett und schlafen nur noch mit einem Auge.

So findet der vom Könige angeordnete allgemeine Bettag, der am 27. Juli abgehalten wird, hier an der Saar besonders empfängliche Gemüter. Die Kirchen sind mit Andächtigen gefüllt, die heute in ernster Stimmung ihre Herzen zu Gott erheben, Rettung aus schwerer Gefahr und den Sieg für die gerechte Sache erflehend.

In der Ludwigskirche in S a a r b r ü c k e n hielt Superintendent S ch i r m e r eine zu Herzen gehende Predigt und sprach gewiß in aller Sinne, als er den tapfern Verteidigern unserer Städte für ihre treue Wacht dankte. Freilich waren unsere Vierziger und Ulanen nur durch Abordnungen vertreten, da sie durch ihre Pflicht ferngehalten wurden; denn gerade heute ging es draußen besonders lebhaft zu. Offenbar hatten die Franzosen das Bedürfnis den Schleier etwas zu lüften, der über dem deutschen Grenzgebiet lag, und unter= nahmen zu diesem Zweck größere Rekognoscierungen.

An diesem Morgen gegen ½7 Uhr lag der Förster B e r g m a n n, ermüdet von den Anstrengungen der letzten Tage, die ihn oft um seine Nacht= ruhe gebracht hatten, noch zu Bett, als ihn plötzlich der Ruf weckte: „Vatter, die Franzose komme!" Da Bergmann den „Rotbuzen" gegenüber ein schlechtes Gewissen hat, so läßt er sich weislich nicht sehen, hört aber, wie sie Zimmer und Schränke nach versteckten Preußen absuchen. In dem Garten vor dem Forsthaus, wo man die ganze Gegend übersehen kann, hält ein französischer General mit einigen andern Offizieren, die mit Ferngläsern nach dem Feinde ausschauen und die Gegend mit ihren Karten vergleichen; um das Haus und in dem Walde wimmelt es von Franzosen; Douaniers von S p i ch e r n haben sie geführt. Mit Schrecken denkt der Förster an die Ulanenpatrouille, die jeden Morgen nach der Simbach zu vorbereitet und um diese Zeit zurückzukehren pflegt. In diesem Augenblick kracht auch schon eine Salve, der zahlreiche Einzelschüsse folgen. Atemlos kommt der Sohn des Försters hereingestürzt und erzählt, in dem Wald, der unmittelbar hinter dem Forsthaus in steilem Abfall bis dicht an die Straße reicht, hätten ungefähr 30 Franzosen gestanden, die auf die arglos vorüberreitenden Ulanen Feuer gegeben. Die Ulanen sind sofort in mächtigem Satze rechts hinaus auf die Saarwiese gesprengt, von weiteren Schüssen vom Forsthause verfolgt. Der eine ist mit dem Pferde gestürzt und liegt regungslos, offenbar tot, unter seinem Tier, während der andere nach der Arnualer Kirche zu weitergaloppiert ist. Dann hat der General das Schießen untersagt. Bald darauf kommt der Förstersohn mit freudestrahlendem Gesichte wieder und berichtet, daß der Ulan nicht tot sei; er habe sich unter dem Pferde hervorgearbeitet und eile

4

ftarf laßmenb bie Wiefe hinunter feinem Kameraben nach. Eine Kugel hatte ihn nur am Fuße geftreift und war bann bem Pferbe hinter bem Blatt eingebrungen. — Den Förstersohn nahm ein französischer Offizier unter Vermittlung eines Elsässers ins Verhör, und legte ihm unter andern die Frage vor, ob Saarbrücken befestigt sei und ob wirklich dort 20 000 Mann ständen.

Einjährig-Freiwilliger Wilkens.

Der zurückgaloppierende Ulan benachrichtigte die 6. Kompagnie von dem Vorrücken der Franzosen; darauf ging Hauptmann Grundner mit der halben Kompagnie nach St. Arnual vor. Inzwischen brachte der Führer einer Ulanenpatrouille, Einjährig-Freiwilliger Wilkens, die Meldung, daß die Franzosen das Forsthaus wieder verlassen hätten, daß aber nach dem Bericht der Landleute Groß-Blittersdorf und die Simbach stark von französischer Infanterie und Kavallerie besetzt sei. Auch wurde durch eine andere Patrouille gemeldet, daß der Feind bei Saargemünd die Eisenbahnbrücke auf der Strecke nach Saarbrücken unbrauchbar gemacht habe.

Auch im Westen machten die Franzosen an diesem Tage einen Vorstoß. Da Kavalleriepatrouillen den Anmarsch einer starken feindlichen Abteilung von Klein-Rosseln her meldeten, so wurde ein Zug der 6. Kompagnie 69. Regiments von der Wehrdener Brücke aus abgeschickt, um den Feind zu beobachten. Jenseits Ludweiler erblicken sie den Feind und beschießen ihn auf seinem Vormarsche, doch müssen sie sich vor der Übermacht zurückziehen. Es ist der Brigade-General Micheler selbst, der mit 2 Bataillonen 24. Regiments, einem Zug Genie, einem Zug Dragoner und 2 Schwadronen Chasseurs heranrückt. Während die Bewohner von Ludweiler das Feiertagsgewand anziehen, um sich zur Kirche zu begeben, und der Pfarrer Fauth noch einmal die Predigt überdenkt, kommt das kleine Häuflein Preußen in eiligem Rückzuge die Dorfstraße herab. Schon ertönt der Ruf: „Die Franzosen kommen!“ Droben am Waldsaum blitzen Waffen, Dragoner mit blankem Säbel in der Faust sprengen heran, ihnen folgt die Infanterie und die Chasseurs zu Pferde. Sie besetzen das Dorf, Kommandorufe und Trompetensignale ertönen. Balb hört man von Geislautern her Gewehrfeuer: die

4*

69er haben sich hinter dem Palissadenzaune der Grube aufgestellt; der General schickt den Zug Geniesoldaten vor, der aber von den Preußen mit Schnell= feuer so gut empfangen wird, daß die Feinde das Vordringen aufgeben und sich zurückziehen. Sie sollen 10 Tote und Verwundete mitgenommen haben, während auf unserer Seite nur ein Mann schwer verletzt wurde. Jetzt — es ist Mittag geworden — läutet es abermals zur Kirche; doch den Bauern ist der Schrecken so in die Glieder gefahren, daß nur wenige dem Rufe des Glöckleins folgen.

XV. Eine Streife nach dem Drahtzug.

Wie sich die Franzosen im Saar= brücker Walde eingerichtet hatten und wie es ihnen dort gefiel, das sollen sie uns selbst erzählen:[*]

„Wir treten in einen schönen Wald von hundertjährigen Bäu= men. Ein schwarz=weißer Pfahl zeigt die preußische Grenze an. Auf der Bahnlinie, die schon mit Unkraut bedeckt ist, braust eine Lokomotive heran. Arbeiter der Ostbahn springen herab und stellen die Schienen wieder her, welche die Feinde aufgerissen haben, offen= bar in der liebenswürdigen Ab= sicht einen Unfall herbeizuführen.

Auf dem Rasen, der den Saum des Saarbrücker Stabwaldes bekleidet, wachsen große gelbe Blumen aus der Familie der Mimosen, blaue Glocken= blumen, Minze und Thymian. Dichter Wald steigt zur Linken an, kaum werden die bemoosten hohen Baumstämme von einem schmalen Lichtstreifen getroffen. Das ist echt deutscher Wald; man glaubt das Jagdhorn im „Freischütz" zu hören.

[*] Dick de Lonlay II S. 26.

Zur Rechten dagegen senkt sich das Gelände; die Bäume stehen mehr vereinzelt, ihre Belaubung ist weniger dicht, und zwischen den Stämmen hindurch schimmert ein halb mit Schilf bedecktes grünliches Gewässer, auf dem Seerosen mit ihren breiten Blättern und ihren goldenen Kelchen sich ausbreiten. Ziemlich dichter Nebel verhüllt den Himmel, doch von Zeit zu Zeit scheint er sich unter den ersten Sonnenstrahlen zerteilen zu wollen. Unter dem Laube der Eichen und Buchen zwitschern die Vögel, und der Wald hallt wieder von jenen unbestimmten und geheimnisvollen Tönen, die in der Seele ein Gefühl des Glückes gemischt mit süßer Melancholie erregen.

Hier und da sieht man halb verdeckt durch das Gebüsch einen Posten, den Tornister auf dem Rücken, auf sein Chassepot gestützt.

Eine Feldwache des 77. Regiments hält das Haus eines deutschen Bahnwärters besetzt. Die Gewehre stehen in Pyramiden, die Soldaten liegen plaudernd und rauchend unter den Bäumen. Malerisch heben sich die sonnengebräunten Gestalten in ihren bunten Uniformen von dem Grün der Bäume und Gebüsche ab.

Hinter dem Häuschen gehts ein paar Meter hinab, ein steiler Pfad führt den Abhang hinunter. 50 Meter weiter liegt inmitten von Fruchtbäumen eine kleine Ansiedelung, deren Bewohner ruhig ihren gewohnten Beschäftigungen nachgehen, während unsere Soldaten mit ihren Kindern spielen und ihnen die Birnen von den Bäumen schlagen.

Im Hintergrunde ist eine Quelle, wo unsere Leute Wasser holen. Von da steigt ein sandiger Weg in Windungen zu den Hügeln hinauf, die den Gesichtskreis begrenzen und die mit den Zelten der Division Bataille bedeckt sind. Das sind die fast unnahbaren Höhen von Spicheren.

Alles ist ruhig im Walde und in der Ebene; wenn man dies so friedliche blühende Thal sieht, möchte man nicht glauben, daß auf beiden Seiten erbitterte Feinde sich auflauern, um sich den Tod zuzusenden. Von Zeit zu Zeit steigt ein bläuliches Wölkchen auf, ein Knall ertönt, das sind die Grüße, welche die Vorposten zu den Preußen hinübersenden." —

. Doch auch hierhin bringen die Unsern vor und stören die Franzosen in ihrer Ruhe.

In der Morgenfrühe des 28. Juli gingen von sämtlichen Kompagnien Offizierpatrouillen in verschiedenen Richtungen gegen die Grenze vor, um die Franzosen die Störung des Bettages entgelten zu lassen. Major v. Pestel selbst begleitete die 6. Kompagnie, die gegen die Simbach vorging, aber vom Feinde nichts entdeckte. Ebenso wenig konnte Lieutenant Goldschmidt von der 7. Kompagnie beim Vorgehen auf Schönecken etwas von den Franzosen sehen. Die Patrouillen der 5. und 8. Kompagnie unter den

Lieutenants Freiherrn v. Steinäcker und v. Holleben fanden die Folster=
höhe und den Rand der Spicherer Berge von den Franzosen besetzt, mit
denen sie sich eine Zeit lang herumschossen.

Einen ernsthafteren Ausgang
hätte leicht ein Streifzug nehmen
können, den Lieutenant v. b. Bers=
worbt mit 2 Unteroffizieren und
12 Mann nach Stieringen zu
unternahm, um das dortige fran=
zösische Lager zu erkunden. In Be=
gleitung dieser Abteilung befand sich
auch Captain Seton, der uns ge=
nauen Bericht erstattet hat.

Um 3 Uhr, als kaum der
Morgen dämmerte und feuchte Nebel
das Thal noch erfüllten, ging man
in munterem Schritt am Deutsch=
mühlenweiher vorbei an der Bahn
entlang vor, Spitze und zwei Seiten=
patrouillen voran. Die Häuser am
Drahtzug wurden nach Franzosen
durchsucht, doch ohne Erfolg. Nun
ging's weiter an dem Weiher ent=
lang, indes auf dem Bahndamm die

Lieutenant v. b. Bersworbt.

rechte Seitenpatrouille marschierte, bis zu der Lichtung an der „Teufelspforte",
wo man Stieringen vor sich sieht. Plötzlich fällt ein Schuß, doch nichts
ist zu sehen. Der Lieutenant läßt seine Leute ausschwärmen und hinter
Bäumen Deckung suchen. Nach kurzer Zeit fällt ein zweiter Schuß von hinten,
und nun erblicken die 40er in Entfernung von etwa 50 Schritt hinter sich
20 Rothosen, die von dem Bahndamm bis zu dem sumpfigen Ende des
Weihers ausgeschwärmt sind und den Unsern den Rückzug abgeschnitten haben.
Die kleine Abteilung war offenbar über die französische Vorpostenkette hinaus
vorgedrungen und befand sich in recht peinlicher Lage. Hinter ihnen die
Franzosen, rechts der steile Bahndamm, links der Sumpf, der sie von dem
Walde trennte, und vor ihnen das französische Lager bei Stieringen, wo
jeden Augenblick infolge der Schüsse stärkere Abteilungen hervorbrechen konnten.
Unter lautem Geschrei eröffneten die Franzosen ein heftiges Feuer auf die
Unsern, doch die Kugeln gingen trotz der geringen Entfernung über die Köpfe
der Preußen hinweg in die Gipfel der Bäume. Jetzt galt es einen schnellen

Gefecht am Drahtzugweiher.

Entschluß zu faffen. Nachbem bie 40er baß Feuer mit befferem Erfolge erwibert hatten, ließ ber Offizier ben Rückzug nach bem Walbe antreten, unb ob bie Füfiliere auch biß an bie Kniee in ben Sumpf einfanken unb von ben feinblichen Kugeln verfolgt wurben, erreichten fie boch ohne Verluft baß fchützenbe Gehölz. Dabei paffierte eß einem Mann, ber noch einen Schuß auf bie Franzofen abgeben wollte, baß er beim Abfeuern beß Gewehrß in bem feuchten Boben außglitt unb ber Länge nach in'ß Waffer fiel. Ein fchallenbeß Hohngelächter ber Franzofen machte ihm fein Mißgefchick boppelt empfinblich. — In ber Dunkelheit unb bem Morgennebel hielt eß fchwer burch baß Dickicht beß Walbeß ben richtigen Weg zur Felbwache zurück zu finben, zumal ba felbft ber praktifche Englänber feinen Kompaß vergeffen hatte. Wie leicht konnte man ben Franzofen zum zweiten Male in bie Arme laufen! In ber That erhielten bie Streifzügler an ber Folfter Höhe auf freiem Felbe noch einmal von linkß Feuer; boch eß gelang ihnen, nachbem fie einen zweiten Sumpf burchwatet, wohlbehalten ben Exerzierplatz zu erreichen. Einem Unteroffizier war trotz ber gefährlichen Lage bie Pfeife währenb ber ganzen Zeit nicht außgegangen.

Eine französische Quelle weiß über diesen Vorgang noch folgendes zu berichten:

„Am folgenden Morgen bemerkte man an der Bahnlinie etwa 500 Meter von unsern Vorposten schwarze Punkte. Das sind die Raben, die die Leichname der drei gefallenen Preußen zerreißen. Ihre Kameraden haben nicht gewagt sie mit zurückzunehmen, denn das hieße sich einem sichern Tode aussetzen." Der deutsche Bericht ist viel nüchterner und weiß nur zu melden, daß zwei Füsiliere Schüsse in den gerollten Mantel erhielten und daß eine Patronentasche unbrauchbar gemacht wurde.

XVI. Das Bombardement auf die Bellevue.

Am Nachmittag des 28. Juli war das Observatorium an der Bellevue wie gewöhnlich von zahlreichen Zuschauern besetzt. Die Unruhe und Aufregung der Zeit zog die Männer aus der Werkstatt und vom Schreibtisch immer wieder hinaus zu den Vorposten; auch viele Bergleute, die jetzt unfreiwillige Muße hatten, waren in ihren schwarzen Grubenkitteln erschienen. Da es sehr heiß war, so waren die wachhabenden Ulanen, die der Unteroffizier Karl Karcher befehligte, abgesessen und schauten eifrig nach den Spicherer Höhen hinüber, wo man schon an den vorhergehenden Tagen Geschütze in Position bemerkt hatte und wo man heute eine dichte Gruppe von feindlichen Offizieren zu sehen glaubte. Gegen 3 Uhr zog ein Gewitter auf und nötigte das Publikum in dem Wirtshause gegen den Regen Schutz zu suchen. Kurz vorher hatten die Ulanen eine feindliche Plänklerkette von der Höhe in das Thal herabsteigen sehen, die aber durch den Regen ihren Augen wieder entschwanden. Plötzlich zischten eine Menge feindlicher Kugeln

Französische Plänklerkette, vom roten Berg her gegen die Bellevue vorgehend.

in den Sand des Exerzierplatzes, lebhaftes Gewehrgeknatter wurde vernehmbar, sobaß Karcher, einen ernstlichen Angriff vermutend, zu Pferde stieg und Meldung in die Stadt schickte. Da — ein Blitz leuchtet vom Roten Berge auf, ein Donner rollt durch das Thal, sausend fliegt eine Granate heran und schlägt einige Schritte vor der Bellevue auf, doch ohne zu zerplatzen. Eine zweite fährt durch die Mauer in das Wirtszimmer. Zum Glück war dieses einen Augenblick vorher von allen Gästen und dem Wirte in schleuniger Flucht verlassen worden, weil eine Chassepotkugel durchs Fenster über die Köpfe der Insassen hinweg in die Hinterwand des Zimmers eingeschlagen war. Sie war als Warnerin erschienen; gleich darauf schlug die Granate ein, zertrümmerte die Flaschen und das Bierfäßchen auf dem Ausschanktisch und fiel dann in einer Ecke des Zimmers nieder, wo sie platzte, Fenster, Decke, Tische, Stühle, alles zerschmetternd, auch einen Vogelkäfig, ohne jedoch den kleinen Sänger zu beschädigen, der vielmehr durch das offene Fenster die Freiheit gewann. Eine dritte Granate schlug in den Giebel der Bellevue ein; in wilder Flucht stürzte alles den Berg hinunter nach der Stadt zu, durch die immer noch sausenden und krachenden Geschosse, die in den Gärten am Hahnen niederfielen, zu größerer Eile angetrieben. In den Städten erregte der Kanonendonner natürlich gewaltigen Schrecken, zumal drei bis vier Granaten und Shrapnels bis in die Nähe des Hospitals geschleudert wurden und ihre Splitter und Kugeln bis in die Vorstadt hinein warfen, doch ohne jemand zu verletzen. Nicht weit davon lag das Gymnasium, wo die Schüler zum Nachmittagsunterrichte versammelt waren. Da erscheint Direktor Hollenberg, blaß vor Aufregung: „Geht schnell nach Hause, aber nicht nach dem Hahnen; der Feind bombardiert die Stadt." Man sieht Ulanen von der Bellevue zurückgaloppieren, auf der Forbacher Straße, heißt

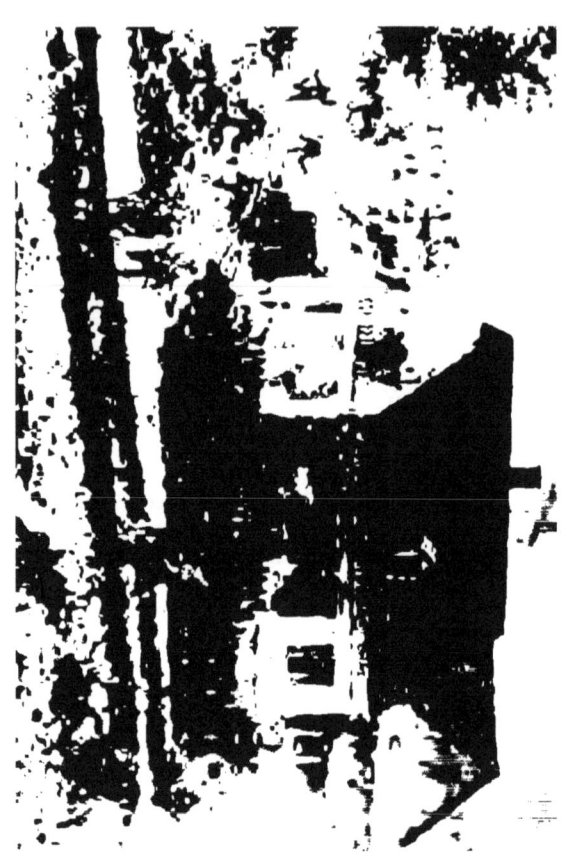

es, kommen die Franzosen in Menge anmarschiert. An der Burbacher Brücke flammt das Alarmsanal empor, die 7. Kompagnie eilt die Höhe hinauf, um den Feind abzuwehren, die Bürger machen sich auf die Beschießung gefaßt; doch nach 16 Kanonenschlägen verstummt das Feuer des Feindes, und auch seine Plänkler ziehen sich zurück. —

Man legt sich unwillkürlich die Frage vor, was die Franzosen mit diesem Bombardement bezweckten, und es hat an den verschiedensten Vermutungen nicht gefehlt. Wollten sie blos eine Schießübung veranstalten? In der That behauptet ein französisches Buch, die Artillerie hätte gefeuert „afin d'assurer la justesse de son tir", d. h. um sich einzuschießen, doch ist dies schwerlich der Hauptzweck gewesen. Auch daß der Feind das Saarbrücker Publikum als Truppenansammlung betrachtet hätte, ist abzuweisen. Der Berichterstatter des Gaulois, der in der Nähe der 4 feuernden Geschütze gestanden haben will, erzählt, man habe auf französischer Seite bemerkt, daß die Preußen Erdaufwürfe an dem champ de manoeuvre (Exerzierplatz) anlegten, und man habe ermitteln wollen, ob sich dahinter eine Batterie verberge. Halten wir damit eine Depesche des Generals Frossard zusammen, in der er nach Metz meldet, daß am 26. Juli 60000 Preußen von Köln und Aachen an der Saar erwartet würden, so wird uns die Lebhaftigkeit der Franzosen am Bettag, die Sperrung der Saargemünder Brücke und die heutige Beschießung leicht erklärlich. Sie fürchteten einen Angriff mit überlegenen Kräften; nachdem die gestrige Rekognoscierung diese Befürchtung einigermaßen zerstreut hatte, wollten sie heute sehen, ob in Saarbrücken Artillerie stehe. Daß von unserer Seite das Feuer nicht erwidert wurde, berechtigt sie zu dem Schlusse, daß Saarbrücken nur schwach besetzt ist. Nachdem sie nun unsere Schwäche erkannt, werden sie wohl nicht säumen, sich in den Besitz unserer Städte zu setzen.

Einige Bürger hatten trotz des Ernstes der Lage nichts Eiligeres zu thun, als sich ein Andenken an diese interessante Beschießung in Gestalt einer der nicht krepierten Granaten zu sichern. Doch dieser Reliquienkultus hatte seine bedenklichen Seiten, da ein solches Geschoß, solange es seinen gefährlichen Inhalt in sich birgt, nichts weniger als harmlos ist. Um ein Unglück zu verhüten, hob Major v. Pestel eigenhändig eine nichtkrepierte Granate auf und ließ sie in einem Erdloch mit Sand bedecken. Einem harmlosen Spaziergänger wies ein Bekannter mit großer Befriedigung eine unversehrte Granate, die er sorgfältig ins Taschentuch gebunden hatte, zur Besichtigung vor. Doch jener enteilte schleunigst mit den warnenden Worten: „Werfen Sie das Ding in die Saar, wo sie am tiefsten ist!" Ein Saarbrücker Schlosser mußte seine Unvorsichtigkeit mit dem Leben büßen. Als er sich mit einer nur teilweise entleerten Granate zu schaffen machte und ein Stück Kohle hineinfallen ließ, platzte das Geschoß, und der Ärmste wurde durch ein Sprengstück schwer verletzt. — Eins der damals gefallenen Geschosse hat später Rittmeister von Luck dem König Wilhelm übersendet, und die Saarbrücker Granate stand fortan auf dem Schreibtisch unseres verehrten Herrschers.

XVII. Unſer erſtes Todesopfer.

Rittmeiſter v. d. Oſten.

Am Abend desselben Tages gegen 6 Uhr sollten 2 Ulanen der 4. Schwadron, die jetzt Rittmeister v. d. Osten führte, den gewöhnlichen Patrouillengang durch die Gersweiler Straße an der Deutschmühle und dem Heidenhübel vorbei nach der Forbacher Straße und dem Exerzierplatz machen. Am Ludwigsplatz reiten sie ab, und die Zurückbleibenden freuen sich der schmucken, unerschrockenen Krieger. Noch immer sind sie fast unversehrt von ihren Streifzügen zurückgekehrt, obwohl die Franzosen gewiß das Pulver nicht sparen. Doch diesmal mußte ein junges Blut daran glauben. Nach kurzer Weile rast ein schaumbedeckter Schimmel ohne Reiter daher; man erkennt das Pferd des einen Ulanen. Was ist geschehen? Ist der Reiter gestürzt, verwundet oder gar tot? Bald erscheint sein Kamerad, und nun hört man traurigen Bericht. Die beiden Ulanen waren unangefochten bis zum Heidenhübel gekommen; da fallen Schüsse von den feindlichen Vorposten. Doch die Reiter achten's nicht; sind sie doch gewöhnt, sich aus dem Schießen der Franzosen nicht viel zu machen. Plötzlich stürzt der Ulan Klaiber, ohne einen Laut von sich zu geben, vom Pferde, ein Blutstreifen rieselt von der Stirn über das bleiche Antlitz. Auf dem

Exerzierplatz hat man die Schüsse gehört und das ledige Pferd zurückkommen sehen, der Ulan Deckelnik sprengt trotz des feindlichen Kugelregens im Galopp auf den regungslos daliegenden zu und berührt ihn mit der Lanze, um zu sehen, ob noch Leben in ihm ist; doch der Gefallene rührt kein Glied mehr. Eine Zeitlang hindert das heftige Feuer die Bergung der Leiche. Schließlich suchen zwei Handwerksburschen,*) indem sie zum Zeichen ihrer friedlichen Absicht ihre Taschentücher an Stöcken schwenken, die Unglücksstätte zu erreichen, und es gelingt ihnen auch, den gefallenen Krieger auf seiner Lanze und seinem Säbel zurückzubringen. Zwei Engländer leisten ihnen dabei Hülfe; auf dem Exerzierplatz laden Vierziger die Leiche auf ihre Gewehre und bringen sie in die Stadt. Am nächsten Tage wurde Klaiber, ein Bauernsohn aus Hohenzollern, auf dem Saarbrücker Friedhofe beigesetzt, wo ihm und den Kameraden, die ihm noch auf der Grenzwacht in den Tod folgten, ein einfaches Denkmal gesetzt worden ist.

Das Geschick des jungen Kriegers erscheint besonders tragisch, wenn man weiß, daß er eigentlich zur Ersatzschwadron kommen sollte, weil er noch Rekrut war und nicht völlig ausgebildet schien. Doch Klaiber hat seinen

---

*) Als der eine dieser mutigen Männer wird mir der jetzt noch in Berlin lebende Tischlermeister Gustav König genannt.

Wachtmeister Siebisch flehentlich, ihn doch hier zu behalten, da er sich sonst später in seinem Heimatsdorfe schämen müsse, wenn seine Kameraden von ihren Feldzugsabenteuern erzählten, und seine Bitten hatten seine Vorgesetzten gerührt. In seiner Herzensfreude darüber bewirtete Klaiber seine Kameraden von den zwei Thalern, die ihm seine Eltern kürzlich geschickt hatten. Nun lag er als das erste unserer Opfer in der kühlen Erde.

XVIII. Saarbrücker Fleischtöpfe und französische Hungerpatrouillen.

Daß unsere Vierziger und Ulanen bei dem ewigen Alarmieren, Patrouillieren und Postenstehen nicht ganz von Kräften kamen, verdankten sie nur der guten Pflege von Seiten der Einwohner, die trotz der herrschenden Teuerung die Beköstigung der Truppen mit Freuden übernommen hatten und eine Ehre dareinsetzten, ihre Beschützer möglichst gut zu bewirten. Schon am 19. früh war ausgeschellt worden, daß die Bürger den Truppen das Essen in die Alarmquartiere bringen sollten, welche die Soldaten nicht verlassen durften. Kaum schlägt nun die Glocke zwölf, so kommen aus allen Häusern, Gassen und Gäßchen Männer, Frauen und Kinder mit Körben und Geschirr, um die Verteidiger der Städte zu speisen. Und unsere Frauen haben so gut gekocht, wie sie es für die eigene Familie kaum an Sonntagen sich leisten. Doch schließlich wurde die Last für die minder Begüterten zu groß, und so nahmen die Gemeinden die Verpflegung in die Hand. In Saarbrücken wurde in der Prinz-Wilhelm- und Prinzeß-Mariannen-Anstalt von dem Waisenvater Riemer und Frau gekocht und das Essen durch Waisenkinder mittelst kleiner Wagen in die Alarmquartiere gefahren; in St. Johann wurde die Küche in der Bergfaktorei eingerichtet. Beide Anstalten unterstanden der Aufsicht von Stadtverordneten, die ihr Amt gewissenhaft wahrnahmen. Trotzdem ließen viele Bürger es sich nicht nehmen, auch fernerhin den Soldaten das Essen zu liefern. Oft erschienen Herren und Damen aus den Städten mit Dienstmädchen, die verheißungsvolle Körbe mit Schüsseln und Flaschen trugen, in den Alarmquartieren oder bei den Feldwachen. Selbst die entferntesten Posten wurden nicht vergessen, und es kam vor, daß Dienstmädchen, die den Füsilieren das Essen brachten, vor einer französischen Kugel

Alarmquartier im Thal. Frauen den 40ern Essen bringend.

Reißaus nahmen. Auch anfere Saarbrücker Jungen machten sich um das Vaterland verdient, indem sie Kaffee, Essen und Bier zu den Soldaten beförberten ober biefen kleine Dienste leisteten.

Die Verpflegung der Mannschaft in Burbach geschah ebenfalls durch die Gemeinde; hier erwarben sich Direktor Flamm und Bureauvorsteher Reuß von der Burbacher Hütte den besonderen Dank der Vierziger. „Als ich von meiner Patrouille um 12 Uhr zurückkehrte", erzählt der Lieutenant der 5. Kompagnie Freiherr v. Steinäcker, „harrte meiner ein sozusagen fürstliches Mittagessen. Waren wir denn wirklich in unmittelbarer Fühlung mit dem Feinde oder waren wir im Manöver? Zwanzig bis dreißig junge Mädchen, wie mir scheinen wollte, eine immer hübscher und braller als die andere, waren zwischen unsern Füsilieren beschäftigt, unter lustiger Wechsel= rede, in der, wie mir schien, der böse Feind durchaus nicht den Hauptgegen= stand der Unterhaltung bildete, den Inhalt großer Marktkörbe zu verteilen. Die Einwohner von Malstatt=Burbach hatten es sich nämlich gleich vom ersten Tage an nicht nehmen lassen, unsere Mannschaften auf eine Weise zu verpflegen, wie das beste Quartier es kaum gewähren konnte. Fleisch in verschiedenster Zubereitung und Beilagen, an die meine Füsiliere nach einigen Wochen bei Erbswurst und Speck sich wehmütig erinnerten, alles dies gewürzt mit vortrefflichem Saarwein, hinterher Cigarren, so recht aus dem Vollen, und verstohlene Likörflaschen, die ihren Inhalt sehr bald in die Feldflaschen verteilten; dazu morgens Kaffee mit Fleisch und Eiern, und um 4 Uhr erschien wieder der Kaffee pünktlich wie auf Bestellung. Der Direktor des Burbacher Hütten=Werks hatte die Verpflegung der Offiziere übernommen, die, wie gesagt, auf eitel Prasserei hinauslief. Ich würde dies nicht erzählen, wenn ich nicht damit zeigen wollte, wie sehr die Bevölkerung allgemein unsere „Wacht an der Saar" zu würdigen verstand; denn alles geschah ohne die geringste Aufforderung."

Auch für die Stillung des Durstes, der bei den Anstrengungen in der Julihitze natürlich sehr groß war, wurde in ausgiebiger Weise gesorgt. In den Alarmquartieren kamen von Zeit zu Zeit ansehnliche Bierfäßchen angerollt, und die Offiziere hatten oft ihre liebe Not, die Mannschaft vor einem Zuviel zu bewahren und für den verantwortungsvollen Dienst frisch zu erhalten. Gar manche Vierziger= und Ulanenpatrouille hat sich durch Arnualer Bürger zu einem Stehschoppen auf Bruch's Keller einladen lassen, und auch sonst gab es oft genug Freibier. Davon wissen sogar die Feinde zu erzählen. Ein französischer Kapitän will nachts am Stiftswald 2 vorbeireitende Ulanen belauscht haben, von denen der eine zum andern sagte: „Heute Morgen habe ich 10 Schoppen Bier in einem Saarbrücker Wirtshaus getrunken, und als es ans Bezahlen ging, hat die Wirtin freundlich für mein Geld gedankt. Morgen werde ich Dich hinführen." —

Ulanen bei Bruchs Keller in St. Arnual.

Ein Vierziger Reservist, der im Heumagazin „im Thal" lag, erzählt: „Eines Tages schickten wir einen Saarbrücker Jungen, von denen sich immer eine ganze Anzahl in unserer Nähe herumtrieben, in die Wirtschaft C. Jakob in der Thalstraße (Kieserjakob), um einige Flaschen Bier zu holen. Der Junge brachte das Bier, aber auch das Geld wieder mit. „Der Herr Jakob hat gesagt: da gib 'en s'Geld widder. Es solle uns erscht die Lumpefranzose fortjage; nachher könne se komme un ihr Bier bezahle."

Auch die getreuen Rößlein der Ulanen litten keine Not; sie bekamen bei dem anstrengenden Dienst reichlich Hafer zu fressen. Wir wissen, daß das Magazin der Stadt überlassen worden war, welche die Vorräte, um sie nicht dem Feinde auszuliefern, zum großen Teil an die Bürgerschaft abgab, an die Ärmeren umsonst, an die Reicheren gegen Bezahlung. Als nun nach dem Wiedereinrücken der Truppen Herr v. Pestel die Aufforderung erließ, die entnommene Fourage zurückzubringen, kamen die Bürger derselben so bereitwillig nach, daß Herr Hartung, der Verwalter des Magazins, allen Anforderungen genügen konnte.

Ganz anders sieht's bei den Franzosen aus. Man hat sie eiligst an die Grenze geworfen, ohne für ausreichende Verpflegung Sorge zu tragen.

Sie erhalten, wie Überläufer berichten, eine reichliche Geldlöhnung (1 Frank täglich), wofür sie sich selbst verköstigen sollen; indeß bald ist in den nächstgelegenen Dörfern alles aufgezehrt, und die Rothosen leiden bittern Hunger. Ihre Patrouillen, die in den preußischen Grenzdörfern erscheinen, suchen weniger die Bekanntschaft unserer Soldaten zu machen als ihren Magen zu befriedigen. Vor den Ulanen, die wie der Blitz vor ihren Vorposten auftauchen und mit Geschick ihre furchtbare Waffe führen, haben sie gehörigen Respekt; nicht minder vor den Vierzigern, den picds de diable, wie die Feinde

Franzosen verlangen von Saarbrücker Schnittern Bier.

sie nennen, weil sie unermüdlich sind und überall zum Vorschein kommen. „Nix ulan ici? Nix vierzik?" ist die oft wiederkehrende Frage der Franzosen an die Einwohner. Wenn sie die Luft rein befunden, so verlangen sie nach Speise und Trank, wofür sie meistens auch bezahlen. Einzelne Patrouillen näherten sich auch den Schnittern auf den Feldern, und nachdem sie ihre friedliche Gesinnung kund gegeben, baten sie um etwas zu essen. Ein paar Saarbrücker wußten davon zu erzählen, wie sie beim Roggenschneiden von den braunen Gesellen umringt worden seien, die ihnen mit großem Behagen ihren Bierkrug leer getrunken hätten. Der Hunger trieb auch manche zum Desertieren, und diese entwickelten dann in der Gefangenschaft einen staunenswerten Appetit.

Ein eigenartiges Schauspiel konnte man öfters in der Morgenfrühe beobachten. Von Stieringen und den Spicherer Höhen rücken starke feindliche

Schützenzüge an. Die 7. Kompagnie wird alarmiert, rückt eilends auf ben Exerzierplatz und schwärmt aus, um bie nahenden Feinde mit einem wohl= gezielten Feuer zu empfangen. Doch was ist bas? Die Feinbe machen halt und werfen sich nieber; hinter ihnen erscheinen Scharen von anbern Franzosen

Französische Kartoffelsucher.

ohne Waffen, mit Haden unb Spaten, unb fangen an unsere Felber zu bearbeiten. Sie haben es auf unsere „Grumbeeren" abgesehen, die armen Teufel! Guten Appetit zu ben Frühkartoffeln! Sie sind ja noch ganz grün! — Unsere Leute sind so grausam, sie in biesem Vergnügen zu stören, indem sie tüchtig blaue Bohnen hinüberfenden. Wird der Hunger nicht enblich boch bie Feinde zu uns herübertreiben?

———•—•———

XIX. Spionenjagd hüben und drüben.

„Wer dem Feinde über die Stärke und Stellung unserer Truppen Nachricht giebt, wird als Spion verfolgt." Diese Bekanntmachung sah man gleich in den ersten Tagen an den Straßenecken angeschlagen. Unsere Bürger freilich sagten: „Mir verrate nix!" aber es gab zweifellos in unserm Grenzbezirk Leute, auf die man ein wachsames Auge haben mußte, da es für unsere Besatzung geradezu eine Lebensfrage war, daß der Feind über ihre geringe Stärke in Unkenntnis gehalten wurde. Jetzt waren selbst solche Leute gefährlich, die gerade keine böse Absicht hatten, aber bei ihren verwandtschaftlichen oder geschäftlichen Verbindungen mit Frankreich durch gelegentliche Äußerungen Schaden stiften konnten. So wurden in der Umgegend französische Unterthanen für die Dauer der Feindseligkeiten ausgewiesen, ebenso Leute, die französische Sympathieen kundgegeben hatten oder enge Beziehungen zu Frankreich unterhielten — eine harte, aber in dem Grenzgebiete gewiß notwendige Maßregel. Hielten es doch die Franzosen später, als sie die ersten Schlachten verloren hatten, für nötig, alle Deutschen aus ganz Frankreich zu vertreiben!

In Gersweiler erregte es Argwohn, daß die Franzosen Weg und Steg, auch die Wohnungen der Grenzaufseher kannten. Der Verdacht des Verrats lenkte sich auf einen dortigen Einwohner, der, aus Schönecken gebürtig, französischer Soldat gewesen war und auf der Stieringer Hütte arbeitete, also täglich zweimal die Grenze überschreiten und dabei jedesmal mit den französischen Truppen in Berührung kommen mußte. Man konnte ihm zwar nichts Bestimmtes nachweisen, aber er wurde ausgewiesen und mit Recht. Mochte er da bleiben, wo er sein Brot verdiente.

Wachsamkeit war jedenfalls vonnöten, denn es trieb sich an der Grenze viel verdächtiges Gesindel herum, und gar manche fragwürdige Gestalt wurde von unsern Patrouillen eingebracht; selbst in Weiberrock und Priestergewand wurden Spione eingeliefert. — Gar oft vergriff sich indes der Uebereifer an harmlosen, höchstens etwas unvorsichtigen Leuten, während der wirkliche Spion vielleicht unbehelligt seinen gefährlichen Weg wandelte. So wurde schon am 17. Juli ein lothringischer Händler, der über die Grenze gekommen war, in Sellerbach festgehalten. Da er keine Ausweispapiere hatte, so wurde er als verdächtig auf's Landratsamt gebracht und dann dem Major v. Pestel vorgeführt. Doch der fand keine Schuld an ihm, zumal da zwei St. Johanner Bürger den vermeintlichen Frevler als einen harmlosen Korbflechter erkannten, der schon seit vielen Jahren sein Gewerbe in hiefiger Gegend trieb. Nachdem dann am 25. Juli der Kriegszustand durch Ausschellen verkündet war, wurden faſt ſtündlich Leute als ſpionageverdächtig dem Kommandanten vorgeführt, doch bald wieder losgelaſſen, da meiſt allzugroßer Eifer oder auch Uebelwollen der Nachbarn ſein Spiel getrieben. Suchen doch in ſolcher Zeit auch häßliche Leidenſchaften, Feindſchaft und Rachſucht, ihre Befriedigung. Ein Bahnwärter am Drahtzug, der vielleicht mit franzöſiſchen Patrouillen und Poſten geſprochen hatte, wurde als Spion angezeigt und vor den Augen ſeiner jammernden Frau und der weinenden Kinder gefeſſelt fortgeführt, doch ließ ſich auch ihm keine Schuld nachweiſen.

Die in fremden Zungen reden, erſcheinen natürlich am meiſten verdächtig. Unſerm Captain Seton paſſierte es am 21. Juli in Bingerbrück, daß er das wachſame Auge des Geſetzes auf ſich zog, als er ſich allzu wißbegierig nach der Beſtimmung einer durchfahrenden Abteilung erkundigte und die erhaltene Auskunft gewiſſenhaft in ſeiner Brieftaſche notierte. Alle ſeine Proteſte hätten ihn nicht vor einer unfreiwilligen Reiſe nach Koblenz bewahrt, wenn nicht ein engliſch ſprechender höherer Offizier und ein Militär⸗ arzt, der ihn in Saarbrücken ſchon geſehen, ihm Befreiung erwirkt hätten. Dasſelbe Schickſal hatte Seton noch einmal in Saarbrücken. Als er in den letzten Julitagen von der Höhe des Winterbergs nach der Arnualer Straße herunterkletterte, ſah er einen ſeiner Landsleute neben einem Ulanen als Gefangenen dahertrotten. Denſelben Landsmann hatte der Captain ſchon morgens in aller Frühe auf dem Exerzierplatz getroffen, wo jener mit einem andern Engländer, um ja nichts zu verſäumen, bei der Feldwache biwakiert hatte. Seton konnte ſich einer gewiſſen Schadenfreude nicht erwehren, als er das Opfer des Wiſſensdranges bemerkte, — doch das Unglück ſchreitet ſchnell. Kaum hatte er ſeine Schritte weiter gelenkt, ſo nahm eine Patrouille von Vierzigern — es waren eben eingetroffene Reſerviſten — den fremd⸗ artigen Wanderer, der allzu eifrige Terrainſtudien zu treiben ſchien, in ihre Mitte und brachten ihn als Arreſtanten nach dem Alarmhaus, wo der andere Gefangene bereits angelangt war, ſeelenvergnügt über das Abenteuer, das ergiebigen Stoff zu einem intereſſanten Bericht für ſeine Zeitung abgeben mußte. Die braven Vierziger waren ſehr verwundert, als der Hauptmann ſich bei dem vermeintlichen Spion höflichſt entſchuldigte und ihn einlud, ſich für den ausgeſtandenen Schrecken durch ein Glas Wein zu ſtärken.

Am 7. Auguſt wurden zwei geiſtliche Herren, ein preußiſcher Paſtor aus Tünsdorf und ein franzöſiſcher aus dem nahen Lothringen, die wahr⸗ ſcheinlich das Schlachtfeld anſehen wollten und dabei franzöſiſch parlierten, als Spione verhaftet und nach Trier geführt, wo ſie nach kurzer Unter⸗ ſuchungshaft losgelaſſen wurden. — „Fünf Spione von Saarbrücken!" meldete am 8. Auguſt ein Unteroffizier dem Platzmajor in Mainz, als

dieser uns gerade die Parole biltierte", so erzählt Herr Fr. Towae in
St. Arnual, damals als Unteroffizier bei dem 11. Pionierbataillon ein=
gezogen. „Ich erkannte unter den Unglücklichen sofort den Holzhändler S.
aus Saargemünd, der schrecklich heruntergekommen aussah. Im selben
Augenblick erkannte dieser mich auch, fiel vor mir auf die Kniee, weinte und-
rief: „Herr Towae, helfen Sie mir! Ich bin unschuldig!" Ich fühlte
herzliches Mitleid mit dem Mann, und da ich mit ihm schon Jahre lang
geschäftlich verkehrt hatte, so konnte ich ihm bei dem Gouverneur, dem Prinzen
von Holstein, der mich zur Auskunft zu sich bescheiden ließ, das beste Zeugnis
ausstellen. Ich nahm mich des Ärmsten an, sorgte für seine Verpflegung
und hatte seinetwegen noch drei Verhöre vor dem Auditeur zu bestehen. Nach
3 Wochen wurde er entlassen und erzählte später in St. Arnual, daß er
nur mir sein Leben zu verdanken habe. Als ich nach Beendigung des Krieges
den Herrn in Saargemünd in einem Café sitzen sah, setzte ich mich zu ihm
und begrüßte ihn. Doch er stand auf und setzte sich an einen andern Tisch.
Das war mein Dank."

Unsere nervösen Nachbarn und Feinde betrieben natürlich die Spionen=
jagd nicht minder eifrig, und der jetzt üppig ins Kraut schießende Deutschenhaß
bei den Bewohnern der Grenzorte kam ihnen dabei zu Hülfe. Am 22. Juli
gingen 2 Schwadronen vom 4. Chasseurregiment und 9 Kompagnieen vom
23. Infanterieregiment nach Kleinrosseln vor, wo der Maire Tags zuvor
von drei Ulanen bedroht worden war, die Auskunft über die französische
Stellung verlangten. Bei dieser Gelegenheit wurde ein Bewohner des Dorfes,
den „die öffentliche Meinung" als Deutschen gern bezeichnete, gefangen mit
ins Lager gebracht. — Bei Schönecken wohnte noch auf preußischem Gebiete
der Wirt Immisch, der mit den französischen Douaniers auf etwas gespanntem
Fuße lebte. Jetzt war für diese gute Gelegenheit, ihr Mütchen an dem Prussien
zu kühlen. Am 21. Juli wurde er von dem „Receveur" und seinen Gesellen
aus seinem Hause gelockt, dann von hinten überfallen und niedergeworfen,
wobei er ein Bein brach. In bedauernswertem Zustande wurde er in einen
Keller gesperrt, dann nach Forbach gefahren und in der alten katholischen
Kirche eingeschlossen. Mit Mühe gelang es ihm, Aufnahme im Lazarett zu
finden, wo er blieb, bis die preußischen Granaten vom Kaninchenberge herüber=
flogen. Am 29. abends unternahm Lieutenant Goldschmidt, geführt von
einem deutschen Grenzwächter, einen Zug nach Schönecken, um das Nest
auszuheben, doch die Vögel waren ausgeflogen, und nur das große Schild
des kaiserlichen Grenzamtes wurde als Trophäe zurückgebracht. Auch drei
Bewohner von Krughütte, welche die Grenze überschritten, wurden in
Forbach als Spione festgehalten und eingesperrt, ebenso der Lehrer Winter

aus **Emmersweiler**, der dort seine verheirateten Kinder besuchte. Nur gegen Erlegung von 2000 Franken Kaution wurde er freigelassen und durfte sich in der Stadt frei bewegen, mußte sich aber dreimal täglich melden. Ähnlich erging es zwei Saarbrücker Bürgern. Herr **Müller-Leschhorn**, der eine Tochter in einem Pensionat in **Nancy** hatte, wollte diese beim Ausbruch des Krieges dort abholen. Die Frau des befreundeten Eisenbahnsekretärs **Heinz** erbot sich, dies zu übernehmen und Müller selbst machte sich nun mit seinem Freunde auf den Weg, um die Damen in Forbach zu empfangen. Er gelangt auch mit seinem Begleiter glücklich über die Grenze und findet Forbach ganz von den Franzosen besetzt. Wie sie nun auf dem Bahnhofe an einem eben eingelaufenen Zuge entlang gehen, speit dieser lauter Rothosen aus, doch die erwarteten Damen sind nicht zu sehen. Durch ihr eifriges Herumspähen werden unsere Landsleute den Franzosen verdächtig. Soldaten, Grenzwächter und Gensdarmen umringen sie und fragen, was sie hier zu spionieren hätten. Sie werden einem höheren Offizier vorgeführt und von diesem verhört, aber ihre Bemühungen ihre Unschuld zu erweisen, sind vergeblich. Die Bekannten in Forbach, auf die sie sich berufen, wollen nichts von ihnen wissen und so werden sie als Spione festgehalten und in ein enges Loch eingesperrt, wo sie traurig die Nacht zubringen. Am andern Morgen werden die Zollwächter von der Folster Höhe in dasselbe Gelaß gebracht, und als sich die Gesellschaft noch vermehrt, alle zusammen in die alte katholische Kirche geführt. Hier verleben sie in dem staubigen, kalten Raum eine traurige Nacht. „Am frühen Morgen", erzählt Herr Müller, „glotzten neugierige Franzosenaugen durch die niedrigen, halbzerschlagenen Fenster; schmutzige Kerle streckten uns die geballte Faust entgegen, machten lange Nasen und Pantomimen des Erschießens und Hängens." Unsere Landsleute verfaßten schließlich eine Bittschrift, die eine mitleidige Schwester an den General zu befördern versprach. Darauf wurden sie entlassen, mußten sich aber verpflichten, die Grenze nicht zu überschreiten und sich dreimal täglich auf der Gensdarmerie zu melden; im Falle des Fluchtversuchs wurde ihnen mit Erschießen gedroht. Den Damen gegenüber hatten sich die Franzosen zuvorkommend gezeigt, ohne jedoch ihre Bitten um Befreiung ihrer Beschützer zu erhören, die erst mit ihnen, den Franzosen, zusammen nach Saarbrücken kommen würden. So lange hielt es der Eisenbahnsekretär nicht aus; er ging bei Nacht und Nebel über die Grenze, während sein Begleiter noch den 6. August in Forbach erlebte. Die Zollwächter waren schon am zweiten Tage nach ihrer Verhaftung zusammengekoppelt und mit verbundenen Augen unter den Insulten einer aufgereizten Volksmenge, die „Stinkpreußen" und „deutsche Hunde" schimpfte, über die Grenze geschafft worden.

--- ••• ---

XX. Ende des kleinen Krieges. Es wird Ernst.

Wenn auch der Kanonade vom 28. Juli nicht das erwartete Vorrücken der Franzosen folgte, so war sie doch ein Zeichen, daß der Feind jetzt die längste Zeit gewartet hatte und daß ernste Ereignisse bevorstanden. Demgegenüber legte auch die Einwohnerschaft unserer Städte und der Umgegend nicht die Hände müßig in den Schoß. Alle verfügbaren Räume, besonders die von den Bergleuten verlassenen Schlafhäuser, wurden als Lazarette eingerichtet, der Frauenverein und der Verein für die Pflege der im Felde verwunbeten und erkrankten Krieger entfaltete eine rege Thätigkeit, Frauen

Hauptmann Grundner

und Jungfrauen meldeten sich als Krankenpflegerinnen, Verbandzeug nnd alle andern Bedürfnisse wurden durch Sammlungen bereitgestellt, Desinfektionen zur Verhütung von Epidemieen angeordnet, Geld, Wein, Bier und Cigarren zur Erquickung der zu erwartenden Truppen von allen Seiten gespendet.

Im Laufe des 29. Juli wurde gemeldet, daß der Feind die Eisenbahnbrücke bei Saargemünd wieder hergestellt, außerdem eine Schiffbrücke geschlagen habe und sich dort zum Übergange anschicke, um unsere Stellung in der linken Flanke zu umgehen. Deshalb rückte Hauptmann Grundner mit der 6. Kompagnie und einem Zuge Ulanen um ½2 Uhr nachts nach dem Halberg, während die fünfte zur Verstärkung an der Mainzer Straße sich aufstellte; der Kommandant v. Pestel ritt selbst hinaus, um die Verteidigungsmaßregeln zu leiten. Der Brebacher Bahnhof, die Güdinger Mühle, das Halberger Werk und der Kirchhof wurden besetzt, der dahinter liegende Wald durch ein Verhau gesperrt und Ulanenpatrouillen nach Klein-Blittersdorf vorgeschickt. Für den Fall daß überlegene Streitkräfte die Unsern zum Rückzuge nötigten, sollte dieser über Scheidt nach Dubweiler angetreten werden; der Bildstock wurde als Sammelpunkt bezeichnet. Die Füsiliere richteten sich ein, den Franzosen einen möglichst warmen Empfang zu bereiten: die Entfernungen wurden abgeschritten und mit Ginsterzweigen bezeichnet; doch Stunde auf Stunde verrann, ohne daß der Feind erschien. Dagegen sah man von dort aus, wie es bald nach Tagesanbruch auf der andern Saarseite am Stiftswald lebendig wurde.

Am „Guten Brunnen" hinter St. Arnual saß die Ulanenfeldwache der 3. Schwadron friedlich beim Kaffee, den Arnualer Bürger geliefert hatten, die Pferde waren abgesattelt und hatten die Freßbeutel umgehängt, als plötzlich eine Salve krachte und mehrere Kugeln bei der Feldwache einschlugen. 20 bis 30 Franzosen waren von Douaniers durch den Stiftswald auf eine dem Forsthaus gegenüberliegende Höhe geführt worden und beschossen von dort die nichts Böses ahnenden Ulanen. Die Pferde wurden scheu, rissen sich los und rasten wie toll auf dem Felde umher; eins war verwundet, ein anderes

Hauptmann Neybecker.

durch mehrere Kugeln zu Tode getroffen. Die gleichzeitig von der Simbach zurück= kommende Ulanenpatrouille erwiderte das Feuer trotz der weiten Entfernung mit ihren Pistolen; die Franzosen schossen so heftig zurück, daß die ganze Straße mit Kugeln wie besäet war. Hier erhielt der Ulan Müller einen Schuß in den Hals, er hielt sich aber, gestützt von seinem Kameraden, noch auf dem Pferde und ritt bis vor die Bruch'sche Wirtschaft, wo er vom Pferde sinkend von einem Arnualer Mädchen, der jetzigen Frau Merkel in Saarbrücken, und von dem Ortsvorsteher Chelius in den Armen aufgefangen wurde. Man riß ihm die Halsbinde auf, aber Hilfe war vergeblich; er sah die Umstehenden noch einmal wehmütig an, dann verschied er.

Alsbald wurde die 8. Kompagnie im Thal alarmiert und rückte nach Arnual vor. Als Hauptmann Neybecker an der Tabaksmühle vorbei gegen den Stiftswald vorging, erhielt er heftiges Feuer; der Füsilier Schmitz wurde durch einen Schuß in den Hals so schwer verwundet, daß er zwei Tage später starb. Doch die feindlichen Schützen wurden zurückgetrieben und eine Strecke in den Wald hinein verfolgt. Dann unternahm der Hauptmann mit einem Zuge eine Erkundigung auf Spichern zu, um Einsicht in die Auf= stellung der Franzosen zu gewinnen. Er war bis auf 2000 Schritt von dem Dorfe vorgedrungen, als man auf einen französischen Posten stieß, der auf den berittenen Kompagniechef anschlug; doch wurde der Franzose sofort durch gleichzeitige Schüsse mehrerer Füsiliere niedergestreckt. Durch das Feuer kamen die Franzosen in Bewegung, Alarmsignale ertönten bereits nicht nur in der Front, sondern auch in der linken Flanke, sodaß die Patrouille, um nicht im Walde abgeschnitten zu werden, den Rückzug antreten mußte.

In der folgenden Nacht wäre beinahe treues deutsches Blut durch deutsche Hand vergossen worden. Um für den Überfall von heute früh Rache zu nehmen und den Franzosen, falls sie wieder zum Forsthaus kommen sollten, einen warmen Empfang zu bereiten, erhielt Reservelieutenant Mitscher von

ber 6. Kompagnie den Auftrag, mit 50 Mann, denen 3 Ulanen als Melde=reiter beigegeben waren, im Stifts=walbe ein Versteck zu legen. Natürlich darf der Förster Bergmann dabei nicht fehlen, der bereits zur Kom=pagnie gerechnet wird, so gefährlich dies auch für ihn und die Seinigen werden kann. Während die Spitze unter Unteroffizier Engels nach dem Forsthause vorausgeht, folgen der Lieutenant und der Förster mit dem Haupttrupp. Als sie zum Forsthaus hinaufgestiegen sind, läßt sich das Hoftor nicht öffnen. Wie nun beide um das Hintergebäude herumgehen, hören sie ein Knacken wie beim Spannen einer Büchse; fast gleichzeitig kracht ein Schuß, und eine Kugel pfeift dem Förster so dicht am rechten Ohr vorbei,

Reservelieutenant Mitscher.

daß es ihm ist, als hätte ihm jemand an die Wange geblasen. Einer der Leute von der Spitze hatte den Förster für einen Franzosen gehalten und losgedrückt; das Unglück wäre geschehen, wenn ihm nicht im Abdrücken Unter=offizier Engels das Gewehr in die Höhe gerissen hätte. Der Lieutenant ließ den Mann sofort in Arrest abführen; dann ging er durch den Wald bis zum Südrande vor und übersah von hier ein französisches Zeltlager von mehreren Regimentern bei Spichern. Doch ihren Besuch wiederholten die Franzosen nicht, sodaß die Unsern gegen 8 Uhr unverrichteter Sache zurückkehrten.

In der Frühe des 1. August wurde ein zweiter Versuch gemacht, doch nicht mit besserem Erfolge. Zwar erkannte Füsilier Dreckmann, der die päpstliche Medaille trug und die Art der Franzosen von Italien her kannte, an einem eigentümlichen Gesange, daß französische Soldaten sich näherten, und bald bemerkte man auch einige „Rotbuxen"; doch auch diese hatten den Feind gesehen und zogen sich ungefährdet zurück, da Lieutenant Mitscher das Schießen verhinderte, um keinen vorzeitigen Alarm zu erregen. — Das letzte Vorpostengeplänkel fand bei Kleinblittersdorf statt und hatte noch ein trauriges Nachspiel. Als am 1. August eine Patrouille der 8. Kompagnie bei dem Dorfe erschien, wurde sie von den jenseits der Saar in Groß=

Unteroffizier Engels.

blittersdorf stehenden Franzosen stark beschossen, wobei ein Vierziger einen Franzosen niederstreckte. Auch als die Unsern längst abgezogen waren, dauerte das Feuer noch fort und bestrich die ganze Gegend. Ein Bergmann, Vater von 2 Kindern, der von der Feldarbeit heimkehrte, wurde von den feindlichen Kugeln erreicht und getötet. Auch ein mit 2 Pferden bespannter Düngerwagen, dem Herrn Eb. Karcher in Saar= brücken gehörend, schien den Franzosen ein würdiges Ziel. Das eine Pferd wurde erschossen, das andere verwundet, der Knecht, „Karchers Christian", mußte, nachdem er selbst verwundet war, durch die Flucht sein Leben retten.

Dies war das Ende des kleinen Krieges bei Saarbrücken. Mancherlei Wahrnehmungen deuteten auf eine größere Unternehmung bei den Franzosen hin. In Metz war der Kaiser Napoleon angekommen, bei Saargemünd waren mehrere Brücken geschlagen worden, bei Hanweiler hatten die Franzosen bereits deutsches Gebiet betreten, auf den Spicherer Höhen war ein höherer Offizier mit großem Gefolge gesehen worden, von St. Avold gingen immerfort Truppenzüge bis Stieringen, starke Artillerieabteilungen bewegten sich auf der Straße nach Forbach, im französischen Lager herrschte die lebhafteste Bewegung: Trommeln und Trompeten ertönen, Rosse wiehern, Wagen rasseln, Kommandorufe werden laut; jetzt beginnt also die Heerfahrt nach Saarbrücken! Sieht unsere Heeresleitung unthätig und gleichgiltig zu, wie unsere kleine tapfere Besatzung von dem übermächtigen Feinde erdrückt wird?

XXI. Befehl zum Rückzuge. Berstärkung in Sicht.

Inzwischen war das schwierige Werk der Mobilmachung in größter Ordnung von statten gegangen, und die Überführung der Truppen nach der Grenze hatte begonnen. Doch der kampfbereit hier stehende Gegner nötigte unsern Generalstab die Ausschiffung der Armeeen schon am Rhein vollziehen und den Aufmarsch zu Fuße bewerkstelligen zu lassen. So konnte die Hilfe zwar nicht so schnell kommen wie sie erwartet wurde, aber doch blieb das Schicksal der kleinen Abteilung, die seit 14 Tagen den überlegenen Feind im Schach hielt, auch an der leitenden Stelle nicht unbeachtet. Die Besorgnis, daß die tapfere Schar abgeschnitten werden könnte, drückte sich in der am 30. Juli hier eingehenden telegraphischen Weisung Moltkes an v. Pestel aus, „mit der Kavallerie den Feind zwar unausgesetzt zu beobachten, mit der Infanterie dagegen auf Sulzbach oder Bilbstock abzumarschieren, Zerstörung der Eisenbahn aber zu unterlassen." Ließ der letzte Teil des Befehls auch die tröstliche Hoffnung auf baldige Hilfe zu, so war es doch nun sicher, daß unsere Städte auf einige Zeit dem Feinde überlassen werden sollten. Daher machten die Bürger betrübte Gesichter, und nicht minder traurig sahen die Bierziger drein, die, ohne vom Feinde dazu genötigt zu sein, ihre bisher rühmlichst behauptete Stellung verlassen sollten. Am 31. morgens stehen die Bierziger zum Abmarsch bereit, da kommt Gegenbefehl: Sie sollen bleiben. Ein Hurrah ertönt, und freudig ziehen die Kompagnieen in ihre Alarm= quartiere zurück. Wem war die unverhoffte Freude zu danken?

Dem tapfern Pestel widerstrebte es besonders ohne ernstlichen Angriff das Feld zu räumen. Daher telegraphierte er zurück, daß er am nächsten Morgen die Infanterie abmarschieren lassen werde, betonte aber dabei, daß der Feind einen Angriff von unserer Seite fürchte und daß die hiesige Position gut zu halten sei, zumal da ihm von General v. Göben Ver= stärkung versprochen sei. Der Wunsch, Saarbrücken zu behaupten, wurde auch durch den kommandierenden General befürwortet und in Berlin bewilligt, da jetzt durch die Annäherung anderer Truppen für die Aufnahme der kleinen Schar im Falle des feindlichen Angriffs gesorgt war und man gern ihr mustergültiges Verhalten durch einen Beweis des Vertrauens anerkennen wollte. Ein wie zuversichtlicher und tapferer Geist in dem Führer lebte, beweist folgendes Telegramm v. Pestels an General v. Moltke:

Saarbrücken, 31. Juli 10²⁴ Vm.

„Stellung wieder eingenommen, werde Position unter allen Umständen halten, selbst ohne Verstärkung, da Eisenbahn und Telegraph sonst aufhören. Bitte um Zutrauen."

An demselben Tage traf der Kommandeur der 31. Infanterie=Brigade, General Graf Gneisenau, ein Sohn des berühmten Feldherrn der Befreiungs= kriege, mit dem 1. und 3. Bataillon des 40. Regiments in Guichenbach und Hilschbach ein. In Lebach war jetzt das 2. Bataillon 29. Regiments, 2 Schwadronen der 9. Husaren, die 6. schwere und die 6. leichte Batterie des 8. Artillerieregiments vereinigt. Diese Truppen wurden am 1. August nach Heusweiler verlegt, von wo ein Zug Husaren und die 6. leichte Batterie nach dem Rastpfuhl vorgezogen wurden und hier mit den beiden Bataillonen des 40. Regiments in eine Aufnahmestellung einrückten, da der

General Graf Gneisenau.

etwaige Rückzug des 2. Bataillons jetzt in ·der Richtung nach Lebach stattfinden sollte. In der Bewachung der Burbacher Eisenbahnbrücke wurde die 5. Kompagnie durch die 10. Kompagnie 69. Regiments unter Hauptmann v. Becherer abgelöst und nach St. Johann zurückgezogen, da die 8. Kompagnie jetzt zur Abwehr des von Saar= gemünd drohenden Angriffs nach Brebach rückte und dort Ver= schanzungen anlegte. An demselben Tage noch beritt Graf Gneisenau unter lebhaftem feindlichem Feuer unsere Vorposten. Am Vormittag bereits war der kommandierende General v. Göben hier eingetroffen und hatte die feindlichen Stellungen besichtigt. Mit Vertrauen und Ehr= erbietung blicken Soldaten wie Bürger auf den berühmten General, der mit seiner Brille einem Gelehrten ähnlicher sieht als einem Heerführer. Sein Erscheinen beweist, daß man uns hier nicht vergessen hat und daß Hilfe zu erwarten ist.

Am Mittag dieses Tages ist festliches Mahl in der „Post." Hell klingen die Gläser aneinander: „Oberstlieutenant v. Pestel lebe hoch!" Der kommandierende General hat ihm persönlich das Patent der Rang= erhöhung als Zeichen der allerhöchsten Anerkennung überreicht.

XXII. Rückblick auf die Julitage. Füsilier Kutschke.

Wohl sind es keine großen Kriegsereignisse gewesen, die sich bis jetzt abgespielt haben, und mancher wird vielleicht fragen: „Was bedeutet es neben den späteren großartigen und furchtbaren Bildern des Völkerkrieges, wenn hier ein Ulan erschossen, dort ein Franzose gefangen, wenn heute eine Strecke Eisenbahn zerstört, morgen ein Wirtshaus von einer Granate getroffen wird? Welche Wichtigkeit haben diese kleinen Scharmützel und Plänkeleien gegenüber den mit vielen Tausenden von Toten und Verwundeten bedeckten Schlacht= feldern, gegenüber der Belagerung von Riesenfestungen und der Übergabe ganzer Armeeen, wie sie der weitere Verlauf des Krieges mit sich brachte?" Und doch verdienen diese Kämpfe ein mehr als lokales Interesse und haben es gefunden, sowohl bei den Taktikern von Beruf, die dieselben zum Gegen= stand ihrer Studien gemacht haben, als auch in den breiteren Schichten des Volkes, dem der Name Saarbrücken seit jenen Tagen einen wohlbekannten Klang hat. „Diese Vorpostenkämpfer haben sich einen Ruhm gesichert, der an die Aufopferung des Leonidas und seiner 300 Spartaner erinnert", sagt ein Erzähler des großen Krieges.*) Während der Mobilmachung des deutschen Heeres haben sie eine feindliche Armee beschäftigt und vor unser Grenzgebiet einen Schleier gezogen, hinter dem der wohlgeordnete Aufmarsch unseres Heeres sich ungestört vollziehen konnte. Dabei galt es einerseits den über= legenen Feind nicht unnötig zu reizen, anderseits ihn hinzuhalten und nötigenfalls entschlossen abzuwehren. Wenn auch die Unthätigkeit der Franzosen noch durch andere Gründe bedingt war, so ist doch kein Zweifel, daß sie uns erheblichen Schaden zugefügt haben würden, wenn sie die wahre Gestalt der Dinge gekannt hätten. Daß sie bis zum letzten Augenblick in Ungewißheit über unsere Streitkräfte waren, beweist ihre gewaltige Machtentfaltung bei der Eroberung von Saarbrücken, und das ist das Verdienst unserer Vierziger und Ulanen, die 14 Tage lang nicht aus den Kleidern gekommen sind und kein Bett gesehen haben. In kecken Streichen wetteiferten alle, um den Feind über die eigene Stärke zu täuschen, dagegen die Stellung und Zahl der Feinde möglichst aufzuklären, wobei sie von den Einwohnern oft in wirk= samer Weise unterstützt wurden. Die Ausbildung und Leistungsfähigkeit der Truppen zeigte sich im glänzendsten Lichte. Hier blieb Raum zur Bethätigung der Gewandtheit und des Mutes für jeden einzelnen, der im Gewühl größerer Schlachten nur zu leicht in der Masse verschwindet. Möchte es uns gelungen sein, einen Begriff von den Mühseligkeiten und Strapazen dieses Vorposten= dienstes zu geben. „15 Tage hintereinander auf Vorposten oder im Alarm=

---

*) H. Fechner, der deutsch-französische Krieg S. 93.

haufe, täglich, oft mehrmals alarmiert, dazu Mobilmachungsarbeiten und
wenigstens anfangs täglicher Wechsel in den Stellungen, der immer neue
Orientierung nötig machte. Allein Offiziere und Mannschaften thaten ihren
Dienst mit Hingebung und Lust. War es ihnen auch kein Geheimnis, daß
bedeutend überlegene Kräfte ihnen gegenüberstanden, so brannten sie doch vor
Begier, sich mit dem Feinde zu messen, den sie seines zaghaften Auftretens
wegen schon anfingen gering zu schätzen; gab ihnen doch die Begeisterung in
Saarbrücken einen Beweis davon, wie einmütig ganz Deutschland zur Sache

Premierlieutenant Kühls.

seines Königs stand, wußten sie
doch, daß auf sie selbst, den vor=
geschobensten Teil der Armee, die
Augen ganz Deutschlands gerichtet
waren."*)

Und welche Verluste hatte diese
kleine Truppe in den 14 tägigen
Gefechten gehabt? Trotz der Muni=
tionsverschwendung der Franzosen
waren nur 2 Ulanen und ein Vier=
ziger getötet, 2 Vierziger und 2
Ulanen verwundet worden, kein
Gefangener war in die Hände der
Franzosen geraten. Die Verluste
des Feindes lassen sich nicht genau
feststellen, doch waren sie jedenfalls
größer; eine ganze Anzahl Ge=
fangener von 4 verschiedenen Regi=
mentern war in unsern Händen.

Wenn auch diese Erfolge dem
einmütigen Zusammenwirken aller
zu verdanken sind, so hat doch das
Hauptverdienst der verantwortliche Führer, Oberstlieutenant von Pestel.
Tapferkeit und Umsicht in sich vereinigend, war er die Seele jener kleinen
Schar, der er in Aufopferung und Pflichterfüllung als leuchtendes Vorbild
diente. Bei Tag und bei Nacht erschien er, von seinem Ordonnanzoffizier
Premierlieutenant Kühls begleitet, sobald nur eine Bewegung des Feindes
sich kundgab, bei den Vorposten, um sich mit eigenen Augen von dem Stande
der Dinge zu überzeugen und das Nötige zu veranlassen. Ein berufener

---

*) Gisevius, Gesch. d. 40. Reg. S. 47f.

Beurteiler*) spricht sich dahin aus, daß „die von dem Detachement des Oberst-lieutenants v. Pestel getroffenen Anordnungen im allgemeinen im höchsten Grade mustergültig sind und verdienen, daß man sich ihrer immer als beherzigenswerten Beispiels erinnert." v. Pestel hat im weiteren Verlauf des Feldzuges noch manche kühne und entschlossene That ausgeführt; von dem Könige wurde ihm das Eiserne Kreuz erster Klasse und der Orden pour le mérite verliehen, außerdem erhielt er ein prachtvolles Gewehr, das für den Tapfersten der Armee bestimmt war.

Wie die Thaten der Helden immer das Lied des Sängers wecken, so ist auch in dieser ersten Kriegszeit die Poesie zu ihrem Rechte gekommen, wenngleich der Wille oft besser war als die Kunst. Auf Saarbrücker Boden ist eins der berühmtesten Kriegslieder jener Tage entsprossen, und der Füsilier Kutschke des 40. Regiments wurde als Dichter hoch gepriesen.

> Was kraucht da in dem Busch herum?
> Ich glaub', es ist Napolium.
> Was hat der denn zu krauchen dort?
> Drauf, Kameraden, jagt ihn fort!

Füsilier Kutschke.

— ertönte es bald bei allen Truppenteilen, die nach Frankreich zogen. Doch die Geschenke, die bei dem Regiment für den Sänger ein-liefen, mußten als unbestell-bar zurückgesandt werden, da in den Stammrollen kein Kutschke sich vorfand. So wurde der brave Füsilier Gegenstand gelehrter Unter-suchung, als deren Ergebnis sich herausstellte, daß der Berichterstatter des „Da-heim", der den Anfang des Liedes zuerst bei einem Streifzug der 40er an der Saar vernahm, den Namen Kutschke erfunden hatte und daß die Fortsetzung des Gesanges von einem Pastor in Mecklenburg herrührte. So war denn Kutschke eine mythische Person. Und doch hat er gelebt, der

*) v. Berdy, Studien über den Krieg S. 147.

Füsilier Kutschke: er war die Verkörperung des frischen und kampfesmutigen Geistes, der in den allezeit wohlgelaunten Füsilieren vom 40. Regiment lebte. Mit ihnen wetteiferten in treuer Waffenbrüderschaft die 7. Ulanen und gaben so ein schönes Bild der echten Kameradschaft, die in Gefahren sich erst bewährt. Die Namen dieser beiden Regimenter, welche die ehrenvolle und schwierige Aufgabe der Grenzwacht 14 Tage lang so glänzend lösten, sind mit der Geschichte unserer Saarstädte untrennbar verbunden. Die Thätigkeit der Ulanen erreichte jetzt ihr Ende, während die Vierziger sich noch in blutigem Kampfe um unsere Städte bewähren sollten.

XXIII. Das Lager bei Forbach.

Am 15. Juli ¹/₂ 12 Uhr nachts hatte der französische Kriegsminister und Generalstabschef Leboeuf an den General Frossard, den Kommandanten des Lagers von Châlons, telegraphiert: „Halten Sie Ihre Divisionen bereit, um morgen Abend nach St. Avold abzugehen. Ihre Truppen werden das 2. Korps der Rheinarmee bilden."

Eine zweite Depesche vom 16. Juli schärfte dem General ein, mit dem Hauptteil seiner Streitkräfte nicht über St. Avold hinauszugehen, aber das Gebiet bis zur Grenze aufzuklären, ohne sich einem ernstlichen Verluste auszusetzen. „Sie werden das Auge der Armee sein", fügte der Minister hinzu. Man erwartete damals in Paris, in der Erinnerung an die „affenartige Geschwindigkeit", mit der die Preußen im Jahre 1866 über ihre Gegner hergefallen waren, unmittelbar nach der Kriegserklärung die feindliche Invasion; man vergaß dabei freilich, daß vier Jahre früher Preußen beim Ausbruch des Krieges bereits gerüstet

6

bestand, während es jetzt durch den freventlichen Friedensbruch Frankreichs überrascht war.

Das Korps Frossard bestand aus 3 Infanteriedivisionen und 3 Kavallerie= brigaden: Chasseurs, Dragonern und Küraffieren; doch wurde die letzte Brigade zur Reservekavallerie abkommandiert. Jeder Division waren 3 Batterieen, darunter je eine Mitrailleusenbatterie, beigegeben; die Reservartillerie zählte 6 Batterieen: alles zusammen 90 Feuerschlünde.

Der General, dem der wichtige Posten der Grenz= wacht anvertraut war, stand damals im 64. Lebensjahre; er galt für einen hervorragenden In= genieur und hatte sich als solcher be= sonders vor Se= bastopol ausge= zeichnet. Frossard besaß das besondere Vertrauen des Kai= sers Napoleon, der ihn zum militäri= schen Erzieher des kaiserlichen Prinzen ernannt hatte, und war persönlich ein ehrenwerter Cha=

General Frossard.

rakter, was man nicht von allen Generälen des zweiten Kaiferreichs behaupten kann. Unsere Grenzgegend kannte er aus eigener Anschauung, da er im Jahre 1867 die französische Nordostgrenze bereist hatte. Auf Grund seiner Be= obachtungen empfahl er dem Kaiser Napoleon Saarbrücken als das erste Ziel eines französischen Angriffs; für eine Verteidigungsstellung erschien ihm die Höhe von Rabenbronn (südlich von Spichern) besonders geeignet. Der General neigte seiner Vorbildung gemäß mehr zum Verteidigungskrieg als zum Angriffsstoß, eine Taktik, die durch das weittragende Chaffepotgewehr empfohlen wurde, aber dem beweglichen französischen Nationalcharakter wenig entsprach.

Die Vorbereitungen zur Beförderung der Truppen wurden in aller Eile getroffen; am 16. abends wurde als erstes das 3. Chasseurbataillon eingeschifft und langte bereits am 17. morgens in St. Avold an, mit ihm General Froffard selbst, der hier sofort eine Verteidigungsstellung einrichtete. Doch glücklicherweise war noch keine preußische Pickelhaube, keine Ulanenczapka sichtbar. Nun folgten sich in kurzen Zwischenräumen die Truppenzüge und ergossen eine Flut von Soldaten über das kleine lothringische Städtchen, das sich alsbald in ein großes Feldlager verwandelte. Am Abend des 18. Juli war das ganze 2. Korps hier, 10 km von der preußischen Grenze, vereinigt. Schon um Mittag hatte sich die (2.) Division des Generals Bataille, aus dem 12. Jägerbataillon, dem 8., 23., 66. und 67. Linienregiment bestehend, mit der Kavalleriebrigade Balabrègue (4. und 5. Chasseurregiment) gegen Forbach in Bewegung gesetzt. Wir haben uns mit dem Oberförster Solff ihren Vorbeimarsch bereits angesehen. (S. 20.) Ringsum herrscht noch tiefer Friede, die Landleute arbeiten ruhig auf den Feldern, indes hier das Vor= spiel zum blutigen Kriege beginnt, der sie um die Früchte ihres Fleißes bringen soll. Werden sie siegreich in Berlin einziehen, diese kampfgeübten Scharen, oder wird der Feind sie zerschmettern, ehe sie den Rhein gesehen?

Bei Merlenbach wird Halt gemacht und gerastet. Dort hinten am Horizont die bläuliche Linie, das sind die preußischen Berge; jene Rauchwolke steigt von den Hüttenwerken an der Saar auf: dort liegt Deutschland, „Gegenden, die von Hindernissen und Festungen starren, verteidigt von einer der besten Armeeen der Welt; aber nichts ist unerreichbar für die beharrlichen Anstrengungen der Soldaten von Afrika, der Krim, China, Italien und Mexiko. Überall jenseits der Grenzen werden wir die ruhmvollen Spuren unserer Väter finden." *)

Jetzt ertönt das Signal zum Aufsitzen; die Chasseurs vom 5. Regiment schwingen sich in den Sattel und traben vor. Bald liegt Forbach vor ihnen, die Grenzstadt. Ist sie schon von den Preußen besetzt? Das Regiment hält, und ein Zug Chasseurs unter Führung eines Lieutenants reitet vor= sichtig spähend, die Stutzflinte schußbereit in der Faust, in die Stadt ein. Doch von dem Feinde ist nichts zu sehen. Der Oberst de Séréville reitet selbst mit einer Schwadron vor und überzeugt sich von der Richtigkeit der Meldung, die nach Merlenbach zurückberichtet wird. Hier erscheint auf einer Lokomotive der General Saget, Generalstabschef des 2. Korps, und gibt den Befehl Forbach zu besetzen. Die Chasseurs lagern sich vor der Stadt, links von der Eisenbahn; ein Zug wird als Vorhut nach Stieringen ausgeschickt.

---

*) Aus der Proklamation Napoleons III. an die französische Armee.

6*

Am Abend ist die Division Bataille bei Forbach versammelt und spannt hier ihre Zelte auf. Die 3. Division (Baveaucoupet) steht jetzt bei Beningen, wo die Bahn nach Saargemünd sich abzweigt, während die erste (Vergé) in St. Avold geblieben ist. Links davon schieben das 3. (Bazaine) und das 4. Korps (de Labmirault) von Metz und Diebenhofen aus ihre Vorposten gegen die Grenze vor; rechts schließt das 5. Korps (de Failly) in Bitsch sich an, mit dem ein Regiment der 3. Division in Saargemünd die Verbindung herstellt. So stehen hier 4 Armeekorps zum Einfall in das deutsche Gebiet bereit, dessen Schutz einstweilen bis zur Beendigung der Mobil- machung den schwachen Friedensgarnisonen der Grenzstädte anvertraut ist. Die Spitze der Franzosen steht kaum 2 km von der preußischen Grenze entfernt und bewachte diesen Teil des französischen Gebiets, der halbinselartig zwischen Saar und Rossel in Preußen einbringt.

Von der Höhe des Forbacher Schloßberges, an dessen Fuß das Haupt- quartier Frossards in dem Hause des Maires und Fabrikbesitzers P. Abt sich befindet, erblickt man den von hohen Pappeln umgebenen Saarbrücker Exerzierplatz; die Saarstädte selbst sind durch die Höhe verdeckt. Links dehnt sich der Forbacher Wald aus, rechts erhebt sich die Hochfläche von Spichern. Zwischen der Eisenbahn und dem Walde ist alles mit Zelten bedeckt, zwischen denen die Lagergassen hindurchführen. Hier entwickelt sich ein buntes, viel- bewegtes Treiben. Mit Trällern und Singen begleiten die Soldaten ihre- verschiedenen Hantierungen. Hier zieht eine Abteilung zum Wasserholen, dort wird Holz gespalten; hier wird gekocht, dort gewaschen, die Waffen werden geputzt, die Pferde gestriegelt, neu angekommene Reservisten werden in aller Eile mit den Handgriffen des Chassepots bekannt gemacht. Nach der Arbeit sitzen die Soldaten in Gruppen zusammen, rauchend, plaudernd oder Karten spielend; Lachen, Singen und Fluchen tönt durch einander. Abends leuchten zahlreiche Wachtfeuer auf, um sich die Soldaten im Kreise versammeln und ihre heimatlichen Lieder ertönen lassen, bis die Retraite zur Ruhe auf- fordert.

Über den bevorstehenden Krieg herrschte die zuversichtlichste Stimmung bei den Offizieren wie bei den Gemeinen: den Forbacher Bürgern, die im Lager erschienen, zeigten die Soldaten mit Stolz die bessere Montur, die für den Einzug in Berlin bestimmt war. In Forbach hatte die Kriegserklärung und das Einrücken der Truppen eine große Aufregung hervorgebracht. Während bis dahin freundnachbarliche Beziehungen zu St. Johann-Saarbrücken geherrscht hatten, brach jetzt die deutschfeindliche Stimmung besonders bei den niederen Klassen durch. Ein Volkshaufe, voran ein Bannerträger mit der Tricolore, durchzog unter dem Gesang der Marseillaise und Verwünschungen gegen die

Deutſchen bie Straßen ber Stabt; bie anberß benkenben Bewohner mußten ſich ſehr ruhig verhalten, wenn ſie ſich nicht ber Wut beß Pöbels preißgeben wollten.

Sobalb bie Truppen ſich im Lager eingerichtet hatten, ging man baran, über bie Stellung unb Abſichten beß Feinbeß Kunbe einzuziehen; bie Vorpoſten wurben biß an bie Grenze vorgeſchoben, unb Patrouillen gingen in'ß feinbliche Gebiet vor. Doch Dank ber Wachſamkeit ber Vierziger unb Ulanen bekam „baß Auge ber franzöſiſchen Armee" nicht viel zu ſehen; unſer vortrefflich eingerichteter Sicherheitßbienſt flößte ſelbſt ben Franzoſen alle Achtung ein. Unheimlich waren ihnen beſonberß bie großen Wälber, in benen bie Preußen ſo trefflich Beſcheib wußten unb balb hier, balb bort hinter ben Bäumen auftauchenb ihre ſicher treffenben Kugeln entſanbten. Nachtß zogen ſich bie franzöſiſchen Vorpoſten 500 Meter weit zurück; „benn", ſagt ein Bericht, „bie Unterthanen beß Königß Wilhelm ſchleichen ſich auß ihrem Lager unb kommen biß zu unß heran." Eine ganze Diviſion fühlte ſich burch ein Bataillon unb 3 Schwabronen ernſtlich beunruhigt.

XXIV. Der Vormarſch nach Saarbrücken.

arum ging ber Marſch nach Berlin noch immer nicht vor ſich? Warum lag baß franzöſiſche Heer nun ſchon 14 Tage barbenb an ber Grenze, bicht vor ber blühenben Pfalz, bicht vor ben reichen Stäbten an ber Saar? Warum wurbe „ber unvergleichliche élan" ber franzöſiſchen Truppen nicht zu einem kühnen Vorſtoß benutzt, um bie preußiſche Mobilmachung zu ſtören unb in raſchem Siegeßlauſe biß zum Rhein vorzubringen? Antwort: Weil ber ſchöne Felbzugßplan beß Kaiſerß Napoleon gleich zu Anfang in'ß Waſſer gefallen unb weil im franzöſiſchen Heerweſen gar manches faul war. Der franzöſiſche Kriegßplan ging bekanntlich bahin, mit ber vereinigten Metzer unb Straßburger Armee, 250 000 Mann, ben Rhein bei Maxau zu überſchreiten, bie preußen=

feindlichen Süddeutschen zum Anschluß an Frankreich zu bringen und dann die preußische Armee, deren Stärke man sehr unterschätzte, mit vereinten Kräften anzugreifen. Nach dem ersten Erfolge würden Österreich, der alte Feind Preußens, und Italien, das Napoleon so viel verdankte, nicht säumen auf Frankreichs Seite zu treten. Doch die erste Enttäuschung erfuhr der schlaue Rechenkünstler durch die Bundestreue der Süddeutschen, die das preußische Heer verstärkten und so seinen Plan über den Haufen warfen. Und zweitens mußte er erfahren, daß Frankreich trotz der Versicherungen des Kriegsministers Leboeuf nichts weniger als „ganz bereit" war, daß noch gar vieles fehlte, was zum Kriegführen ebenso notwendig ist wie Gewehre und Kanonen. Ein Notschrei nach dem andern erscholl aus den Hauptquartieren der kommandierenden Generäle nach Paris. „Wir haben kein Geld in den Kassen, wir leiden Not an allem!" telegraphierte der General de Failly aus Bitsch. In Diedenhofen war noch keine Artillerie, die Forts in Metz waren noch unvollendet; hier kamen die Truppen ohne Lagergerät, ohne Gepäckwagen, ohne Lazarett einrichtungen und Krankenträger an; es mangelte an Pferden, an Munition, an Proviant; bei einer Mitrailleusenbatterie fehlte es vollständig an der eingeübten Bedienungsmannschaft für das geheimnisvolle Mordinstrument. Es würde zu weit führen, die Gründe dieser Übelstände aufzuführen — genug, sie waren vorhanden, und zwar bei dem Korps Frossard nicht minder als bei den andern. Zählten doch die Linien-Regimenter dieses schlagfertigten Korps der französischen Armee anfangs nicht mehr als 1350 Mann, und erst allmählich trafen die Reservisten ein. Es wird von glaubwürdiger Seite versichert, daß General Frossard keine Karte der Umgegend von Forbach besaß, sondern eine solche erst von dem Forbacher Friedensrichter entlieh und für seine Offiziere vervielfältigen ließ. Da hatte wohl der Oberst Stoffel Recht, wenn er den Franzosen zurief: „Nehmt Euch vor dem preußischen Generalstab in Acht!"

So konnte der Kaiser, als er am 28. Juli in Metz ankam, vorläufig nicht daran denken, die Armee an den Rhein zu führen, doch wurden die Truppen jetzt näher an die Grenze gezogen; so schlug die Division Laveaucoupet ihr Lager bei Ötingen, südlich von Forbach, auf, und die Division Bergé rückte nach Beningen. Um sich über die Stellung des Feindes endlich Gewißheit zu verschaffen und zugleich den nach Thaten verlangenden Parisern eine Probe von der Leistungsfähigkeit der Armee zu geben, bestimmte der Kaiser, daß General Frossard am 2. August, unterstützt von Bazaine und de Failly mit je 2 Divisionen, die Saar überschreiten solle. Frossard sollte oberhalb, Bazaine unterhalb Saarbrücken gegenüber Burbach die Saar auf je 2 Schiffbrücken überschreiten und die Verbindungen des Feindes mit Mainz

Trier und Mannheim zerstören; Bazaine sollte den Oberbefehl führen. Die drei beteiligten Generäle hielten auf Veranlassung des Kaisers am 31. Juli in Forbach eine Beratung ab, aber hier wurde der Übergang auf das rechte Saarufer angesichts des sich konzentrierenden Feindes für bedenklich erklärt, und man beschloß sich auf die Eroberung der Höhen des linken Saarufers zu beschränken, von wo man die Benutzung der Bahnlinien durch Artillerie= feuer unmöglich machen wollte. Der Kaiser, von der Triftigkeit der Bedenken überzeugt, gab zu diesem Plan seine Einwilligung. Zur Verstärkung wurde auch die Division Vergé nach Forbach gezogen, sodaß hier und in unmittel= barer Nähe das ganze 2. Korps in Stärke von 26 084 Mann und 4789 Pferden vereinigt war.

Am 2. August zwischen 9 und 10 Uhr morgens setzten sich die französischen Truppen gegen Saarbrücken in Bewegung. Der Hauptanteil an der Unter= nehmung fiel der Division Bataille zu, welche das erste Treffen bildete. Die Brigade Bastoul (66. und 67 Regiment) mit 1 Batterie und 2 Schwadronen Chasseurs nahm den rechten Flügel ein. Der Oberstlieutenant Thibaudin vom 67. Regiment sollte sich mit 2 Bataillonen gegen St. Arnual wenden, die übrigen 4 Bataillone gegen den Winterberg und die Höhen bis zur Forbacher Straße vorgehen und von dort aus den Exerzierplatz, wo man den stärksten Wiederstand vermutete, in der Flanke angreifen, die Brigade Micheler bildete die Reserve. Die Brigade Pouget (8. und 23. Regiment und 12. Jägerbataillon) sollte auf der Straße, dem Eisenbahndamm und dem Walde entlang gegen den Exerzierplatz vorgehen, die Brigade Balazé und eine Batterie folgen; Chasseurschwadronen wurden zur Aufklärung voraus= geschickt. Noch weiter links ging Oberst du Ferron mit einer Schwadron und 3 Bataillonen gegen Gersweiler vor, um die Verbindung mit dem auf Wehrden vorrückenden Korps Bazaine zu halten.

XXV. Der Feind rückt an. Verteidigung des Exerzierplatzes.

Hellleuchtend war die Sonne am Morgen des 2. August hinter den St. Johanner Bergen in die Höhe gestiegen. Von St. Arnual her kam gegen 7 Uhr ein Ulan angesprengt und meldete, daß in der Nähe des Forsthauses aus dem Walde auf ihn geschossen worden sei. Die Kugel hatte ihm die Czapka durchbohrt. Die zunächst liegende 6. Kompagnie brach gleich auf und durchstreifte den Stiftswald, ohne jedoch etwas von dem Feinde zu bemerken. Unterdessen fand auf dem Friedhofe zu Saarbrücken die feierliche Beerdigung des Füsiliers Schmitz statt, der Tags zuvor seiner schweren Verwundung erlegen war. Der Bataillonskommandeur Hauptmann Freiherr v. Rosen und Abordnungen sämtlicher Kompagnieen nahmen an der Feier teil. Bei der Rückkehr von dem frischen Grabe sah man Artillerie durch die Stadt nach dem Exerzierplatz zu fahren, von den Truppen und den Bürgern mit jubelndem Hurrah begrüßt. Es war Lieutenant Meyer mit 2 Geschützen der 6. leichten Batterie des 8. Artillerieregiments. Hinterher ritt General Gneisenau mit dem Oberstlieutenant v. Pestel, um den Geschützen selbst einen Platz anzuweisen. Doch bald kamen sie zurück; die Aufstellung auf der Höhe erschien im Falle des Vorrückens der Franzosen zu gefährdet, und sie nahmen ihren Weg nach Brebach, von wo die Geschütze gegen die Flanke der Franzosen wirken sollten. Bald darauf beritt der in der Frühe angekommene neue Kommandeur des 2. Bataillons, Major v. Horn, die Vorpostenstellung. Vom Exerzierplatz aus beobachtete man einen Trupp berittener Offiziere, die sich auf der Spicherer Höhe zeigten, doch man legte dem keine Bedeutung bei.

Die Ulanenoffiziere saßen eben in ihrem „Sommerkasino" unter den Platanen des Ludwigsplatzes, als ein Husar ventre à terre die Straße herunter sprengte und nach dem Oberstlieutenant v. Pestel fragte. Ein Zug vom 9. Husaren=Regiment hatte nämlich heute früh die Vedetten übernommen, damit die Franzosen einmal wieder etwas Neues sehen sollten. Dicht hinter ihm kommt ein Ulan angaloppiert; beide bringen die Meldung von der

Feldwache auf dem Exerzierplatze, daß der Feind in der Stärke von mehreren Regimentern von der Spicherer Höhe herunterkomme. Also endlich wird's Ernst! Die Ulanen stürzen nach den Pferden; Rittmeister v. Lefort rückt mit seiner Schwadron auf der Metzer Straße vor, doch er muß sich bald überzeugen, daß er hier seine Reiter nur dem sichern Verderben aussetzt, ohne etwas nützen zu können. Da sind die Vierziger besser am Platze. Hauptmann v. Rosen eilt mit der 7. Kompagnie nach der Bellevue, wo sich ihm ein prächtiges militärisches Schauspiel bietet. Das ganze Thal ist erfüllt mit franzö=

Major v. Horn.

sischen Truppen, die vom Spicherer Berge und von Stieringen aus wie auf dem Exerzierplatz vorrücken. Voraus ziehen dichte Schützenlinien, Mann an Mann; dahinter Kompagnieen in zwei Gliedern, dann geschlossene Bataillone mit funkeln= den Adlern; die Waffen blitzen im Sonnenschein, die Tambours schlagen, die Regimentsmusiken spielen, auf den Höhen ist feind= liche Artillerie aufgefahren, indes immer neue Massen aus dem Walde heraustreten. — Doch es ist nicht Zeit, dies glänzende Schauspiel müßig zu betrachten. Schon pfeifen die ersten Kugeln heran; näher, immer näher kommt die feindliche Streitmacht, und hier steht nur e i n e Kompagnie. Verzage nicht, du Häuflein klein!

Lieutenant v. d. Bersworbt war mit der Feldwache dem Feinde entgegengegangen und hatte seine Leute 500 Schritt vorwärts am Abhange ausschwärmen lassen, wo sie liegend, das Gewehr im Anschlag, den Feind erwarteten, der langsam vorrückte und schon auf 1200 Meter, freilich ohne großen Erfolg, das Feuer eröffnete. Die Füsiliere erwiderten auf 300 Meter mit besserer Wirkung; ihr Schnellfeuer zwang den Feind zu halten, und sich niederwerfend gab er gleichfalls Schnellfeuer, das aber den Füsilieren meist über die Köpfe ging. Dann gingen die Franzosen sprungweise vor und drohten den linken Flügel der Feldwache zu umgehen, die sich jetzt auf die Höhe zurückziehen mußte. Ein Zug der Kompagnie hielt den Hohlweg links

Lieutenant v. d. Bersworbt am Galgenber

von der Straße besetzt, ein anderer lag hinter den Pappeln am Südrand des Exerzierplatzes; das Soutien stand etwas zurück auf der Straße. In

Hauptmann v. Rosen.

dieser Stellung behauptete sich die 7. Kompagnie länger als eine Stunde, indem sie durch ein wohlgezieltes Feuer den Feind sich vom Leibe zu halten suchte. General Graf Gneisenau erschien, besichtigte die Aufstellung und befahl dem Hauptmann v. Rosen, die Stellung nicht zu forcieren, sondern bei größerem Drängen des Feindes aufzugeben. „Ich hielt es indessen für meine Pflicht", berichtet der tapfere Offizier selbst, „ohne große Gefahr für den Rückzug meine Stellung nicht sogleich verloren zu geben. Aus diesem Grunde blieb eine dreimalige Aufforderung mich zurückzuziehen unberücksichtigt. Der Kompagnie hatte sich wie stets der englische Captain Seton angeschlossen, ebenso noch zwei Gebrüder

Die 7. Kompagnie der 40er vertheidigt die Höhe des Exerzierplatzes bei der Bellevue.

Hamilton, von denen der eine auch englischer Offizier war; außerdem war noch ein Engländer da, der für eine Zeitung schrieb. Diese Herren standen im dichtesten Kugelregen, Seton, nur mit seinem Stocke in der Hand Hilfe leistend, die andern als bloße Zuschauer. Trotz des Ernstes der Lage brachen wir doch in herzhaftes Lachen aus, als der Berichterstatter plötzlich in der Karriere zurücklief und auf der Höhe des Hohlwegs angekommen platt auf die Erde stürzte und emsig an einem Schlachtbericht schrieb. Das war während des heftigen Kugelregens ein gar komisches Bild." Der Bruder des Captain Hamilton blieb trotz aller Warnung aufrecht stehen und erhielt einen Schuß in die Hüfte. Da entreißt der Captain wutschnaubend einem Füsilier das Gewehr und schießt einen Franzosen nieder*); dann erst, nachdem er so seinen Racheburst befriedigt, widmet er sich dem Verwundeten.

Näher und näher kommen jetzt die Feinde; teils sprungweise vorgehend, teils auf dem Bauche kriechend bedrohen sie die Füsiliere in der Flanke. Zwar werden die kühnsten weggeschossen und das Soutien zur Verstärkung geschickt, doch immer neue Feinde drängen heran. Schon standen sie der Kompagnie auf dem linken Flügel fast im Rücken, als der Hauptmann enblich den Rückzug antrat. Zur Sicherung desselben blieb Lieutenant Goldschmidt mit seinem Zuge auf der Höhe hinter den Sandgruben zurück. Als der Feind zu heftig nachdrängte, machte er sich durch einen mit kräftigem Hurrah ausgeführten Vorstoß Luft und konnte sich nun ohne erheblichen

---

*) Über diesen Vorfall wurde von einem Berichterstatter einer englischen Zeitung gemeldet, daß der Captain Seton mit dem Gewehr in der Hand verwundet worden sei. Seton wurde in Folge dessen nach England zurückberufen und zur Untersuchung gezogen, weil er als Offizier einer neutralen Macht am Kampfe teilgenommen habe. Um den Feldzug weiter mitmachen zu können, nahm er seinen Abschied und erschien in Amiens wieder bei dem 40. Regiment, wo er mit Jubel begrüßt wurde. Wie er am 2. August einer der letzten war, die die Höhe verließen, immer die Füsiliere ermutigend und ihnen den Platz zeigend, wo sie noch einmal Stand halten könnten, so stand er am 6. August mit unerschütterlicher Ruhe zwischen den Batterieen, beobachtete mit seinem Fernglas den Feind und meldete den Offizieren, was er gesehen. In gleicher Weise zeichnete er sich bei Gravelotte aus. Für die Unerschrockenheit, die er bei jeder Gelegenheit bewiesen hatte, verlieh ihm Kaiser Wilhelm im Frühjahr 1871 das eiserne Kreuz am schwarz-weißen Bande. Am 5. August hatte Seton im Kantonnement Stennweiler sein Testament gemacht, das der ihm befreundete Hauptmann v. Rosen und der Feldwebel der 7. Kompagnie unterschrieben. Er war sich also der Gefahren, denen er sich aussetzte, wohl bewußt, doch es zog ihn unwiderstehlich zum Kriegshandwerk hin, obgleich er in glücklichen Familienverhältnissen lebte. Diese Vorliebe brachte ihm auch frühen Tod. Zwar die französischen Kugeln verschonten ihn, doch er fiel 1879 im Kriege der Engländer gegen die Zulus und hauchte seine tapfere Seele fern von der Heimat aus. Seine Feldzugserlebnisse von 1870 hat er in einem mit großer Sorgfalt geschriebenen Buche niedergelegt.

Verlust zum Hauptzollamt zurückziehen, wo Hauptmann v. Rosen in Aufnahme=
stellung sich befand. Doch der Feind folgte nicht, sondern blieb auf der Höhe,
sodaß die Kompagnie unangefochten die neue Brücke erreichte. Einzelne Leute
waren nicht zum Weichen zu bringen, so der Füsilier Wienand; der Rekrut
Bär riß, als die feindlichen Tirailleure heftig nachdrängten, mit dem Rufe
„jetzt mit Hurrah vorwärts!" die Nächsten zum Vorgehen mit sich fort. Wie
französische Blätter berichteten, fand der General Froffard, als er an der
Bellevue ankam, hinter einem Baum die Leiche eines preußischen Füsiliers,
dessen Gesicht von Kugeln ganz unkenntlich war. Man erzählt ihm, dieser
Mann sei bei dem Rückzuge der andern allein stehen geblieben, habe Schuß
auf Schuß abgegeben und mehrere Feinde getötet, bis ein französischer Offizier
eine ganze Abteilung auf ihn anlegen ließ; von 17 Kugeln durchbohrt sei
jener zusammengebrochen. Ein französischer Berichterstatter schnitt sich zur
Erinnerung an den feindlichen Helden eine seiner Achselklappen ab und nahm
sie mit; dieser Tapfere war der Gefreite Laupsin der 7. Kompagnie.

Vor der neuen Brücke begegnete den Zurückziehenden Major v. Holleben,
Kommandeur des 3. Bataillons, mit der 11. Kompagnie, welche, um die
7. Kompagnie aufzunehmen, die nächsten Straßen besetzt; hinter der Barrikade
an der Brücke und den nächsten Häusern hielt die 10. Kompagnie unter
Hauptmann v. Blomberg. Am Hôtel Hagen sammelte sich die 7. Kompagnie
und trat dann den Rückzug nach dem Rastpfuhl an. Doch kaum waren sie
in die Trierer Straße eingebogen, als sie vom Exerzierplatze aus mit französischen
Granaten begrüßt wurden, vor denen sie hinter der Ziegelei links der Straße
Schutz suchen mußten. Von dort erreichten die Füsiliere zugweise im Lauf=
schritt glücklich den Tunnel und fanden demnächst hinter dem Eisenbahndamm
Schutz. Lieutenant Goldschmidt zog sich ebenfalls im heftigen Granatfeuer
über den Bahnhof zurück. Der Verlust der Kompagnie betrug nur 4 Tote,
10 Verwundete und einen Vermißten, obwohl sie ungefähr zwei Regimentern
gegenübergestanden hatte und unter den schwierigsten Verhältnissen ihren
Rückzug bewerkstelligen mußte.

XXVI. Die Feuertaufe.

uf der von den Unfern fo tapfer verteidigten
Höhe hält jetzt der General Bataille; zu feinen
Füßen liegen die Saarftädte, wo die franzö=
fifchen Solbaten frühftücken wollen. Doch
einftweilen fcheint es noch nicht recht geheuer
dort. Am Walde beim Raftpfuhl ftehen
Kanonen und Infanterie; an den drei Brücken über die Saar liegen die
Vierziger und Neununbfechziger, entfchloffen den Übergang teuer zu verkaufen.
Aber der Feind hat Mittel genug ihren Widerftand zu brechen Fünf
Batterieen, darunter eine Mitrailleufenbatterie, fahren auf, protzen ab und
beginnen ihre furchtbare Mufik, indes das Kleingewehrfeuer allmählich verftummt.
Pioniere eilen herbei und werfen Verfchanzungen vor den Gefchützen auf.
Die preußifchen Gefchütze am Raftpfuhl bleiben die Antwort nicht fchuldig.

Um Mittag ertönt von der Forbacher Straße her ein taufendftimmiges
„vive l'empereur!" Von einem Zuge Chaffeurs geleitet fährt der Kaifer
mit dem 15jährigen Erben feines Thrones heran; von Metz ift er gekommen,
um den erften Sieg durch feine Anwefenheit zu verherrlichen und dem fieg=
reichen Heere das Kind von Frankreich zu zeigen. Jetzt ftehen fie am Nordrand
des Exerzierplatzes und fchauen in das Thal hinab, wo die Wohnungen
fleißiger Menfchen fich drängen, wo jetzt die Schrecken des Krieges wüten,
den „Er" heraufbefchworen. Drüben jenfeits des Fluffes zieht eine Abteilung
Preußen zurück. Das ift eine treffliche Gelegenheit, die kaiferliche Lieblings=
waffe zu erproben. Balb ertönt das widrige Geknarre der „Kaffeemühlen",
wie die franzöfifchen Solbaten die Kugelfpritzen nennen; ganze Haufen von
Toten hinterläßt, wie die Franzofen zu fehen glauben, der fliehende Feind.
Der Kaifer felbft hatte nach dem Bericht eines Augenzeugen „inmitten feierlich
anbächtiger Stille" die erfte Mitrailleufe auf die Preußen gerichtet. Ein
anderer Bericht melbete, daß der Prinz eine Mitrailleufe abgefeuert habe.

„Eben hat Louis die Feuertaufe erhalten", fchrieb der Kaifer an feine
Gemahlin; „er war von bewunderungswürdiger Kaltblütigkeit und in keiner
Weife erfchüttert. Eine Divifion des Generals Froffard hat die Höhen
genommen, welche das linke Ufer von Saarbrücken beherrfchen. Die Preußen
haben einen kurzen Widerftand geleiftet. Wir ftanden in vorderfter Reihe,
die Flinten= und Kanonenkugeln fielen zu unfern Füßen nieder. Louis hat

eine Kugel aufgehoben, die ganz nahe bei ihm einschlug. Soldaten weinten, als sie ihn so ruhig sahen. Wir haben nur einen Offizier tot und 10 Mann verwundet." *)

Mit welchen Gefühlen das deutsche Volk die Nachricht von dieser kaiserlichen Heldenthat aufnahm, mag das nebenstehende Bildchen und ein Soldatenlied aus jener Zeit bezeugen:

Das ist der vive l'empereur,
Der schreckliche Napoleon;
Er reitet bös daher
Mit der Eugenia Sohn.
Jajuh jajoh,
Ja, lustig ist die Mitrailös
Und auch der Schassepoh.

Das ist die Stadt Saarbrud,
D'rin springt ein deutscher Trommler rum
Den nehm' ich auf den Mud,
Schau', Lulu, so macht's: Bum!
Jajuh jajoh! u. s. w.

Das Lulu fürcht sich sehr,
Es schlupft dem Papa in den Frack;
Das ganze Turkosheer
Rudt an mit Sack und Pack.
Jajuh jajoh! u. s. w.

Da kriegt der Prinz Kuraich,
Er brennt den Hinterlader los
Grad in die Belletasch;
Der Alte ruft: „famos!"
Jajuh jajoh! u. s. w.

Also endlich war der ersehnte Sieg erfochten. Es sollte der einzige bleiben. Ahnte der Kaiser, als er um 4 Uhr nach Metz zurückfuhr, das kommende Unheil? daß aus jenen düstern Wäldern, wo eben die fliehenden Preußen verschwunden waren, kampfesfrohe Bataillone hervorbrechen und in gewaltigem Ansturm die französische Macht von der Grenze zurückwerfen würden? Vier Wochen später war das letzte Heer des kaiserlichen Frankreich bei Sedan von dem ehernen Ring der deutschen Heere eingeschlossen, hunderte von Geschützen spieen Tod und Verderben auf die französischen Truppen, und unter diesen verzweifelnd, von den Seinen verflucht, vergebens den Tod herbeiwünschend, der französische Kaiser. Auf der Höhe von Frénois aber stand der greise Preußenkönig von seinen Paladinen umgeben; ein französischer General sprengt heran: Napoleon gibt sich gefangen! — „Welch' eine Wendung durch Gottes Fügung!"

*) Diese Angabe ist falsch; siehe unten.

Und der unschuldige Knabe, der damals im Angesichte von Saarbrücken als Erbe der Napoleonischen „Gloire" geweiht wurde? Einem tragischen Geschick fiel er zum Opfer. Von Frankreichs Boden wurde er vertrieben und endete in Afrika sein Leben unter den Speeren der Schwarzen. Vielleicht hat ihn sein früher Tod vor einem Leben voll schmerzlicher Enttäuschungen bewahrt.

Die Stelle, wo der Kaiser mit dem Prinzen „Lulu" gehalten, wurde später durch in Metz gefangene französische Artilleristen festgestellt und durch einen Stein bezeichnet, den ein Veteran von 1814/15, H. H. Baumann, errichten ließ. Doch dieser Lulustein wurde bald ein Opfer der Reliquien=sucht. Da entschloß sich die Stammgesellschaft der „blauen Hand" in Saar=brücken einen dauerhaften Stein zu setzen, und dieses Vorhaben wurde am Morgen des zweiten Pfingsttages 1871 ausgeführt. Dieser Stein steht noch, wenn auch stark beschädigt; auch er wird vielleicht bald der nagenden Zeit zum Opfer fallen, wie die Pappeln, zwischen denen er errichtet wurde, schon niedergesunken sind.

XXVII. Gefecht und Rückzug der 5. Kompagnie.

Wie war es mittlerweile den andern Kompagnieen ergangen? Da die 8. Kompagnie in Brebach stand, so fiel die Verteidigung der ganzen Linie von der Lerchesflur bis St. Arnual der 5. und 6. Kompagnie zu. Hier that Eile not, wenn die 7. Kompagnie nicht umzingelt und abgeschnitten werden sollte. Doch schon kommt die fünfte im Laufschritt von St. Johann herbei und erhält den Befehl nach dem Rotenhof vorzugehen. Am Hexenberg werden die Füsiliere bereits durch feindliches Feuer empfangen, und ein Mann

Landwehrlieutenant Schlesinger.

wird verwundet, ehe man einen Franzosen zu Gesicht bekommt. Nachdem ein Zug unter Lieutenant von Steinäcker am Rotenhof als Reserve zurückgeblieben, bringen die beiden anderen Züge unter heftigem Feuer durch Gärten und Hecken gegen die Höhe vor, Premierlieutenant v. Schilgen links, Hauptmann Rosch mit dem Zuge des Lieutenants Schlesinger rechts des Spicherer Weges. Hier hat sich ein französischer Schützenschwarm hinter Getreidehaufen eingenistet. „Zur Attake fällt das Gewehr! Marsch, marsch! Hurrah!" ertönt das Kommando. „Hurrah!" rufen die Füsiliere kräftig nach; die überraschten Franzosen verschwinden eiligst von der Höhe und bleiben fortan in respektvoller Entfernung. Nun wird ein lebhaftes Feuer auf die gegen den Reppertsberg und Winterberg vordringenden Feinde eröffnet. Als Hauptmann Rosch sich zu dem andern Zuge begeben wollte, der links vom Wege im heftigen Feuer stand, kam ihm Premierlieutenant v. Schilgen mit blutender Hand entgegen; eine Kugel hatte ihm den rechten Daumen samt Zeigefinger zerschmettert, sodaß er sich nach Saarbrücken zurückbegeben mußte. Nach einiger Zeit kam der Befehl, die Stellung zu räumen, und in guter Ordnung wurde der Rückzug angetreten, den Lieutenant v. Steinäcker mit seiner Abteilung deckte. Das eben neu erbaute Porß'sche Haus (Nr. 7) wurde

7

Bajonettangriff eines Zuges der 5. Kompagnie gegen die französische Arbeitnerie.

beſetzt und ſo lange gehalten, bis die Gewehrkolben der Franzoſen an die verſchloſſene Hausthür bonnerten; dann erſt zogen ſich die Füſiliere durch die Hinterfenſter zurück. Von da gings über den Schloßplatz nach der alten Brücke; unterwegs wurde an jeder Straßenecke Halt gemacht und das Feuer

Rückzugsgefecht der 5. Kompagnie am Herenberg.

der Franzosen, die von den Höhen herunterschossen, kräftig erwidert. Der Verlust der Kompagnie betrug 7 Tote und 20 Verwundete; außerdem fielen 8 Mann von dem Zuge des Premierlieutenants v. Schilgen in französische Gefangenschaft, da sie in dem schwierigen Gelände dem Rückzugsbefehl nicht rechtzeitig zu folgen vermochten. Drei versprengte Füsiliere flüchteten, da der Feind dicht hinter ihnen war, in das Lauwitz'sche Häuschen am Spicherer Weg und wurden von dem Eigentümer in dem Schuppen hinter Bohlen versteckt. Doch bald darauf klopften die Franzosen an die Hausthüre und begehrten Einlaß. Die Leute, welche sich, da die Kugeln aufs Dach prasselten, durch den aufgehobenen Fußboden in den darunter liegenden Stall zurück= gezogen hatten, mußten wohl oder übel öffnen. „Nix Prussien ici?" fragen die Franzosen. „Nee, bei uns sin keene; mer han nix gesehn", sagt Lauwitz mit möglichst harmlosem Gesicht. Doch die Franzosen durchstöbern das ganze Haus und finden schließlich auch die Vierziger in ihrem Verstecke, die um Pardon bitten müssen. Nun wäre es aber ihrem Beschützer fast schlecht

7*

gegangen, da die Feinde dem „Verräter" mit dem Tode drohen. „Ach Gott,
laßt mich los! Ich han Frau un 8 Kinner!" jammert der Unglückliche.
Doch sein und seiner Frau Flehen wäre wohl vergeblich gewesen, wenn nicht
ein Lothringer des Weges gekommen wäre, der Lauwitz kannte, und durch
Vorstellungen und Drohungen die Wütenden zur Ruhe gebracht hätte.

Andere entgingen nur mit Mühe der Gefangenschaft, da Hecken und
Mauern den Rückzug hemmten. Die zur Deckung nach der sogenannten
Schulzenburg entsandte linke Flügelsektion hatte die Übermacht der Franzosen
bald dicht auf den Fersen. Zum Glück war der Füsilier München als Saarbrücker mit der Örtlichkeit vertraut und eilte den andern als Führer voraus
durch die Gärten nach der Halby'schen Brauerei, wo die Familie des Besitzers,
die den Vierzigern gar manche Freundlichkeit bewiesen hatte, voll banger
Erwartung im Keller saß. Die Füsiliere kühlten ihre glühend gewordenen
Gewehrläufe in dem Brunnen und eilten dann weiter durch den Kasinogarten
zur Herrenallee, von wo sie glücklich die alte Brücke erreichten, die bereits
von der Höhe aus beschossen wurde.

Ein alter Füsilier der 5. Kompagnie, Oberwalleney aus Köln,
erzählt seine Erlebnisse wie folgt:

„Ich und ungefähr 8 Mann schwärmten nach rechts; schon fielen die
Schüsse hagelbicht, doch wir sprangen über die Hecken und schlugen die Gartenthüren ein; immer weiter rechts zogen wir uns, wo noch kein Feind sichtbar
war. Ich war flink und meistens der erste über die Hecken; kein Wunder,
daß ich bald mit nur noch zwei Mann allein war. Jetzt noch eine Thür —
Gott sei Dank! sie stand offen; quer durch den wohlgepflegten Garten ging's,
ein Sommerhäuschen stand darin, aber hinter demselben gähnte ein tiefer
Abgrund. Bis hierher und nicht weiter, dachte ich. Links führte eine Thür
mitten aufs Feld; vor uns hinter Roggenbarmen stand über ein Zug Franzosen.
War's Mut, war's Verzweiflung, ich weiß es nicht: wir zwei — der dritte
hatte uns verlassen — gaben einige Schüsse ab, die mit einem wahren
Schnellfeuer beantwortet wurden. Drei Kugeln gingen mitten durch's Holz
der schützenden Thür. Jetzt war's mit dem Halten vorbei; alles ist verloren!
dachten wir und retirierten hinunter nach Saarbrücken. Schon lagen die
Häuser dicht vor uns, das heißt, ich sah nur die Dächer, doch noch lange
waren wir nicht geborgen: Hecken und Mauern trennten uns von dem ersehnten
Ziel. Die Angst gefangen zu werden gab mir übermenschliche Kräfte. Bei
jedem Anlauf über eine Hecke zu kommen pfiffen die Kugeln in Menge um
mich herum. Jetzt waren wir am Ende der Gärten, doch eine hohe Mauer
verwehrte den Abstieg. Im Augenblicke war ich unten; noch hing ich zwischen
Himmel und Erde, als wieder die Kugeln in Menge einschlugen und mir

Kampf und Rückzug am Reppertsberg.

den Gartengrund in's Gesicht spritzten. Ich ließ mich vollständig herunter fallen; mit zerschundenen Händen kam ich unten an; ich war gerettet. Da erblickte ich oben am Rande die schmerzerfüllten Züge meines Kameraden Charlier. Die Mauer war ihm zu hoch gewesen, und als er mich nicht mehr erblickte, war er an meine Stelle gelaufen; da hatte ihm eine Kugel das Bein zerschmettert. Laut schrie er um Hülfe, aber selbst wenn ich mein Leben hätte auf's Spiel setzen wollen, ich hätte es nicht vermocht, da ich die Mauer nicht wieder herauf konnte." —

Wie die Leute der 5. Kompagnie in Saarbrücken noch eine gute Weile standhielten, erzählt unser Maler Karl Röchling, der in seinem väterlichen Hause an der alten Brücke einen trefflichen Beobachtungsposten hatte und mit lebhaftem Geiste jene Scenen aufgefaßt und wiedergegeben hat[*]):

„Der Winterberg sah auf einmal ganz anders aus: lange blau-rot-weiße Linien tauchten auf, und bald konnte man mehrere Bataillone zählen. Auf dem Reppertsberg huschte es über die Äcker und durch die Gärten, überall blitzte es weiß auf, und als in demselben Augenblick ein ganzer Schwarm uns über die Köpfe pfiff, stürzten wir schleunigst zurück in die sichere Brücken-straße. Ich drückte mich hart an das Eckhaus und beobachtete mit einem Feldstecher die Franzosen auf den Höhen, ließ aber bald entsetzt das Glas

---

[*]) Universum VIII S. 35.

finten, weil ich einem feinblichen Solbaten gerade in die Gewehrmündung gesehen hatte. Die retirierenden Vierziger wurden stark beschossen, und nie werde ich vergessen, mit welcher Gelenkigkeit die sonst so steif exerzierenden Soldaten rennen konnten und, immer wieder Front machend, feuerten. Merkwürdig war es, wie in der sengenden Mittagshitze, in dem undurchbringlichen Staube, wie er von der großen Zahl laufender Soldaten aufgewirbelt wurde, ein dichter Schwarm daher kam, durch und durch müde gerauft, mit vollständig zerrissenen Uniformen, viele ohne Helme, mit zerschundenen Fingern und Knieen vom Klettern über die Mauern und Hecken; und wie dann die armen Kerle bei jeder ihnen nachgesandten Kugel ihre tiefen Verbeugungen machten; besonders wenn eine recht dicht am Ohr vorbeiging, zuckte der Kopf um so tiefer; aber die Kugeln, welche pfeifen, treffen ja nicht!

Nur Einer mußte noch daran glauben. Mit den Worten: „Da — ich han ens!" taumelte direkt vor mir ein Vierziger; ich sprang vor und war kaum im Stande, den Stürzenden zu halten, bis ein Füsilier mir half. So brachten wir den Armen in den Hausflur des ersten Eckhauses. Die entsetzten Bewohnerinnen brachten eine Matratze, und als ich wieder hinzukam, lag der Vierziger stöhnend da mit einem kleinen Loch in der Brust. Es war furchtbar,

ben armen jungen Solbaten mit vollem Bewußtsein jammern zu hören:
„O meine arme Bruft, jetzt muß ich fterben!" Ich mußte mich abwenden,
ich konnte das kaum ertragen, und trotzdem mußte ich immer wieder an das
Sterbebett.

Da kamen von der Straße her, wo fich die Vierziger fammelten, zwei
Füfiliere herzu, wahre Helben in ihrem Ausfehen, bunkelbraun verbrannt
von der Sonne, über und über mit Staub bedeckt, die rechte Backe fchwarz
von Pulverdampf. Breit baftehend, die Gewehre vor fich hingefetzt fahen fie
dem fterbenden Freund und Kameraden in's Gefiht, und der Eine fagte:
„Siehft et, Hennerich, fo fterbt mer be Tob for's Baterland."

Inzwifchen wurde es in der Brückenftraße fehr belebt; dicht gebrängt,
aufgeregt und wutfchnaubend ftanden die Vierziger ba; einige Offiziere gaben
fich Mühe, ihre Leute zu fammeln,
aber immer wieder löften fich einzelne
Trupps ab, gingen wieder in die
Stadt zurück, um den fchwach nach=
bringenden Franzofen eins zu ver=
fetzen. Wie oft hörte man da fagen:
„Mer fin verrote un verkaaft!" und
bann wieder die Verficherung: „Mir
verteibige Euer Stadt bis uff be
letfchte Blutstroppe!"

Was von Effen und Trinken
ba war, wurde einfach auf die Straße
geftellt; die Vierziger, die ihr Leben
für uns eingefetzt, follten einen fo=
lennen Abfchied im Gefecht feiern.
Aus einem Bäckerwirtshaus wurden
Tifche und Bänke auf die Straße
geftellt, daß wir Schüffeln und
Flafchen abfetzen und die Vierziger
effen konnten. Zwifchen dem Gewehr=
gefnatter ertönte aus dem aufgeregten

Feldwebel Bribinger.

Haufen die „Wacht am Rhein" und „Ich bin ein Preutze."

Etwa halb 2 Uhr wurde Sammeln geblafen; als echte Rheinländer
zogen die Vierziger mit viel Schreien, Johlen und Singen über die
Brücke ab, heftig, aber ganz fchablos befchoffen. „Mir komme wibber!"
hallte es noch von der Brücke. Aber fie waren ja noch lange nicht alle fort.
An jeder Ecke hielt ein kleiner Trupp. Mancher faß noch bei den Eltern

ober Verwandten, und so sammelten sich immer mehr, rotbadig und angeheitert, an unserer Ecke bei der Brücke. Von St. Johann aus knallten sie ebenfalls noch, und auf der großen Wiese oberhalb der Brücke tanzten die Staubwolken der einschlagenden Kugeln. Bei dem kleinen Trupp war auch der Feldwebel Heidinger der 5. Kompagnie zurückgeblieben; er sorgte, daß zur Sicherheit an jeder Ecke in der Stadt 2 Mann standen, die bequem die Straßen entlang feuern konnten, sowie sich Franzosen zeigten. Ein Reservist, der als erfahrener Krieger von 1866 seinen Helm hübsch an das Seitengewehr gehängt hatte und in der Mütze ging, legte sich, da ihm das Schießen in der gedrängten Reihe an der Ecke langweilig war, mitten auf die offene Straße, schüttete die Patronen neben sich aus und feuerte so ganz behaglich, ohne die Pfeife aus dem

Munde zu nehmen. Ohne weiter zu mucksen, wenn eine Kugel dicht neben ihm den Staub auf=wirbelte, schaute er bloß so geringschätig hin und sagte: „Die sell war widder for mich. Awer wart, Fränzche, ich han Dich gesiehn."

An der Brücke standen noch neun Mann, fast lauter Saarbrücker, als die ausgestellten Posten aus der Stadt eiligst zurückkamen: „Herr Feldwebel, wir müssen zurück!" Auch die Bürger drängten darauf, es hätte ja doch keinen Wert mehr. Nur noch ein Abschiedstrunk! In warmer Rede dankte der Feldwebel den Bürgern für die ausgezeichnete Haltung, und nachdem die Füsiliere ihren Bekannten die Hände gedrückt und hoch und heilig versprochen hatten, in spätestens drei Tagen die Welschen wieder hinauszuwerfen, ging der kleine Trupp mit „Gewehr über" nach St. Johann. Auf der Brücke angesichts des Feindes hielt der Feldwebel noch eine minder feine Anrede an die Franzosen, und mit schallendem Gelächter liefen die Vierziger hinüber."

XXVIII. Wie es der 6. Kompagnie erging.

Major v. Horn befand sich gerade im Alarmquartier der 6. Kompagnie, als ein Mann von der Feldwache den Reppertsberger Weg im Laufschritt herunter kam: „Meldung von dem Doppelposten an der Löwenburg*), daß mehrere Bataillone aus dem Spicherer Walde vorrücken." Gleichzeitig sprengte ein Ulan von St. Arnual heran und bestätigte die Botschaft. „Meine Herren, es wird Ernst", sagte der Bataillonskommandeur zu den Offizieren; „rücken Sie mit der Kompagnie nach St. Arnual und dem Winterberg vor."

Während die Füsiliere schnell an die Gewehre traten, eilte Lieutenant Mitscher nach der Löwenburg, um sich von der Richtigkeit der Meldung zu überzeugen. Oben angelangt sah er am Fuße des Spicherer Berges mehrere geschlossene Bataillone vorgehen, Chasseur=schwadronen und Schützenschwärme zogen voraus.

Premierlieutenant Garrelts.

Inzwischen hatte sich die Kompagnie im Laufschritt nach St. Arnual in Be=wegung gesetzt. Am Hinterthal wurde Lieutenant Kowarsky zur Besetzung des westlichen Teiles des Winterbergs abgeschickt, während Premierlieutenant Garrelts die Ostseite dieser Höhe verteidigen sollte; ein Zug blieb als Reserve an der Straße zurück.

Schnell erklommen die Füsiliere den steilen Berg; atemlos kamen sie oben an. Es war auch keine Zeit zu verlieren, da die feindlichen Schützen bereits das Thal durchschritten und sich dem Abhang näherten. Rasch wurde ausgeschwärmt und Deckung genommen; ein Steinbruch, der eine Brustwehr bot, schien zu diesem Zwecke besonders geeignet und wurde von einem Teile der Füsiliere besetzt. Jetzt hat der Feind die Unsern bemerkt, und die ersten Kugeln pfeifen heran. Doch: „Keiner schießt, ehe ich das Zeichen gebe", befiehlt der Lieutenant, und — eine harte Geduldprobe! — die Füsiliere warten ruhig auf die Erlaubnis das Feuer zu erwidern.

---

*) Diesen stolzen Namen führt ein bescheidenes Haus am Südabhang des Nuß=bergs von seinem Besitzer Löw. Damals wurde dort eine Sommerwirtschaft betrieben.

Da ertönt von links Kanonendonner; es sind die beiden Geschütze des Lieutenants Meyer, die vom Halberg her den ersten Gruß aus deutschen Kanonen den Franzosen hinüberfenden. „Hurrah, das ift unfere Artillerie!" jubeln die Füfiliere, und neue Zuverficht befeelt fie, da fie die gefchäzten Kampfgenoffen mit dem fchwarzen Kragen fo nahe wiffen. Sie beobachten, wie die Granaten in den feindlichen Kolonnen einfchlagen und diefe in Ver= wirrung bringen. Jetzt ertönt die Pfeife des Lieutenants. „400 Meter — Schützenfeuer!" Die Büchfen krachen, und einige Feinde fieht man ftürzen. Doch um fo fchneller eilen die andern in den Schutz des Berges und ver= fchwinden „im toten Winkel." Nicht lange dauert es, fo tauchen ihre roten Käppis am Rande des Abhanges auf, und ihre Kugeln fchlagen aus nächfter Nähe unter den Vierzigern ein. „Georg, Georg!" hört einer feinen Neben= mann rufen. Wie er fich umdreht, fieht er, daß der Kopf des Kameraden auf den Stein niedergefunken ift, auf den er fein Gewehr aufgelegt hatte: er ift tot. Was hilft es, daß die Füfiliere hier und da einen wegputzen? Die Reihen fchließen fich wieder, indes das Häuflein der Unfern fich lichtet. „Jetzt wär's man Zeit, daß wir uns dünne machen", fagt Lieutenant Garrelts und wendet fich zurück, um dem Hauptmann, der ihn heraufbegleitet hat, Meldung zu machen; doch auf feinen Ruf: „Herr Hauptmann, Herr Hauptmann!" kommt keine Antwort: allein fteht der Zug dem übermächtigen Feinde gegen= über. „Kehrt, marfch!" kommandiert der Lieutenant, und im Schritt gehen die Füfiliere zurück. Doch fchon fchwenken die Feinde von rechts herum, und auch von Arnual her kommt Flankenfeuer: nur fchneller Rückzug kann vor fchimpflicher Gefangenfchaft retten. So ftürmen fie in eiliger Flucht durch

Lieutenant Garrelts. verteidigt das Plateau des Winterbergs.

bie Fichtenschonung ben steilen Abhang hinunter, mit kühnem Sprunge über Drahtzäune und Hecken setzend, nach der Arnualer Straße. Hier aber bringen schon von dem Dorfe her die Franzosen vor. Schnell sammelt sich die kleine Schar und sucht die Verfolger durch Schnellfeuer zurückzuscheuchen, dann geht's im Laufschritt auf der Straße nach Saarbrücken zu. Doch am Hinter= thal leuchten schon die roten Hosen; der Rückweg ist versperrt. Nur ein Rettungsschimmer leuchtet noch — der Weg am Flusse entlang. Wenn sie die Böschung dort am Leinpfad und die Mauer erreichen, sind sie vor dem feindlichen Kreuzfeuer gedeckt. „Marsch, marsch nach der Saar!" Ob auch der Atem von dem rastlosen Laufe zu stocken droht — vorwärts! — Die Freiheit gilt's und das Leben — über die Wiese dem rettenden Ufer zu. „Halt, nieder! Schützenfeuer!" Die keuchenden Füsiliere werfen sich zu Boden, schöpfen Atem und richten die heißen Gewehrläufe auf die Feinde; dann geht's weiter, bis die rettende Mauer an der Herrenallee erreicht ist, hinter der sie gedeckt bis zur Brücke gelangen. Doch nicht alle waren so glücklich.

„Während wir noch in dem Steinbruche lagen und die Wirkung unserer Schüsse auf die vor uns liegenden Feinde beobachteten", erzählt ein Reservist der 6. Kompagnie, Bauassistent Haas in Saarbrücken, „kamen auf einmal die Kugeln von rechts, und zugleich hörten wir vom oberen Felsrande her

Gefangennahme von 29 Füsilieren in einem Steinbruch auf dem Winterberg.

deutlich französisch schreien und kommandieren. Nun sahen wir, daß wir von den Feinden, die in der Richtung von Mügels Weinberg herkamen, bereits überflügelt waren. Jetzt wird's Ernst! Wo ist der Lieutenant? Nichts zu sehen; wir hatten das Kommando zum Rückzuge überhört. Was thun? Nach St. Arnual konnten wir nicht, da wären wir dem Feinde gerade in die Arme gelaufen. An Widerstand war nicht zu denken; es wäre nutzlose Thorheit gewesen. Also schnell zurück! Doch der Steinbruch war gegen den Wald mit einem Drahtzaun eingefaßt; wir mußten ihn überklettern oder nieder= reißen. Dies Hindernis wurde für 29 unserer Kameraden verhängnisvoll, die nicht schnell genug darüber kommen konnten und, von den Feinden umstellt, gefangen wurden. Auch auf uns stürmten die Franzosen ein und riefen uns ihr Rendez-vous! zu. Einer der vordersten schrie auf deutsch: „Bliewen Ihr stehn, Ihr Hundeprüsse! Kennen Ihr jetzt de Schassepoh?" Doch „lieber tot als gefangen!" dachten wir; vorwärts, wir ergeben uns nicht." Glücklicher= weise trat durch die Gefangennahme unserer Kameraden eine Stockung in der Verfolgung ein. Wir stürmten durch das dichte Unterholz den Berg hinunter und verloren dabei teilweise die Helme sowie die gerollten Mäntel mit dem angeschnallten Kochgeschirr. Unten an der Chaussee angekommen, sahen wir eben noch Lieutenant Garrelts mit seinen Leuten im Laufschritt vor uns abziehen. Wir ihnen nach, doch mittlerweile waren die Franzosen bis zum Schützenhause (jetzt Fritz Röchlings Schlößchen) vorgedrungen und feuerten von dort unter lautem Geschrei auf die vor uns abziehenden Kameraden.

Versprengte Füsiliere auf dem Leinpfad.

Wir gingen im Chausseegraben bis zum Neufang'schen Hause und rannten von dort wie gehetztes Wild über die Straße in den Garten, indem wir den die Be= sitzung eingrenzenden Drahtzaun im ersten Anrennen niederrissen. Von dort eilten wir hinter den Häusern, sobald wir in's Freie traten, wieder von den Kugeln ver= folgt, nach der Saar, wo wir hinter der hohen Böschung erschöpft und im Schweiß gebadet niedersanken. Dann gingen wir gedeckt hinter der Saarmauer bis zur Treppe an der Herrenallee, die wir hinaufstiegen. Hier sahen wir den Direktor der Töchterschule, Herrn Brandt, mit einer Flasche Rotwein in der Hand im Hausflur stehen. Wir stürzten das

Labsal schnell in unsere vertrockneten Kehlen und eilten weiter an der Spicherer-
bergstraße vorbei, wo die Kugeln schon von Halby's Garten herunterpfiffen,
zur alten Brücke. Wir kamen glücklich hinüber, obwohl die Kugeln rechts
und links um uns sausten, auf das Pflaster schlugen und an dem eisernen
Gitter abprallten. Auf der St. Johanner Seite neben dem Lucas'schen Hause
stand Hauptmann Grundner und wartete auf seinen Schützenzug, den er schon
fast verloren gegeben hatte."

Hauptmann Grundner ist 14 Tage später bei Vionville gefallen; so
war sein Mund schon für immer verstummt, als man Zeit fand, die Ereignisse
genauer festzustellen. Es ist wohl als sicher anzunehmen, daß sich der
Hauptmann bei dem bedrohlichen Vordringen der Franzosen zurückzog, um
mit seinem Zuge den Übergang über die alte Brücke zu sichern, und daß der
Befehl zum Rückzuge den Premierlieutenant Garrelts durch irgend einen
Zufall nicht erreichte.

46 Mann der 6. Kompagnie kehrten nicht zurück; sie waren gefangen
oder tot oder verwundet. Zu den letzteren gehörte auch der jüngste Lieutenant

des Regiments, v. Ko-
narsky. Dieser hatte
die Westseite des Winter-
bergs vom Hinterthal aus
erstiegen; vor ihm war
Lieutenant Mitscher an
dem nach Mügel's Wein-
berg führenden Baumgang
postiert. Diese Stellung
konnte er freilich nicht
lange halten, da bei dem
Näherrücken der Fran-

Lieutenant Mitscher verteidigt die Nußbaumallee am Winterberg. zosen seine Leute durch die
Kugeln der über ihnen liegenden v. Konarsky'schen Abteilung gefährdet
wurden, und mußte sich deshalb höher den Berg hinauf ziehen. Von hier
aus wurde der Feind längere Zeit aufgehalten, doch als dieser schließlich
vom Hinterthal her die rechte Flanke zu umgehen und die Unsern abzuschneiden
drohte, war auch hier schleuniger Rückzug geboten. In diesem Augenblicke
fühlte Lieutenant v. Konarsky einen heftigen Schmerz am linken Fuß und
vermochte sich nicht mehr aufrecht zu halten; eine Kugel hatte den Knöchel
durchbohrt. „Mer han's em gleich gesagt; er hat sich awer nit ducke wolle",
meinte nachher ein Füsilier. Hilfsbereit sprangen seine Leute herzu, um
ihren Lieutenant fortzutragen, aber er wies ihren Beistand zurück, um sie

nicht der Gefahr der Gefangennahme auszusetzen, und suchte sich allein den Abhang hinunter zu retten. Mit den zurückgestemmten Armen und dem rechten Beine sich auf den Boden stützend, den verwundeten Fuß in der Schwebe haltend, bewegte er sich mühsam unter großen Schmerzen abwärts. Unten angekommen schleppte er sich bis zu einer Hecke, die an die Straße stieß, und wurde hier von zwei vorüberkommenden Füsilieren bemerkt, die ihn, da die Franzosen bereits in der Nähe waren, in einem Kanaldurchlaß versteckten. Doch es war zu spät. Schon naht von Arnual her ein Trupp Franzosen, auch vom 40. Regiment, umringt die Füsiliere und nimmt sie gefangen. Den verwundeten Lieutenant tragen auf das Geheiß eines Offiziers zwei Franzosen über die Straße in den Neufang'schen Pferdestall und suchen ihn, so gut oder vielmehr so schlecht sie es verstehen, zu verbinden. Bald nachher wurde er in das Wohnhaus hinübergebracht und hatte sich hier aller Aufmerksamkeit von Seiten der Franzosen zu erfreuen.

XXIX. Verteidigung und Räumung von St. Johann.

Wer am 2. August morgens am Raftpfuhl vorbeikam, wo das 1. und 3. Bataillon des 40. Regiments mit der 6. leichten Batterie vom 8. Artillerieregiment bivakierten, der mochte wohl kaum glauben, daß diese Truppen noch keine Meile vom Feinde entfernt ftanden. Da fah man die Füfiliere gar luftig exerzieren und tiraillieren, die Kommandorufe der Offiziere schallten durcheinander, während die Artilleriften in Drillichjacken oder in Hemdsärmeln die Geschütze und Geschirre putzten. Ringsum aber ftanden wie in einer friedlichen Garnison als Zufchauer zahlreiche Bewohner von St. Johann und Saarbrücken, die gekommen waren, um die langerwartete Verftärkung zu begrüßen und der Freude über ihr Erscheinen durch Spenden von Erfrischungen und Cigarren Ausdruck zu geben. Aber bald sollte das Friedensbild fich in ein Kriegsbild verwandeln. Kaum war die Mannschaft zum Löhnungsappell angetreten, als von Saarbrücken her Kanonendonner vernehmbar wurde. „An die Gewehre!" — „Gewehr in die Hand!" Die beiden Bataillone nahmen auf Befehl des Oberften Freiherrn v. Eberftein schnell Gefechtsaufftellung, und die 10. Kompagnie wurde nach der Saar vorgezogen, um einem etwaigen Übergang der Franzofen bei Burbach entgegenzutreten. Ungeduldig erwarteten die Füfiliere, die schon längft das 2. Bataillon um feine Lorbeeren beneideten, das Signal zum Vorrücken. Bald darauf kam der Befehl des Generals Grafen Gneifenau, daß das 3. Bataillon nach St. Johann vorgehen folle, und in eiligem Marsche rückten die Kompagnieen nach der Stadt hinunter, um die bedrängten Waffenbrüder zu unterstützen. Während die 9. und 12. Kompagnie den Bahnhof und den Bahndamm nach Malftatt zu befetzten, rückte die 11. Kompagnie über die Saar vor, die zehnte dagegen befetzte mit einem Zuge die verbarrikadierte Brücke, der zweite schwärmte rechts von der Brücke hinter den dort lagernden Holzhaufen aus (hier ftanden damals noch keine Häuser; in der Viktoriaftraße war das Haus der Gebrüder Brach das einzige), und der dritte hielt zur Unterftützung in der Bahnhofftraße. Bald kamen die Leute der 2. Kompagnie auf dem Rückzuge an, die Kameraden mit Vorwürfen überhäufend, daß diese fie im Stiche gelaffen. Auf den Höhen erblickte man die Rothofen, welche die Straße mit ihren Kugeln überschütteten; auf dem Exerzierplatz wurde es lebendig; eine Batterie nach der andern fah man hier auffahren, und nicht lange dauerte es, fo donnerten die Grüße der Kanonen, die erften Granaten schlugen an der Brücke ein und ihre umherfliegenden Splitter verwundeten mehrere Leute der 10. Kompagnie. Die Unfern mußten im heftigften Feuer ausharren, ohne irgendwie Vergeltung üben zu können, da die Entfernung für ihre

Zündnadelbüchsen viel zu weit war. Eine Granate schlug dicht bei dem Zuge ein, der hinter dem Brach'schen Hause stand. Da das Geschoß nicht explodierte, so wollte der Feldwebel Schött es aufheben. „Lassen Sie das Ding liegen!" rief warnend Hauptmann v. Blomberg, und wirklich vergingen nur wenige Augenblicke, bis der Zeitzünder wirkte und die tobbringenden Splitter umher= flogen, doch glücklicherweise niemand verletzten.

Mittlerweile hielten die 5. und 6. Kompagnie die Barrikade an der alten Brücke und die anstoßenden Häuser besetzt. Die verschlossene Thür des Schlachter'schen Hauses wurde erbrochen und aus den Fenstern wie von der Barrikade her die auf dem Reppertsberg erscheinenden Franzosen beschossen. Die Siegesfreude, die die Franzosen in dem Pavillon auf dem Nußberg durch Umhertanzen kundgaben, wurde ihnen dadurch einigermaßen gestört; einen Reiter, der etwas unvorsichtig die schöne Aussicht genoß, brachte ein glücklicher Schuß aus dem Sattel.

Hauptmann Freiherr v. Blomberg.

Doch die Erwartung, daß die Feinde sich den Übergang über die Saar erkämpfen würden, erfüllte sich nicht, so sehr auch die Füsiliere danach verlangten, den Franzosen noch einen Denkzettel zu geben. Da es den Absichten unserer Heeres= leitung nicht entsprach, diesen vor= geschobenen Posten zu halten und dadurch die Städte der Zerstörung preiszugeben, so erließ Graf Gneisenau den Befehl zum Rückzuge. Hauptmann Kosch erwiderte dem Adjutanten, die Stellung könne noch lange gehalten werden, und trat erst auf die zweite Aufforderung mit dem Premier= lieutenant Garrelts den Rückzug nach dem Raslpfuhl an, während Haupt= mann Grundner mit dem übrigen Teile der 6. Kompagnie die Dud= weilerstraße hinaufzog.

Jetzt, nachdem der Rückzug der andern Kompagnieen gesichert war, ertönte auch für die zehnte das Signal: „Füsiliere, kommt zurück!" Doch das feindliche Feuer war so stark, daß sie ihre gedeckte Stellung an der neuen Brücke nicht verlassen konnte, ohne sich den größten Verlusten auszusetzen.

Endlich ließ das Schießen etwas nach, und nun ging's im Laufschritt zurück hinter das Hôtel Hagen, dann unter Granatfeuer auf der Malstatter Chaussee bis zu der Eisenbahnüberführung. Die Franzosen auf dem Exerzierplatz bewunderten einen feindlichen Offizier auf einem Schimmel, der kaltblütig im Feuer hielt und zuletzt den Kampfplatz verließ: es war der tapfere Führer der 10. Kompagnie, Hauptmann Freiherr v. Blomberg.

Da vor und hinter dem Tunnel die Geschosse einschlugen, so freuten sich die Füsiliere, daß sie so gedeckt standen. Doch die Freude währte nicht lange. Plötzlich schlug eine Granate am Eingang des Tunnels auf, sauste durch denselben (der damals nur halb so lang war wie heute) über die Köpfe der verdutzten Mannschaft hin und platzte auf der andern Seite, wobei sie mehrere Zweige von einer Platane abriß.

Im Granatfeuer am Tunnel.

Auf dem Weitermarsche nach dem Rastpfuhl mußte die Kompagnie hinter Schleifmühle die Höhe ersteigen und bot hier den Feinden einen guten Zielpunkt. Wieder schlugen die Granaten ein, dazwischen tönte es, wie wenn eine schwere Ankerkette herabgelassen würde. Den Soldaten kam das Gerassel wie eine schlechte Infanteriesalve vor, und sie machten ihre Witze über das Schießen der Franzosen. „Das sind die Mitrailleusen, Kinder", sagt der Hauptmann, und als den Füsilieren eine solche Salve über die Köpfe fährt, läßt er halten, die Front nach dem Feinde nehmen und ruft den Helm

schwingend: „Seine Majestät der König lebe hoch!" Leider wurde
der tapfere Hauptmann am 16. August bei Vionville töblich verwundet.

Bald darauf wurde dem Füsilier Thiel durch eine feindliche Granate
der Fuß bis zum Knöchel zerschmettert, sobaß der Ärmste in einem Graben
zurückgelassen werden mußte. Als die Kompagnie hinter dem Rastpfuhl
lagerte, kam Thiel auf einem Leiterwagen, den zerschmetterten Fuß mit dem
Brotbeutel umwickelt, ganz vergnügt eine Pfeife rauchend, dahergefahren und
beantwortete den herzlichen Zuruf seiner Kameraden mit lautem Hurrah. Er
wurde nach Von der Heydt gebracht, wo ihm der Fuß abgeschnitten wurde.
Die 10. Kompagnie hatte an diesem Tage 2 Tote und 13 Verwundete, unter
diesen war Landwehrlieutenant Cramer. Bei den drei andern Kompagnieen
des 3. Bataillons war ein Mann getötet und 5 verwundet worden, unter
den letzteren befand sich Lieutenant v. Borries; die Verletzungen rührten
meistens von Granatsplittern her.

Die 4 Geschütze der 6. leichten Batterie unter Hauptmann v. Helden-
Sarnowski hatten auf der Höhe über Malstatt den ungleichen Kampf gegen
5 feindliche Batterieen mutig aufgenommen. Doch mehrere französische
Granaten, die zwischen den Geschützen der in der Höhe einer einzelnen Pappel
stehenden Batterie einschlugen und bewiesen, daß die Franzosen auf diese
Entfernung (ca. 1800 Meter) gut eingeschossen waren, veranlaßten den
Batterieführer zugweise die Stellung zu wechseln. Die zweite Position wurde
200—300 Schritte weiter vorwärts hinter einer Kiesgrube genommen, und
hier konnte sich die Batterie fast eine Stunde lang behaupten, da die feindlichen Geschosse anfangs zu weit gingen und nachher größtenteils in die vor
der Batterie liegende Kiesgrube einschlugen. Auf die Nachricht, daß eine
feindliche Mitraillensenbatterie die Lebacher Straße, auf der die Vierziger
sich zurückzogen, unter Feuer hielt, ging Hauptmann v. Helden auf die andere
Seite der Straße hinüber und versuchte von hier aus gegen die gut postierte
Batterie zu wirken. Der Feind hat die Thätigkeit der 4 Geschütze denn auch
dadurch anerkannt, daß er in seinem Berichte als „einige fliegende Batterieen"
bezeichnete. Doch schließlich mußte die ungleiche Kampf aufgegeben werden,
und General Graf Gneisenau, der am Rande des Köllerthaler Waldes hielt,
befahl den Rückzug, der auf der unter dem Strichfeuer der französischen
Artillerie liegenden Straße angetreten wurde. Ein zerschossener Munitionswagen wurde von dem Unteroffizier Breuer und dem Kanonier Siegwart
mit zwei Stangenpferden aus dem heftigsten feindlichen Feuer geholt. Die
6. Batterie hatte im Ganzen 126 Granaten und eine Kartätsche verfeuert;
der Batteriechef selbst war leicht verwundet worden. Eine französische Granate,
die vor dem dritten Geschütz aufgeschlagen war, hatte 3 Kanoniere verwundet

und den Geschützführer Unteroffizier Römer, einen vortrefflichen Soldaten, tot niedergerissen. Er hat dort beim Rastpfuhl auch seine Ruhestätte gefunden, die der Malstatt-Burbacher Kriegerverein mit einem Denkmal geschmückt hat. Bei Riegelsberg begegnete den Kanonieren die 6. schwere Batterie, die der bedrängten Schwesterbatterie zu Hilfe eilen wollte, doch nun sich nur dem Rückzuge anschließen konnte.

Als Bedeckung der Geschütze und zugleich als Reserve war das erste Bataillon des 40. Regiments am Rastpfuhl zurückgeblieben, und hierher flogen

Das 1. Bataillon 40er im Granatfeuer am Rastpfuhl.

die ersten französischen Granaten, die das Wirtshaus in Flammen auflodern ließen. Unthätig mußten die Füsiliere in dem feindlichen Feuer ausharren, für den Soldaten eine qualvolle Lage; doch sie verloren den Humor nicht. Ein Geschoß schlug dicht bei der 1. Kompagnie ein, doch wurde niemand verwundet. Da trat der Gefreite Parchen wie auf dem Scheibenstande vor und markierte unter allgemeiner Heiterkeit mit dem Seitengewehr: „Vorbei!“ Füsilier Schäfer von der 3. Kompagnie kritisierte jede ankommende Granate: „Zu hoch!“ — „Rechts blau!“ u. s. w. Schließlich traf ein Granatsplitter die Fahnenstange und verwundete ihn selbst an der Backe. Da rief der unerschrockene Füsilier: „Centrum!“ Dem Unteroffizier Albin von der

1. Kompagnie wurde der eine Fuß am Knöchel zerschmettert, doch troß des heftigen Schmerzes kommandierte er den ihn aufhebenden Kameraden ganz munter: „Links schwenkt, marsch!" Der Lazaretgehülfe Gries von der 4. Kompagnie eilte wiederholt während des Granatfeuers in das brennende Haus, um für seine verwundeten Kameraden Milch zu holen und ihren brennenden Durst zu löschen. Von dem Bataillon wurde ein Mann getötet und 6 verwundet.

Gegen 2 Uhr hörte das feindliche Feuer allmählich auf, doch kam eine halbe Stunde später noch eine Granate angeflogen und krepierte nur wenige Schritte von den Offizieren des 1. Bataillons, die mit Ferngläsern beobachteten, wie sich die Franzosen auf dem Exerzierplaße häuslich einrichteten. Niemand wurde verletzt; nur ein Sprengstück fuhr dem Hauptmann v. Schulz in die Satteltasche.

Nachdem man bis gegen 6 Uhr den Feind beobachtet hatte, der ruhig auf den Saarbrücker Höhen stehen blieb, trat das 1. und 3. Bataillon den Rückmarsch nach Hilschbach an, wohin die 5. und 7. Kompagnie schon voraus= gegangen waren. Dort vereinigte sich das ganze Detachement Gneisenau und und stellte seine Vorposten bei Guichenbach aus; die beiden Batterieen richteten die Mündungen ihrer Geschüße nach dem Ausgange des Köllerthaler Waldes bei Riegelsberg, wo die Franzosen vorbrechen mußten, wenn sie ihren Sieg verfolgen wollten.

———————

XXX. Das Gefecht bei St. Arnual und Brebach.

In St. Arnual kamen gegen 10 Uhr die Leute vom Felde gelaufen und riefen voll Schrecken: „Die Franzosen kommen! Sie sind schon dicht hinter uns." Die Bewohner eilten in ihre Häuser und schlossen Thüren, Fenster und Läden; die Frauen jammerten und flüchteten mit den angstvoll schreienden Kindern in den Keller. Bald hörte man das Knattern des Gewehrfeuers, Kanonen donnerten, und Granaten flogen zischend über die Dächer hin. Einzelne Kugeln schlugen in die Häuser; ein 14jähriger Junge, der im Fenster lag, wurde von einer französischen Kugel zu Tode getroffen, seine Mutter, die ihn zurückreißen wollte, erhielt einen Schuß in den Arm.

Nicht lange dauerte es, so drangen die Franzosen in großen Scharen von zwei Seiten her in's Dorf. Den beiden Bataillonen vom 67. Regiment unter Oberstlieutenant Thibaudin (S. 87) folgte die ganze Brigade Mich[e]ler, aus dem 24. und 40. Linienregiment bestehend; ein Bataillon des letzteren Regiments rückte mit einer Sappeurkompagnie auf der Saar=gemünder Straße heran. Die wenigen preußischen Patrouilleure*), die sich in dem Dorfe befanden, wurden überrascht und zersprengt; bald war die Dorfstraße gedrängt voll Rothosen.

Doch die Eroberung von St. Arnual sollte den Feinden nicht ohne empfindliche Verluste gelingen. Drüben bei Brebach auf der andern Seite der Saar lag die 8. Kompagnie, welche mit je einem Zuge das Röchling'sche Landhaus und die Gübinger Mühle besetzt hielt, während der dritte Zug an der Chaussee am Halberg ausgeschwärmt war; doch war die Entfernung für wirksames Infanteriefeuer zu weit. Besser konnten die zwei Geschütze der 6. leichten Batterie wirken, die am Kirchhof aufgestellt waren. Diese empfingen die auf der Saargemünder Straße nach Arnual vordringenden Franzosen so kräftig, daß sie schleunigst vom Wege abbogen; eine Granate schlug mitten in eine Marschkolonne und richtete starke Verheerungen an. Eine französische Batterie, die auf der Höhe hinter Arnual abprotzte, wurde durch einige sichere Schüsse zum Abfahren gezwungen, sobaß unsere Geschütze jetzt die auf den Winterberg vorrückende französische Infanterie unter Feuer nehmen konnten; die preußischen Granaten schlugen dicht bei dem Standort des Generals Bataille ein. Als der Winterberg von den Unsern geräumt war, fuhr hier eine feindliche Batterie auf und beschoß den Zug des Lieutenants Meyer, doch ohne erheblichen Schaden zuzufügen, da die feindlichen Geschosse meistens nicht platzten; nur einige Pferde der Ulanenabteilung wurden verwundet. Als das Feuer der französischen Plänkler, die nach der Saar zu ausgeschwärmt waren, unbequem wurde, ging Unteroffizier Sorkau mit seinem Geschütz bis an die Chaussee vor und gab einen Kartätschenschuß gegen eine stark besetzte Hecke ab, der den Franzosen starke Verluste zufügte. Das 1. Bataillon des 67. Regiments zählte nach dem französischen Berichte 3 Tote und 25 Ver=wundete; bei dem 2. Bataillon vom 40. Regiment, welches St. Arnual besetzte, als die 67er sich gegen den Winterberg wandten, wurde ein Lieutenant verwundet und ein Sergeant getötet; außerdem wurde einem Offizier vom 7. Dragonerregiment das Pferd unter dem Leibe erschossen.

Gegen 2 Uhr nachmittags begleitete der Gymnasiallehrer Dörkes die Kinder des Pfarrers Wieber in St. Arnual, einen Quintaner mit seiner

---

*) Wie viele es im Ganzen waren, läßt sich nicht feststellen. Hauptmann Grundner selbst konnte, wie es scheint, seinen ursprünglichen Plan, nach St. Arnual vorzugehen, wegen des raschen Vordringens der Franzosen nicht mehr ausführen. Keinesfalls war St. Arnual „stark besetzt", wie Frossard sagt.

Schwester, die wegen des Gefechtes so lange in Saarbrücken zurück geblieben waren, nach Hause. Unterwegs traf er mehrere französische Offiziere, die sich in ein Gespräch mit ihm einließen. Sie riefen einen Soldaten herbei, der die Einrichtung des Chassepotgewehrs zeigen mußte, und waren auch sonst recht liebenswürdig. Sie zogen Kartoffeln und Äpfel aus den Taschen und schimpften auf die Intendantur, da sie in den letzten Tagen nichts anderes genossen hätten. Als man den Halberg erblickte, sprachen sie ärgerlich über die Verluste, die ihnen die preußischen Geschütze zugefügt hätten. Sie meinten, es müßten doch wohl Mitrailleusen dabei gewesen sein, da gewöhnliche Geschütze nicht solche verheerende Wirkung haben könnten, und blieben dabei trotz der Versicherung, daß die preußische Armee diese Waffe nicht kenne. Der Frossard'sche Bericht thut denn auch unsern beiden Geschützen die Ehre an, sie als „Batterieen" zu bezeichnen, die gegenüber St. Arnual aufgestellt waren. Auf unserer Seite wurden nur 2 Mann und 3 Pferde verwundet, obwohl viele Granaten in der Nähe der Kapelle einschlugen und zahllose Flintenkugeln nach Brebach hinüberflogen. Die Südinger Mühle, wo der 8. Zug unter Lieutenant von Holleben lag, war einem besonders heftigen Feuer ausgesetzt. Ein Fensterkreuz war wie ein Sieb durchlöchert, und die Tochter des Müllers Lucas wurde leicht am Kopfe verwundet.

Um 2 Uhr zogen sich die Geschütze zurück und fuhren bald darauf von Herrn Ed. Böcking geleitet über Goffontaine und den Eschberg nach Dub= weiler, von dort über Fischbach nach Holz, wo die schon verloren geglaubten am folgenden Morgen von den Kameraden mit lautem Hurrah begrüßt wurden. Denselben Weg schlug Hauptmann Neydecker ein, nachdem er erst gegen Abend die Räumung von St. Johann erfahren hatte, und erreichte das Regiment am nächsten Morgen bei Eiweiler.

XXXI. Der Gefangenschaft entronnen.

In dem Hause des Baurats Neufang, welches gerade gegenüber dem Hinterthal vereinzelt an der Arnualer Straße liegt, spielten sich an diesem Tage recht wechselvolle Scenen ab. Zwei Füsiliere und ein Lazaretgehülfe begehrten auf dem Rückzuge vom Winterberg ganz erschöpft Einlaß, und dieser wurde ihnen auch, obwohl der Hausherr nicht da war, von Frau Neufang freundlich gewährt. Doch wohin mit ihnen? Jeden Augenblick konnten die

Franzosen kommen. In einem Kellergelaß hinter langen Spähnen wurde ihnen, nachdem sie gestärkt waren, ein sicheres Versteck bereitet. Doch fast schien es, als wüßten die Franzosen von der feindlichen Besatzung; denn sie eröffneten bald eine heftige Beschießung auf das Haus. In die Thüren, Läden und Fenster drangen die Kugeln ein und beschädigten Tische, Stühle und Schränke, sodaß die Zimmer mit Holz- und Glassplittern wie besäet waren. Die Schüsse kamen ganz aus der Nähe und hatten solche Gewalt, daß von einer Kugel das Fensterholz und noch die gegenüberliegende Thür durchbohrt wurde.

Nicht lange dauerte es, so kamen einige Franzosen mit gefälltem Gewehr sehr vorsichtig um's Haus herum. Nachdem sie alles abgesucht, rappelten sie an dem Drahtgitter des Küchenfensters, bis ihnen der Knecht die Hinterthür aufmachte. „Nix vierzik ici?" war ihre erste Frage. Als diese zu ihrer Zufriedenheit beantwortet war, begehrten sie zu essen und zu trinken, doch ließen sie sich erst vorkosten, ehe sie selbst etwas genossen. Bald kam noch ein größerer Trupp unter einem Lieutenant, der sich erkundigte, ob der Hausherr zum Militär eingezogen sei. Sie ließen sich's alle wohl schmecken und benahmen sich dabei ganz anständig, ja, sie suchten sich für die Gast= freundschaft sogar dankbar zu erweisen. Ein Troupier schnitt im Garten einen Strauß Rosen und überreichte ihn mit galanter Verbeugung der Haus= frau. Die beiden kleinen Jungen wurden von einzelnen Franzosen geküßt und mit Zwieback beschenkt; dabei schwebte die Mutter immer in größter Angst, die Kinder möchten das Versteck der Vierziger verraten.

Als Herr Neufang, der durch das Gefecht in der Stadt zurückgehalten worden war, gegen 3 Uhr heim kam, das Haus voll Franzosen fand und dazu von den versteckten Vierzigern hörte, verhehlte er sich die Gefahr nicht, die im Falle der Entdeckung den Schützlingen wie den Beschützern drohte, und beschloß die Landsleute möglichst bald fortzuschaffen. Eine gute Gelegenheit bot sich, als gegen Abend Dr. Jordan aus der Stadt erschien, die Wunde des Lieutenants untersuchte und seine Überführung in's Hospital anordnete. Nun wurden, sobald die Franzosen sich etwas verzogen hatten, die Keller= fenster geblendet, die zwei Vierziger aus ihrem Versteck geholt und in alte Civilkleider gesteckt. So konnten sie sich hervorwagen und machten sich nun daran, im Verein mit dem Lazaretgehülfen, dessen Eigenschaft als „infirmier" den Franzosen mit einiger Mühe klar gemacht wurde, den verwundeten Lieutenant auf einen Wagen zu schaffen. Bei dem Rückzugsgefecht war an der gegenüberliegenden Gartenhecke der Füsilier Klein durch einen Schuß in die Brust getötet und die Leiche dann von den Franzosen in's Haus geschafft worden. Jetzt wurde der Tote auf den Wagen geladen, darüber

Stroh gelegt und darauf der Offizier gebettet. Dann setzte sich der Wagen unter dem Geleite des Dr. Jordan, der beiden Civilisten und des Lazaret=gehülfen nach dem Hospital in Bewegung, wo der verwundete Lieutenant in

Pflege gegeben wurde. Herr v. Konarsky verlebte im Hospital und später in Privatpflege schmerzvolle Wochen und Monate. Dr. Jordan hatte anfangs ein bedenkliches Gesicht gemacht und die Amputation des Fußes für notwendig erklärt; doch der junge Lieutenant vertraute auf seine kräftige Natur, und diese Hoffnung hat ihn nicht betrogen. Er hat seinen Fuß behalten und obgleich er längere Zeit an Krücken gehen mußte, ihn doch schließlich wieder so gut gebrauchen gelernt, daß er jetzt beinahe als „Bergfex" gelten kann. An die Rutschpartie vom Winterberg herunter aber denkt er zeitlebens zurück.

Die zwei Füsiliere gelangten unangefochten zu ihrem Regiment zurück, ihren freundlichen Beschützern gewiß von Herzen dankbar, die sie vor schimpflicher Gefangenschaft bewahrt hatten. Ihre Gewehre ver=

Lieutenant v. Konarsky.

grub Herr Neufang in der nächsten Nacht im Garten und lieferte sie später mit den andern Sachen auf der Bürgermeisterei ab.

Ganz ähnlich ging es in St. Arnual zu. Hier wurde eine Vierziger=Patrouille, die gerade in der Bruch'schen Wirtschaft ihren Durst löschte, von den in das Dorf einbringenden Franzosen überrascht und sah sich vom Rückweg in die Stadt abgeschnitten. Einer der Brauburschen, namens Kaiser, versteckte sie schleunigst auf dem Malzspeicher, und da dieser Aufenthalt nicht sicher genug schien — das Haus war ganz mit französischen Offizieren besetzt — so brachte er sie nachts in den Gärkeller, wo sie sich hinter den großen Stückfässern und Gärbottichen verbargen. Da kam es öfters vor, daß aus der Küche die Portionen, welche die Wirtin für die Herren Franzosen zurechtgestellt hatte, auf unerklärliche Weise verschwanden; sie wanderten in das Versteck der Vierziger, denen die Furcht vor den Franzosen den Appetit nicht benommen hatte. Doch ihre Lage war gefährlich genug. Draußen im Garten trieben die Franzosen ihr Wesen und zechten so tüchtig, daß der Biervorrat bald auf die Neige ging und Herr Bruch den Anforderungen der fremden Gäste nicht mehr nachkommen konnte. Doch ein Offizier schenkte ihm keinen Glauben und verlangte in den Keller geführt zu werden, um sich selbst von der Wahrheit zu überzeugen. Er klopfte an alle Fässer, um den Inhalt zu ermitteln, während im Hintergrunde klopfenden Herzens die Vierziger faßen. Zum Glück entdeckte er fie nicht, dagegen fand er noch ein paar mit Bier gefüllte Fäffer. Als ihm Herr Bruch erklärte, daß dies Bier noch nicht ausgegoren und fein Genuß gefährlich fei, ließen fich die Franzofen dadurch nicht abschrecken davon zu trinken, was die Folge hatte, daß fie fich bald zurückziehen mußten. Erft in der dritten Nacht wagte man es die Vierziger heimlich fortzuschaffen. In Bauernkitteln, mit großen Hüten auf dem Kopfe, die Waffen unter den Kleidern verfteckt, kamen fie glücklich aus der gefährlichen Nachbarfchaft heraus, fchlichen fich unter guter Führung durch die Wiefen und erreichten die Saar durchwatend bei Brebach das andere Ufer.

Mancher verwundete Vierziger lag in den Nachmittagfstunden des 2. Auguft von Schmerzen gequält und dem Verfchmachten nahe in den Schluchten unferer Berge und hinter den Hecken der Gärten, mit Laub und Gras den brennenden Durft ftillend. Doch die Saarbrücker vergaßen ihre Verteidiger nicht; man machte fich auf die Verwundeten zu fuchen und ihnen die Pflege angedeihen zu laffen, die ihr Zuftand erforderte. Befonders thätig hierbei bewies fich der Metzgermeifter Winter. Auf die Kunde, daß im Hinterthal noch preußifche Verwundete lägen, fchirrte er feinen Braunen an und machte fich

Metzger Winter rettet zwei unverwundete 40er.

mit feinem leichten Metzgerwägelchen auf, um den Armen Hilfe zu bringen. Er fand auch richtig vier Vierziger, darunter zwei Schwerverwundete, die von den andern, so gut es ging, verbunden worden waren. Da ringsum die Franzosen alles besetzt hielten, so war ihnen allen die französische Gefangenschaft

Ein nachgemachter Verwundeter.

sicher. Die Verwundeten konnte man allenfalls durch die Franzosen hindurch in's Hospital bringen; aber was sollte mit den Gesunden geschehen? Sollte man sie den Feinden in die Hände liefern? Winter wußte Rat. Unter dem Wagenstroh wurden die Gewehre versteckt und dann die Verwundeten auf den Wagen gelegt. Den Unverwundeten aber wurden ihre pulvergeschwärzten Gesichter mit Blut bestrichen und die Köpfe mit Tüchern umwunden, sodaß sie einen erbarmenswürdigen Anblick boten. Sie bestiegen dann den Wagen, auf dem auch noch ein blessierter Franzose Aufnahme fand. So setzte sich die Samariterfuhre nach der Stadt in Bewegung. Da im Militärlazaret schon alles belegt war, so mußte man weiter zu dem nahen Hospital fahren. Doch als hier die Verwundeten gerade abgeladen werden sollten, erschien ein betrunkener französischer Jäger zu Fuß und widersetzte sich dem, indem er die preußischen Soldaten für seine Gefangenen erklärte. Dr. Schmidtborn und Faktor Bruch, die dazu gekommen waren, versuchten vergebens, dem verwilderten Krieger die Gesetze des Völkerrechts zu erklären, und machten ihn auf die weiße Fahne mit dem roten Kreuz aufmerksam. Doch der äußerte sich verächtlich über den „Lappen" und pflanzte, als die Umstehenden zu murren anfingen, sein Seitengewehr auf. Schließlich gelang es Herrn Bruch, zwei in der Nähe stehende französische Soldaten von der Unziemlichkeit des Betragens ihres Landsmannes zu überzeugen, und diese führten den Aufgeregten mit sich fort. Den Verwundeten öffnete sich die Pforte des Hospitals; und während den wirklich Verletzten ärztlicher Beistand und gute Pflege zu Teil wurde, öffnete sich bald darauf die Thür zum zweiten Male, um die beiden andern wieder herauszulassen. In Hospitalkleider gehüllt wurden sie auf den Wagen gehoben und dann langsam wie Schwerverwundete nach St. Johann hinübergefahren, wo sie behend vom Wagen sprangen, nach den unter dem Stroh versteckten Gewehren griffen und sich auf den Weg zu ihrer Kompagnie machten.

————⊷⊶————

XXXII. Beschießung der Städte.

och es ist wohl Zeit, daß wir uns nach unsern Mitbürgern umsehen, die so plötzlich von den Schrecken des Krieges umringt wurden. Was man seit 14 Tagen mit Bangen erwartet hatte, war endlich eingetreten.

Näher und näher kam das Gewehrgeknatter, die Ulanen sprengten durch die Stadt zurück, vom Halberg her hörte man die Kanonen donnern, denen die französischen Geschütze antworteten, der Schreckensruf: „Sie kommen!" hallte durch die Straßen. Graf Gneisenau kommt den Hahn herunter geritten, wo einige Bürger vor der Thür stehen. „Leute, geht nach Hause!" sagt der General; „Ihr werdet die Franzosen ein paar Tage füttern müssen." An der neuen Brücke hält Oberstlieutenant v. Pestel noch eine Weile mit andern Offizieren, dann reiten die Ulanen im Trab auf der Trierer Straße davon. Bald sieht man, wie die Schützen am Hahn, auf dem Triller und am Reppertsberg nahe aneinander sind; die Unsern weichen kämpfend zurück, hinter ihnen durch Bäume und Pulverdampf schimmern die roten Hosen. Jetzt prasseln schon einzelne Kugeln auf die Dächer, daß die Ziegel in Stücken auf die Straße fallen; Fensterscheiben klirren, und Kalk spritzt von den Mauern der Häuser. Eiligst schließen die Bürger Geschäfte und Läden, auf's neue wird Geld und Wertsachen versteckt, Decken und Matrazen werden hervorgeholt und mit diesen die Fenster verbarrikadiert; man flüchtet aus den bedrohten Zimmern an geschützte Stellen, hier ergebungsvoll des Weiteren harrend. Nur wenige beobachten von einer Bodenluke aus oder hinter einem Laden hervor den Gang des Kampfes.

Im Gymnasium, das gar nicht weit von der Höhe lag, die jetzt die Feinde stürmten, war der Unterricht noch immer im Gange, wenngleich einige beforgte Eltern ihre Kinder abholen ließen. An dem nach Süden gelegenen Fenster der Quinta stand einer der Lehrer, Herr Otto, als ihm plötzlich eine Kugel dicht am Kopfe vorbeifuhr, an die Fensterwand schlug und dann zu Boden fiel. Er brauchte die Schüler nicht mehr zu entlassen; wie er sich nach ihnen umdrehte, flüchteten diese schon mit dem Schreckensrufe: „es wird

geschossen!“ aus der Klasse und stürmten in's Freie. Draußen kommt ein Ulan herangesprengt und ruft in seinem Kölner Platt: „Jungs, geht noh Huus! De Franzose komme, hunderttausend Mann; et janz' Feld is rot, un de Vierz'ger sin schon all' kapot!“

Bald kommen diese truppweise und einzeln daher: mit glühenden Gesichtern, mit Staub und Schweiß bedeckt, den Helm im Nacken oder barhäuptig mit wirrem Haar; manche blutend, alle müde, durstig und grimmig. „Wasser, Wasser!“ ist ihr einziger Begehr; die Bürger bringen Eimer und Bütten vor die Thür und laben die Halbverschmachteten, dann eilen diese weiter den Brücken zu, von der Höhe aus durch feindliche Schüsse verfolgt, die sie noch immer erwidern. Das Betreten der Straßen wird lebensgefährlich; in Hausfluren und Kellern drängen sich die Leute zusammen, die unterwegs vom Kampfe überrascht worden sind.

In St. Johann war gerade Dienstagsmarkt, als das Schießen begann und einzelne Kugeln bis auf den Marktplatz geflogen kamen. Ein von den Saarbrücker Höhen kommendes Geschoß schlug in dem Koch'schen Hause (nicht weit von der Rose) durch den Sommerladen, traf einen Schrank, durchbohrte zwei Hüte und blieb dann in der Rückwand stecken. Laut schreiend stürzen die Marktweiber von dannen, ihre Standplätze und Körbe im Stiche lassend; in rasender Eile jagten die Köllerthaler und Liesdorfer Bauern auf ihren Wagen zur Stadt hinaus. Da die Brücken bereits unter Feuer lagen, so konnten die Saarbrücker und Arnualer nicht mehr hinüber, wenn sie nicht ihr Leben gefährden wollten: in der geschützten Fürstenstraße saßen eine Menge Leute von drüben in den Kellern zusammen. „Wie wird es unsern Frauen und Kindern gehen, die schutzlos dem Feinde preisgegeben sind?" lautete ihre bange Frage. Manche trieb die Unruhe und Besorgnis heimwärts; mit

Stabsarzt Dr. Kehren.

Lebensgefahr eilten sie an den Häusern entlang huschend oder im Graben sich buckend dem häuslichen Heerde zu. Einige Herren wurden beim Baden in der Saar von den Kugeln überrascht, die über den Winterberg herüber flogen; sie sollen sich noch nie so schnell angekleidet haben wie damals. Komische Scenen beobachtete man an den Brücken. Würdige und wohlbeleibte Herren, die ihr Mittagessen nicht im Stiche lassen wollten, sah man in jugendlicher Behendigkeit mit fliegenden Rockschößen den Laufschritt üben; allgemeine Heiterkeit erregte es, wie der Landgerichtsrat v. W. mit aufgespanntem Regenschirm den gefährlichen Gang wagte.

Auch an ernsteren Bildern fehlte es nicht. Der katholische Pfarrer von St. Johann, Dechant Schneider, der einem Kranken die letzte Ölung gereicht hatte, mußte mit dem Meßner im Kugelregen die Brücke überschreiten. Als niemand mehr sich hinüber traute, kam Dr. Jordan, ein schon bejahrter Herr, und wollte nach Saarbrücken. Vergebens sucht man ihn zurückzuhalten. „Ich muß zu meinen Kranken in's Hospital! Meine Pflicht ruft mich!" Und ohne sich halten zu lassen, läuft der alte Mann über die Brücke und kommt auch glücklich an das andere Ufer, wo er an verwundeten Vierzigern reichlich zu thun findet. Gleiche Pflichttreue bewies Dr. Kehren, Stabsarzt beim 2. Bataillon des 40. Regiments, der sich bei der 10. Kompagnie an der neuen Brücke aufhielt. Auf die Kunde, daß im Saarbrücker Lazaret viel Verwundete lägen, die der Pflege bedürftig seien, begab er sich über die Brücke durch die Eisenbahnstraße, die von den französischen Kugeln bestrichen wurde, nach Saarbrücken und widmete sich hier den wunden Kriegern.

Als nun gar der Kanonendonner aus nächster Nähe ertönte, Granaten über die Städte hinwegsausten und mit ihrem furchtbaren Eisenregen Haus und Leben bedrohten, da hielt mancher sein letztes Stünblein für gekommen. Während die Männer Wasserbütten auf den Speichern aufstellten und sich rüsteten, das etwa ausbrechende Feuer zu bekämpfen, saßen Frauen und Kinder in den Kellern, angstvoll dem Krachen der Geschütze lauschend und in stillem Gebete Stärkung suchend. Aus Malstatt, wo man die drohenden Kanonenschlünde auf dem Exerzierplatz sich gerade gegenüber sah, flüchteten viele Bewohner, unter Wehklagen die Heimat verloren gebend, mit Kühen, Ziegen und dem notwendigsten Hausrat dem schützenden Walde zu.

Als gegen 3 Uhr das Feuer verstummt war, wagte man sich aus den Schlupfwinkeln hervor, um den Schaden zu besehen. Diesmal war Saarbrücken besser weggekommen als die jüngere Schwesterstadt. Hier hatten die feindlichen Granaten, deren Hauptziel der von der 12. Kompagnie besetzte Bahnhof und die Barrikade an der neuen Brücke war, große Verwüstungen angerichtet. Am Stationsgebäude war eine Zinne von dem einen Turm abgeschossen, in einem Zimmer, in dem noch ein Beamter arbeitete, war eine Granate durch Decke und Fußboden geschlagen, eine andere hatte in die Sandsteinwand des Wartesaales II. Klasse ein tiefes Loch gebohrt, aus dem die Reisenden noch lange nachher Streusand für die dort geschriebenen Briefe nahmen. Die Schienengeleise waren verödet; sobald die erste Granate ankam, war der schon lange bereitstehende Direktionszug nach Neunkirchen abgedampft. Den Bahnsteig bedeckte das dicke Glas des Perronbaches, welches durch die herabfallenden Steinstücke zersplittert war; eine eiserne Säule, die dies Dach gestützt hatte, war glatt durchschossen, sodaß der eine Stumpf oben am Dachwerk hing.

Doch auch in der Stadt hatten die feindlichen Kugeln übel gehaust. Die sechste Kompagnie war bei ihrem Rückzuge auf der Dudweilerstraße mit Granaten verfolgt worden; eine derselben schlug in das Deetz'sche Haus ein, eine andere fuhr in den Hof der Volzenmühle. Die größten Verheerungen aber waren in der Nähe des Bahnhofs zu sehen. In der Güterbahnhof= (Viktoria=) Straße war ein steinerner Balkon glatt heruntergeschossen, das Dach des Krämer'schen Hauses in der Reichsstraße brannte; auch an der Kohlwage und an der Schleifmühle loderten die Flammen auf. Das Hôtel Hagen (Korn) war besonders durch Flintenschüsse mitgenommen, in das Bonnet'sche Haus war eine Granate gefahren, die seitdem das Wahrzeichen desselben (Granaten=

bäckerei) bildet; besonders aber hatte das Hôtel Pflug (jetzt Ab. Lenz, Ecke der Bahnhof= und Viktoriastraße) gelitten, das durch Geschützkugeln fast ganz demoliert war. Auch das neugebaute Haus von B. Nerger war übel zugerichtet worden. Wie Herr Nerger selbst erzählt, war ein Sprengstück einer Granate, die auf der Straße zerplatzte, durch den Rollladen in die Decke des Ladens gedrungen. Eine zweite kam durch das Oberlicht des Ladens, durchschlug die Seitenwand und krepierte im Hausgang, Fußboden, Decke und Wände zerstörend. Eine dritte ging durch die eichene Hausthür, zertrümmerte sieben Treppenstufen und platzte dann, wobei sie weitere Verwüstungen an Thüren, Wänden und Fußboden anrichtete. „Bald erschütterte abermals ein gewaltiger Krach das ganze Haus, ein heftiger Knall folgte; der Keller, in den sich die Hausbewohner geflüchtet hatten, füllte sich mit Pulverdampf und Mörtelstaub, und ein starker Luftdruck warf die dicht aneinandergeschmiegte Gesellschaft von Frauen und Kindern zu Boden, sobaß sich ein fürchterliches Jammergeschrei erhob und alles in den hinteren Keller flüchtete. Eine Granate war direkt in den Schornstein gefahren, war darin geplatzt und hatte ihn bis zur ersten Etage aufgerissen. Die eiserne Reinigungsthüre samt Einfassung saß fest eingedrungen in einem gegenüber liegenden Stoß Limburger Käselisten. Ein Glück, daß niemand in dieser Linie saß; er wäre unfehlbar zerschmettert worden. Als der Kanonendonner schwächer wurde und wir uns hinauf wagten, bot sich ein schreckliches Bild der Zerstörung unsern Blicken: keine Thür, keine Scheibe ganz; im Laden lagen auf der Erde herum friedlich nebeneinander ganze und zerbrochene Cigarrenkisten, Tabak, Flaschen, Zucker= hüte, Holzsplitter, Glasscherben, alles fingerhoch bedeckt mit Gips und Mörtel. Von dem bereit stehenden Mittagessen war nichts mehr zu erkennen, da auch dies mit Glas, Gips und Mörtel ganz bedeckt war. Auf dem Bürgersteige vor dem Hause lagen Steine und Mörtel: das schöne Gurtgesims war ebenfalls durch einen Granatschuß in ungefähr 12 Fuß Länge zertrümmert. In der Bonnet'schen Konditorei hatte eine Granate ein Flaschengestell umgeworfen, und in einem kleinen Bache ergoß sich Wein und Likör auf die Straße."

Bei dieser Beschießung wurden auch mehrere Personen verwundet; ein Mann aus Malstatt erhielt einen Schuß in den Leib, an dem er acht Tage später starb. Wunderbar geradezu ist es, daß kein größeres Unglück passierte, während die Wohnstätten friedlicher Menschen von den Kriegsgeschossen heim= gesucht wurden.

—·—·+·•·+·—·—

XXXIII. Erlebniffe einer Familie in St. Johann am 2. August.

„Mein Mann war gerade aus der Fabrik heimgekehrt, und wir setzten uns zu Tisch", so erzählt Frau Dietzsch*), „aber Schuß auf Schuß machte die Luft erdröhnen. Das kleine Bübchen wandte sich um und sagte mit heiterm Lächeln, die Händchen zusammenschlagend: „Mama, Bum — Bum!" Das Mädchen fragte bleich vor Angst: „Mama, ist das der Krieg?"

Ja, es war der Krieg in seiner schrecklichsten Gestalt. Jetzt hören wir einen dumpfen Knall, ein wütendes Pfeifen und Zischen, ein Krachen und Rasseln stürzender Ziegel. Die Mägde stürzen schreiend herein; eine Granate war über der Küche im Hinterbau durchgeschlagen. In demselben Augenblick wieder ein furchtbarer Stoß, zerschmetterte Fensterscheiben klirren. Ich sprang auf und riß das Jüngste an mich, mein Mann nahm das bleiche, zitternde kleine Mädchen auf den Arm: „In den Keller!"

Das Stiegenhaus war erfüllt von Rauch und Pulverdampf, eine Menge von brennenden und versengten Federn flog umher, auf der Treppe stieß ich mit dem Fuß an einen Granatsplitter, von unten herauf riefen angstvolle Stimmen: „Kommen Sie 'runter, kommen Sie 'runter, das Haus brennt!"

Ich hatte jetzt in der größten Gefahr Ruhe und Sicherheit wieder-gefunden; ich nahm das kleine Mädchen an die Hand, damit mein Mann helfen könne, dem Feuer Einhalt zu thun, und stieg mit den Kindern in den Keller hinab.

Hier hatte sich eine bunte Gesellschaft zusammengefunden: alle Haus-bewohner, wenigstens die Frauen und Kinder, waren da; auf der Kellertreppe drängten sich fremde Arbeiter, welche vom Bahnhof zu Mittag hatten heim gehen wollen, Frauen mit Körben und Töpfen voll Essen, welche sie den arbeitenden Gatten und Söhnen hatten bringen wollen. Wie bei einem Platzregen die auf der Straße befindlichen unter einer Einfahrt, in einem Flur vor dem strömenden Regen Schutz suchen, so waren sie von der Straße hereingetreten, um Schutz vor dem mörderischen Eisenregen zu suchen, mit welchem die Franzosen von der Höhe des Exerzierplatzes aus den Bahnhof und die in der Nähe liegenden Häuser überschütteten.

Die zweite Granate war in das obere Stockwerk zu einem der Fenster hereingeschlagen und hatte dort Möbel und Betten in Brand gesteckt. Die Inhaberin dieser Wohnung rannte ratlos im Keller auf und ab, stets

---

*) Aus „Sommer an der Saar" im „Salon" Bd. VIII. Die Wohnung war in der Reichsstraße.

jammernd, daß ihre Sachen verbrennen, und wie es so hart sei für die Tochter eines Veteranen von anno 14 und 15, solches erleben zu müssen.

„Geben Sie den Schlüssel her zu Ihrer Wohnung", rief eine unserer Mägde herunter, „unser Herr und der Herr Baurat sind oben mit den Arbeitern und wollen löschen."

„Den Schlüssel! ach Gott, ach Gott! den Schlüssel!" klagte die arme Frau, welche gänzlich den Kopf verloren hatte.

„Eine Axt!" rief es von oben. „Schlagt die Thüren ein!" — „Bütten, Wasser!" riefen andere. Dazu dröhnte unaufhaltsam Schuß auf Schuß; wir fühlten jedesmal die Erschütterung des massiven Steinhauses. Es war alles still unten, nur selten klagte das Eine oder das Andere; das Entsetzen hatte alle stumm gemacht. Ich hielt die bleichen, zitternden Kinder auf dem Schoße, dem Bübchen schien das „Bum, Bum" auch keine Freude mehr zu machen; es hatte sein Köpfchen an die Mutter gelegt, und ich fühlte mit unsagbarer Qual das angstvolle, zitternde Pochen dieser kleinen Herzen unter den leichten, dünnen Sommerkleidchen.

Da noch einmal ein furchtbarer Stoß — es war, als ob das Haus zusammenbrechen wolle; der Lärm der Geschütze war wie ein Höllensabbath, dieses Dröhnen, Pfeifen und Krachen!

„Sie sitzen unter einer Lule!" rief man mir zu; „gehen Sie mehr in den Hintergrund." Ich bedurfte all' meiner Stärke, um ruhig zu bleiben; denn die Angst um den Gatten kam zu all' dem Grauen. Unsere Hausgenossin, die Frau Baurat, klagte leise um die bei dem Bahnhof noch näher wohnende Tochter.

„Das Feuer ist gelöscht!" rief es in den Keller hinab. Ich übergab die Kinder der Wärterin und eilte hinauf; noch dröhnte Schuß um Schuß, aber nicht mehr in so entsetzlicher Weise wie vorher. Das Haus aber hatte vollständig den ehemaligen Charakter verloren. Über die Treppe rieselte das Wasser, alle Thüren standen weit offen, Pferde waren von der Straße in den Flur geflüchtet worden, ein brenzlicher Geruch füllte die Luft. Da hieß es plötzlich, daß der Dachstuhl des Nebenhauses in lichten Flammen auflodere. Und diese Bergleute, diese Eisenbahnarbeiter, welche soeben mit Gefahr ihres Lebens unter dem Donner und Hagel der Geschosse das fremde Eigentum gerettet, sie eilten hülfsbereit, unerschrocken auch in das Nebenhaus, um da dem Feuer Einhalt zu thun, beweisend, welche heroischen Tugenden das Volk besitzt. Hier flog der Tod sprühend und rasselnd umher, es war weder Gut noch Ehre zu gewinnen; aber sie halfen dem Fremden mit Einsatz ihres Lebens, dem Fremden, der jetzt ihr Nächster war.

Oben in den sonst so friedlichen, behaglichen Zimmern waren die Möbel aus ihrer Ordnung gerückt, Fußböden und Decken zeigten Spuren des von oben eingebrungenen Wassers; hier fand ich mich mit meinem Gatten wieder zusammen. Wir reichten uns stumm die Hände; es war nicht die Zeit zu vielen Worten. Das Erste, was mein Mann sprach, waren Worte der Bewunderung. „Ich habe das Volk heute in seiner Größe gesehen", sprach er. „Wohl uns, daß wir uns rühmen können, solch' einem Volk anzugehören. Ich habe, während ich da oben mit Löschen beschäftigt war, eine Kompagnie Vierziger so stramm und gelassen den Weg zum Bahnhof hinan marschieren sehen, als seien Granaten und Chassepotkugeln höchstens Hagelkörner und Regentropfen. Und diese Arbeiter, die von der Straße hereingekommen, wie haben sie gearbeitet und gewagt in schlichter, anspruchsloser Weise. Es ist ein Großes, wenn jeder weiß, was seine Pflicht ist und nach seiner Pflicht handelt. Diesem Volke muß notwendig der Sieg beschieden sein."

„Horch!" unterbrach ich ihn, „das seltsame Getöse! Es ist wie ein Pelotonfeuer und doch nicht so: es rasselt und schnarrt, es übertönt den Lärm der Geschütze. Und da — siehst Du nicht die weißen Wölkchen in der Luft? Sie beschießen unsere Fabrik. Dampf steigt auf."

Mein Mann nahm sein Glas. „Es ist kein Rauch", sagte er. „Die Granate muß in den Raum über dem Maschinenhause eingeschlagen sein, das ist Cement und Kalkstaub, der dort aufwirbelt."

„Aber dieses entsetzliche, schnarrende Getöse! und sieh dort — Feuer an der Brücke!"

Mein Mann richtete sein Glas hin. „Die Barrikade an der Eisen= bahnbrücke steht in Brand; dahin richten sich die Geschosse, ich sehe sie deutlich anprallen an den steinernen Bogen. Aber dahinter blitzen Helme und Gewehr= läufe. Wahrhaftig, das ist die Feldwache der Neunundsechziger*), die hinter den Petroleumfässern und brennenden Baumwollenballen**) der Barrikaden noch immer standhält, und diese Handvoll Tapferer wird von den Franzosen

---

*) Es war die 10. Kompagnie dieses Regiments unter Hauptmann v. Becherer, welche die Eisenbahnbrücke und den Damm der Kanalbahn besetzt hielt. Sie trieb starke französische Schützenschwärme vom 3. Bataillon des 8. Regiments, die sich nach dem Senswerk und dem Deutschhaus vorbewegten, durch ein wohlgezieltes Feuer zurück. Unteroffizier Gippert mit 10 Mann derselben Kompagnie bewachte die Furt bei Gers= weiler und empfing hinter einem Schützengraben liegend, die Franzosen mit wirksamem Schnellfeuer. Das hier vorgehende 77. französische Linienregiment hatte 12 Tote und Verwundete, ein Kapitän wurde au der Schmidt'schen Steingutfabrik tödlich verwundet; vom 3. Chasseurbataillon fiel ein Unteroffizier. Die 10. Kompagnie 69. Regiments hatte nur zwei Leichtverwundete.

**) Es waren geteerte Eisenbahnschwellen.

unaufhörlich mit den Geschossen ihrer Kanonen beworfen und — ja, jetzt weiß ich, was dieses rasselnde, schnurrende Knattern bedeutet — das sind die Mitrailleusen! —

Abends trieb meinen Mann die Sorge um die Fabrik dahin; er wollte sehen, ob die Granaten Schaden angerichtet hatten. Ich begleitete ihn, nachdem die Kinder endlich eingeschlafen waren, der kleine Knabe den Wetzstahl in der kleinen Faust, mit welchem er den Franzosen den Tod gedroht, das Mädchen auch noch im Schlafe mit beiden Händen sich die Ohren zuhaltend.

Vorher besuchten wir Bekannte, die Familie eines Baubeamten der Eisenbahn, dessen neue schöne Wohnung — gerade in der Schußlinie vor dem Bahnhofe gelegen — die Spuren der entsetzlichsten Verwüstung zeigte. Die Treppe war eingestürzt, große Schutthaufen lagen in dem Flur, durch die Porzellanplättchen des Fußbodens in der Küche war ein schweres Geschoß geschlagen bis in den Keller, dicht vor den Raum, wo die vor Angst bebende Familie sich befand und sicher den Untergang erwartete. Die vor Schrecken halbtote Frau packte in der Nacht das Nötigste, um mit ihren Kindern zu entfliehen.

Über die Schutthaufen stiegen wir in den Garten, in welchem grelle rote Lichter brennender Häuser mit dem sanften Scheine des Mondlichtes sich mischten. Nur wenige Schritte waren es von dort bis zu der mit Platanen besetzten Allee, welche nach dem eine kleine halbe Stunde entfernten Dorfe Malstatt führt. Dort, dicht an der Kanalbahn, lag die bedrohte Fabrik, deren Kamine matt beleuchtet aus der Dämmerung hervortraten.

Wir schritten lautlos vorwärts durch die mondbeschienene Nacht; zu unserer Linken brannte ein Kohlenmagazin mit der Wohnung des Aufsehers, rechts flammte knisternd die Lohe von den in Brand geschossenen Häusern

Das Wirtshaus zur Schleifmühle in der Nacht vom 2. zum 3. August.

9*

der ehemaligen Schleifmühle empor; abgerissene Äste der Platanen lagen
über den Weg, dicht vor den brennenden Häusern, in welche die Dächer
hineingestürzt waren, ein getötetes Pferd. Und auf der Straße sah man die
wenigen geretteten Habseligkeiten der Bewohner, Möbel und Bettzeug wirr
durch einander geworfen; Kinder schliefen auf den Bettstücken oder starrten
mit weit offenen Augen in die knisternde Glut. Und dazu der Qualm und
die aufschlagende Lohe brennender Scheunen im Dorfe; oben auf dem Exerzier=
platz, wo die Franzosen biwakierten, der rötliche Schein ihrer Wachtfeuer und
als einziger Ton in der beklommenen Stille des Thales die Trompeten des
Feindes, der die abendliche Retraite blies." —

- - - -

XXXIV. Die letzten Preußen und die ersten Franzosen in Saarbrücken.

Nach dem Abzuge der Verteidiger war es in Saarbrücken still geworden.
Die Straßen waren veröbet, die Häuser festverschlossen; nur hier und da
öffnete sich verstohlen ein Laden, und ängstliche Augen spähten hinaus. „Jetzt
kommen die Feinde! Wie wird es uns ergehen?" — Doch sieh! Drei
Vierziger ziehen noch in munterem Schritte durch die Obergasse. „Um Gottes
Willen! Die armen Leute werden gewiß von den Franzosen totgeschossen,
die jeden Augenblick hervorbrechen müssen." Aber glücklicherweise zeigt sich
noch keiner der Sieger, und ungefährdet erreichen die Füsiliere die alte Brücke.
Da freilich beginnt eine wütende Knallerei vom Reppertsberg und der Herren=
allee her, doch im blinden Eifer verfehlen die französischen Schützen ihr Ziel.
Auf der St. Johanner Seite bleiben die Vierziger stehen, nehmen ihre Helme
ab und schwenken sie in der Luft, indem sie „Vorbeigeschossen!" markieren.
Auf die Aufforderung des Hauptmanns Grundner, der noch hinter dem
Eisenbahnübergang an der Dudweiler Straße hielt, hatte sich der Gefreite
Steuer aus Friedrichsthal erboten, nach Saarbrücken hineinzugehen, hier
nach Nachzüglern zu forschen und den Stand der Dinge zu erkunden; zwei
Füsiliere, Schäfer und Dreckmann, hatten sich ihm freiwillig angeschlossen.
Drüben in St. Johann trafen sie jetzt den Lieutenant Miltscher, der von
einem Hornisten begleitet war und an beiden Brücken das Signal: „Sammeln"
blasen ließ. Von allen Ecken und Enden sammelten sich auch noch mehr als

133

20 versprengte Füsiliere. Zwei kamen aus dem Schlachter'schen Hause heraus, wo sie noch immer mit den Franzosen sich herumgeschossen hatten, einer erschien gar im Civilanzuge; es war der Gefreite König, der nur dadurch vor den Franzosen sich hatte retten können, daß er durch die Saar geschwommen war. Ein anderer Füsilier, der aus St. Arnual geflüchtet war und, von den Kugeln der Franzosen verfolgt, auf dem Bauche kriechend, das Saarufer erreicht hatte, besaß nicht mehr die Kraft zu solchem Wagniß; ein Bewohner von St. Johann, Herr Ewh, sah ihn gegen Abend dieses Tages ganz erschöpft auf der andern Seite an der Uferböschung lauern und holte ihn nach Einbruch der Dunkelheit im Verein mit dem Schwimmmeister Latte in einem Nachen herüber.

In Saarbrücken erwartete man unterdessen den Einzug des Generals Frossard an der Spitze seiner siegreichen Divisionen. Angst und Neugier zugleich ziehen die Bewohner aus ihren Verstecken an die Fenster und Haus=thüren. Man lauscht, ob nicht bald der Einzugsmarsch vernehmbar wird.

Da erscheinen seltsame Gestalten in der Vorstadt: braune, verwitterte Gesellen in langen blauen abgetragenen Mänteln, die um die dürren Glieder herumschlottern. In der einen Hand tragen sie das Chassepotgewehr, in der andern die Siegesbeute aus unsern Trillergärten: der erste eine Gießkanne voll Gemüse, der andere eine eingeschlagene Trommel mit unreisen Äpfeln und Kartoffeln, der dritte einen abgebrochenen Johannisbeerstrauch. Vor=sichtig spähend durchschreiten sie die Straßen, bald kommen noch mehr dazu; sie eilen in die Bäcker= und Metzgerläden und kommen reichbeladen, Brote und Semmeln auf die Bajonnette gespießt, Würste um den Hals gehängt, wieder heraus. Einige Hühner, die sich unvorsichtiger Weise auf der Straße sehen lassen, werden als jagdbares Wild angesehen, und die Treffsicherheit des Chassepots wird an ihnen erprobt. Voll Freude über den Sieg und das Ende ihrer Entbehrungen tanzen einige singend und jauchzend über die Straße. Die Bürger, welche die Unruhe auf die Straße treibt, werden von den Fremden umringt, die sie nach den Prussiens, nach einer brasserie oder einem marchand de tabac fragen und mit ihrem großen Siege renommieren. Von der Höhe ertönt ein Signal, das sie zurückruft, doch die Troupiers haben es nicht sehr eilig, dem Befehle zu folgen.

Vor dem Hause des Dr. Zwick in der Vorstadt hält noch ein Trupp Franzosen in eifriger Unterhaltung mit Bürgern; Weiber mit Wasserkrügen und Saarbrücker Buben stehen ringsum, als plötzlich vom Ludwigsplatze her zwei Schüsse krachen. Eine Kugel fährt den Bürgern über die Köpfe, und einer der Franzosen, der einen Arm voll Gemüse trägt, stürzt laut schreiend zu Boden, indeß alles erschreckt auseinander flieht. „Hier is nit

Fouragierende Franzosen passieren die Hintergasse.

gut sin", sagt sich der friedliche Bürger, „alleweil is Zeit, daß mer uns fortschaffe." Der getroffene Franzose rafft sich schnell auf und schleppt sich wimmernd, eine Blutspur hinter sich lassend, bis zum Hauptzollamt, wo er abermals niedersinkt. Maurermeister Barth will ihm zu Hilfe eilen, doch die Franzosen auf der Höhe richten drohend ihre Flintenläufe auf ihn, sobaß er davon abstehen muß. Der Verwundete rettet sich schließlich mit Mühe die steile Treppe hinauf, die am Zollamt auf den Triller führt. Fast gleichzeitig ist ein preußischer Infanterieoffizier mit hochrotem Gesicht, den Revolver in der Faust, in der Vorstadt erschienen, hinter ihm ein Trupp Vierziger, die zwei überraschte Franzosen gefangen nehmen. Ein Saarbrücker Schlosser, namens Jolas, eilt auf den Offizier los und flüstert ihm ein paar Worte zu. Darauf stürmt dieser in einen Laden, packt einen dort sitzenden Herrn an der Brust und ruft: „Sie sind französischer Offizier! Ich verhafte Sie; kommen Sie mit!" Es war Mr. Jeannerob, Berichterstatter der französischen Zeitung „le Temps", der sich die eroberte Stadt Saarbrücken ansehen wollte und zu seinem Unglück dabei renommiert hatte, daß er Kapitän in der französischen Armee gewesen sei.

Der preußische Offizier war der Reservelieutenant Assessor Meyer von der 4. Kompagnie, der vom Rastpfuhl aus mit einem kleinen Kommando und zwei Wagen nach St. Johann geschickt worden war, um dort nach Verwundeten zu suchen. Unerschrocken war er nach Saarbrücken vorgedrungen und hatte sich hier fast aus der Mitte der Feinde ein paar Gefangene herausgeholt.

Herr Jeannerod hat bald nachher seiner Zeitung über dies Abenteuer einen Bericht*) eingeschickt, von dem ich einen Teil hier folgen lasse:

„Ich eilte durch die Seitenstraßen über den Kirchenplatz, dann trat ich in ein halb offenes Café. Es war niemand da als die Besitzer des Etablissements, die recht unzufrieden drein schauten; ich forderte dennoch ein Glas Bier und ließ mich nieder, thörichter Weise mit dem Rücken nach der Straßenthür. Als ich nach 20 Minuten fortging, zeigte sich auf der Straße keiner der Unsern mehr; nur vor einem Hause standen noch zwei Rothosen, und in diesem Moment fielen zwei Schüsse. Sie können sich denken, mit welcher Eile alles vom Straßendamme verschwand. Ich stürzte schnell in einen Kaufladen, in dem ich eben zwei hübsche Kinder bemerkt hatte, und fast in demselben Augenblicke sah ich, wie 10 Preußen, die Gewehre in der Faust, die zwei Soldaten gefangen nahmen und dann die Häuser durchsuchten, da man ihnen augenscheinlich von der Anwesenheit noch eines Fremden in der Stadt gesprochen hatte. Es galt nicht den Kopf zu verlieren. Die Bewohner des Ladens waren freundlich, da sie meinen Stand kannten, aber mich verbergen war für sie gefährlich und sogar unmöglich. Ich blieb also in ihrer Mitte, setzte mich in einen Lehnstuhl, rauchte meine Cigarre und wartete der Dinge, die da kommen sollten. Dreimal waren die Soldaten, die sich des Hauses bemächtigt hatten, an mir vorübergegangen, ohne mich zu bemerken. Aber es geht nichts über das Auge des Herrn. Ein Landwehrlieutenant, ihr Chef, tritt von hinten mit dem Revolver in der Faust ein, erblickt mich, ergreift mich am Kragen, fährt mich wütend an, und bevor ich eine Silbe herausgebracht habe, setzt er mir seine Waffe vor die Stirn und schleppt mich fort. Welcher Moment! Furcht fühlte ich keineswegs, aber die Scham über die schmähliche Behandlung erfüllt mich noch. Ohne Hut, ohne Reisetasche, die ich beim Knall der beiden] Schüsse; auf den Wink eines

*) Abgedruckt in der „Saarbrücker Zeitung" 1870 Nr. 196. Das erwähnte Café war in dem jetzt Bäcker Sehmer'schen Hause, Ecke der Vorstadt- und der Kronprinzenstraße; daneben war der Laden von Hillebrand, in welchem J. verhaftet wurde.

Landsmanns fortgeworfen hatte, um weniger leicht erkannt zu werden, ohne Revolver, den ich freilich nicht hätte benutzen können, selbst ohne Stock, am Kragen fortgeschleppt, die Pistole des Offiziers immer vor der Stirn, hinter mir Soldaten, von denen einer mir einen Kolbenstoß versetzte, so gelangte ich zur Brücke. Diese passierten wir im Laufschritt, denn unsere Kugeln bestrichen sie vollständig. Man läßt mich um ein Haus wenden; dort warten zwei Strohkarren. Die beiden Soldaten lagen auf dem einen, der Revolver zeigte auf den andern, und ich steige hinauf. Die Proteste, die ich von neuem versuchen will, werden mit heftigen Drohungen beantwortet; man setzt mir einen preußischen Leichnam zwischen die Füße, (mein Taschentuch ist davon noch blutig) und wir fahren ab. Die Strecke von der Stadt zum Walde, etwa zwei Kilometer, passierten wir im scharfen Trabe. Über die Verluste der Preußen blieb ich im Unklaren: hier und da menschliche Körper, zwei zerrissene Pferde, ein brennendes Haus, das unsere Haubitzen in Brand geschossen hatten. Sobald wir im Walde waren, änderte sich die Scene. Unter den Bäumen Schildwachen, auf der Landstraße Bataillone in schönster Ordnung aufgestellt. Täusche man doch nicht unser Publikum auf eine Art, die unsers Landes und der Zeitumstände unwürdig ist: vom ersten Schritt an sah ich eine große und schöne Armee, eine Nation, die in gewaltiger Weise für den Krieg organisiert ist. Die Haltung der Soldaten, der bis in's Kleinste gehende Gehorsam gegen die Offiziere, welche durch eine ganz andere Disziplin, als die unsere ist, unterstützt werden, die Heiterkeit der einen, die ernste und strenge Miene der andern, der Patriotismus aller, der hingebende beständige Eifer der Offiziere und vorzüglich die moralische Gewalt der Unteroffiziere, für uns leider ein Gegenstand des Neides: alles das hat mich sehr frappiert, und ich habe es während der zwei Tage, die ich inmitten dieser Armee zubrachte, nie anders gesehen."

Dies Urteil aus Feindes Munde über die preußische und französische Disciplin ist gewiß wertvoll und wird durch die Erlebnisse in Saarbrücken voll bestätigt. Herr Jeannerod rühmt des Weiteren das Entgegenkommen der preußischen Offiziere, während er mit den „Subalternen" weniger zufrieden war. Die etwas rauhe Behandlung von Seiten des Lieutenants Meyer ist einerseits damit zu erklären, daß dieser ihn für einen Spion hielt, anderseits scheint der Franzose sich recht widerspenstig benommen zu haben, auch hat er die angebliche Mißhandlung stark übertrieben. Wenigstens berichtet ein glaub-würdiger Augenzeuge, Gymnasialdirektor Dr. Hollenberg, das Geleite durch die Stadt etwas anders. Er erzählt: „Ein Reserveoffizier kam bei mir vorbei, ein Gefangener in Civil, einen Stock in der Hand, folgte ihm, den Schluß bildete ein preußischer Soldat. Offenbar sprach der Civilist mit dem Soldaten französisch, der Offizier drehte sich plötzlich um, entriß dem Franzosen den Stock und warf ihn weit weg, und der Soldat machte dem Franzosen mit dem Bajonnet klar, was ihm bevorstehe, wenn er noch einmal das gemeine Schimpfwort wiederholte, das er eben von den Preußen gebraucht hatte."

Übrigens hat Herrn Jeannerod in Saarbrücken die gerechte Strafe ereilt für das, was er gegen die Bewohner unserer Städte gesündigt hatte; denn er war es, der den in allen französischen Berichten wiederkehrenden Vorwurf verbreitet hat, daß Mitglieder unserer Schützengesellschaft, besonders

Bürgermeister Rumschöttel.

der weithin als Meisterschütze bekannte Weinhändler Herr R. Mertes, sich am Gefecht gegen die Franzosen beteiligt hätten. Der Bürgermeister von St. Johann, Herr Rumschöttel, hielt es für nötig, in einem Briefe an General Frossard seine Mitbürger gegen diese Beschuldigung zu verteidigen und dadurch üblen Folgen für die Stadt zu begegnen. Dies Gerücht ist einmal dadurch entstanden, daß unter unsern Vierzigern treffliche Schützen waren, sodann durch die häufige Anwesenheit von Civilisten bei unsern Vorposten, endlich und hauptsächlich aber durch den Neid eines Forbacher Schützenkonkurrenten, dem Herr Mertes bei einem großen Schützenfeste in Metz den ersten Preis vor der Nase weggeschossen hatte, wofür sich jener auf

diese unedle Weise rächte.

Der gefangene Berichterstatter wurde schließlich in Lebach dem General v. Göben vorgeführt, von diesem, nachdem das Mißverständnis aufgeklärt war, freundlich behandelt, zum Frühstück geladen und in Freiheit gesetzt. Der Gensdarm Hilgers aus Völklingen brachte ihn nach Saarlouis; dann wurde er in einem geschlossenen Wagen zur Grenze geführt und dort entlassen. Er hatte noch das Mißgeschick, im ersten französischen Dorfe als preußischer Spion angesehen und von den erregten Bewohnern übel behandelt zu werden.

XXXV. Das Lager bei Saarbrücken.

Ein Sieger.

General Frossard verzichtete vorläufig auf den Einzug in unsere Städte und schlug sein Hauptquartier in der Goldenen Bremm auf, wo jetzt die Trikolore stolz im Winde flatterte. Vor ihm auf deutschem Boden lagerten seine siegreichen Scharen: im Thalgrunde die Reiterei, auf den Höhen, wo eben noch der Kampf sich abgespielt hatte, die Infanterie und Artillerie.

Auf der Bellevue, in deren Giebelwand zwei tiefe Löcher an die Beschießung vom 28. Juli erinnern, hat der General Bataille sein Quartier aufgeschlagen; in der Wirtsstube, die noch die Spuren der Verwüstung zeigt, schreiben seine Abjutanten den Siegesbericht. Der General selbst, einen weißwollenen Burnus über die Schultern gehängt, die eine Hand in der Hosentasche, mit der andern befriedigt seinen Schnurrbart drehend, bewegt sich unter den Troupiers und redet freundlich mit ihnen. Die einen waschen sich Staub und Pulverdampf ab und reinigen ihre Kleider; andere sitzen auf einem Baumstumpf und schreiben an ihre Lieben, daß sie die Schlacht gut überstanden haben; die Mehrzahl richtet sich häuslich ein: die Zelte werden aufgespannt und Laubhütten gebaut; der Giffertwald muß mit jungen Baum-

Errichtung eines Laubhüttenlagers.

ſtämmen, die Trillergärten mit Baumzweigen, Zäunen und Gartenthüren
aushelfen. Auf der Forbacher Straße drängt ſich Fuhrwerk aller Art,
Munitions⸗, Proviant⸗ und Sanitätswagen, in buntem Gewühl durch einander;
auf der Nordſeite der Höhen werfen Sappeurs Schützengräben und Geſchütz⸗
deckungen auf; Infanteriepoſten beſetzen die Wege und halten Ausſchau in's
Thal; Patrouillen ziehen nach den Städten hinunter.

An der Wand des Schuppens an der Bellevue ſteht mit Kohle groß
angeſchrieben: Ambulances militaires (Feldlazaret); auf Tragbahren werden
die Schwerverwundeten von Krankenwärtern und Soldaten herbeigebracht,
drinnen walten die Ärzte ihres Amtes. Auch die Toten werden geſammelt
und begraben. Auf der Höhe des Spichererweges wölbt ſich ein friſches
Grab, eine bleiche Hand ſtarrt noch aus der Erde hervor; auf dem Hügel

ſteckt ein rohes Kreuz, darauf mit Bleiſtift geſchrieben ſteht: Ci-gisent quatre
braves soldats prussiens. 2. Août 1870.*) So hat auch der Feind euere
Tapferkeit anerkannt, ihr wackeren Vierziger! Gott ſei Dank, daß der Krieg
nicht alles menſchliche Mitgefühl in den Herzen erſtickt. Am Wackenberg iſt
ein anderes Grab, in dem der Unteroffizier Labenberger der 5. Kompagnie
mit einem franzöſiſchen Sergeanten, ebenfalls vom 40. Regiment, zuſammen⸗
ruht. Die ſich im Leben bekämpften, ſind im Tode friedlich vereint!

---

*) Es iſt dies das „Vierzigergrab", jetzt durch den Saarbrücker Verſchönerungs⸗
verein mit Anlagen geſchmückt und mit einer Sandſteinplatte gedeckt, auf der die Inſchrift
ſteht: „Hier ruhen 3 bei der Verteidigung Saarbrückens gefallene Vierziger." Die Leiche
des vierten, des lange geſuchten Unteroffiziers Rudolf Cäſar aus Idar, ließen ſeine
Angehörigen ausgraben und in die Heimat bringen. Andere Gräber befinden ſich an
der Bellevue und auf dem Winterberg.

Der Sieg ist nicht unblutig für die Feinde gewesen; sie haben 10 Tote, darunter zwei Offiziere (Lieutenant De b a r vom 66. Regiment und Kapitän Yzet vom 77. Regiment, letzterer in Gersweiler gefallen) und 76 Verwundete, darunter 4 Offiziere. Unsere Vierziger haben 128 Mann verloren: 19 Mann tot, 4 Offiziere und 61 Mann verwundet und 44 vermißt, wovon 6 wahrscheinlich auch tot. Ein Wunder, daß die kleine Schar bei dem Kampfe gegen die mehr als zehnfache Übermacht, bei dem schwierigen Rückzuge die Höhen hinab über die Saar nicht ganz aufgerieben worden ist.

Gefangene 40er an der Bellevue.

An der Bellevue sieht man auch die unglücklichen Vierziger, die ihr Mißgeschick in feindliche Gefangenschaft geführt hat. Die meisten von ihnen tragen die Feldmütze, da sie den Helm in der Hitze des Gefechts verloren haben; in stummer Ergebung schauen sie dem bewegten Treiben der Feinde zu. Von den französischen Soldaten werden sie meist als Kameraden mit Achtung behandelt; ein Offizier soll gesagt haben: „Ich verbiete jede Beschimpfung dieser Leute; jeder von ihnen ist ein Held." Ein Stabsoffizier, welcher deutsch sprach, fragte sie über Stellung und Stärke der Preußen aus; doch ein Gefreiter erwiderte: „Wir dürfen keine Mitteilungen über unsere Armee machen", worauf der Franzose mit den Worten: „Das ist sehr ehrenhaft von Ihnen!" das Verhör abbrach. Die Gefangenen wurden dann nach

Forbach geführt, wo sie sich über die Beschimpfungen des Pöbels zu beklagen hatten; nur einige Deutsche wandten ihnen verstohlen kleine Wohlthaten zu. Nachdem sie eine Zeit lang in der alten katholischen Kirche gesessen, wurden sie in die Kasematten nach Metz gebracht. Ende August wurden sie aus= gewechselt und kamen ausgehungert und abgerissen bei ihrem Regiment wieder an.

Indessen vermochte der Siegesjubel nicht den knurrenden Magen der Franzosen zu beruhigen, der gebieterisch nach Speise und Trank verlangte, aber von der französischen Jntendantur schlecht befriedigt wurde. So wurde die nähere und weitere Umgebung nach eß= und trinkbaren Dingen abgesucht. Die Gärten und Felder wurden eifrig nach Kartoffeln umgewühlt, die Apfel= und Birnbäume auf dem Triller geplündert, mit dem Gemüse und dem Salat unserer Hausfrauen füllten sich die Kochgeschirre der Franzosen. Eine herrliche Entdeckung machten sie an dem wohlgefüllten Zig'schen Bierkeller an der alten Metzerstraße. Einige Beilhiebe öffnen die verschlossene Thür. Ah, da stehen die wohlgefüllten Fässer in langer Reihe. Doch kein Krahn ist zur Hand. — Ist auch nicht nötig! Mit kräftigem Axthieb wird der Boden eingeschlagen, daß das schäumende Naß den Franzmännern in's Gesicht spritzt. Nun drängen und stoßen sie sich herum mit ihren Kochgeschirren und Feldflaschen, andere kommen mit Eimern und Gießkannen gelaufen, wieder andere schöpfen kurzer Hand mit ihren Käppis — wie in einem Ameisenhaufen wimmelt es in und vor dem Keller. Das erste Faß ist halb leer; sie müssen es neigen, um schöpfen zu können; da drängt sich durstig ein neuer Trupp heran, stößt die andern bei Seite — o weh, das Faß fällt um und ergießt seinen braunen Inhalt in den Keller. Bei dem nächsten geht's ebenso, bis die feindlichen Krieger bis an die Knöchel im edlen Gerstensafte stehen. Ähnliche Scenen trugen sich in dem Witt'schen Bierkeller am Hexenberg zu; in dem Lucas'schen Weinkeller am Winterberg stillten die Tapfern des 66. Regiments ihren Durst gar an edlem Saarwein.

Auf der einsam gelegenen Löwenburg war die Frau des Besitzers ganz allein zu Hause, als die Franzosen im Anmarsch waren, und mußte sich vor den einschlagenden Kugeln schleunigst in den Keller retten. Bald nachher sah sie durch die Kellerluke, wie ein paar Rothosen sich vorsichtig näherten und um's Haus schlichen; sie hörte, wie sie die Thür öffneten, hereinkamen, alle Stuben durchsuchten und an den Schränken herumpolterten. Da wurde der Frau um ihr Eigentum bange; sie raffte allen ihren Mut zusammen und ging hinauf, wo sie alsbald von einem Schwarm Franzosen umringt war, die in wildem Durcheinander auf sie einredeten, daß ihr ganz angst wurde. Um die feindlichen Krieger günstig zu stimmen — ein Schrank war bereits erbrochen und seines Inhalts beraubt — entschloß sie sich ihnen ihren Biervorrat zu opfern. „Voulez-vous une bouteille de bière?" fragt sie die unheimlichen Gesellen. „Ah, oui, madame! Madame est bien bonne!" schallt es von allen Seiten zur Antwort und viele Hände strecken sich nach den Flaschen aus. „A moi aussi! — Je n'en ai pas encore!" rufen die hinten stehenden. Auch ihnen wird Genüge geleistet, und in kurzem ist der ganze Vorrat vergriffen. Fortan hatte sich Frau Löw über die Franzosen nicht zu beklagen, die hier ihre Hütten bauten. Auch viele Offiziere besuchten die Wirtschaft und tranken dort ihren Wein, den sie auch bezahlten. Indes ringsum ein buntes Lagerbild sich entwickelte, ließ die Regimentskapelle in dem Pavillon auf dem Nußberg ihre munteren Weisen ertönen.

XXXVI. Wie sich die Franzosen in Saarbrücken und St. Arnual benahmen.

Den Hauptanziehungspunkt für die Franzosen bildeten natürlich unsere Städte, wo Fleisch, Brot, Butter, Eier, Bier, Tabak und alle sonstigen Bedürfnisse zu haben waren. In kleinen und größeren bewaffneten Trupps erschienen die Soldaten auf den Straßen, in Läden und Wirtshäusern, schwatzend, lärmend und renommierend, kaufend, bettelnd und stehlend. Mit Wassereimern kamen sie an die Brunnen und thaten schön mit den Frauen und Mädchen. An die Bürger, die sich auf der Straße sehen ließen, drängten sie sich heran und wußten ihnen gar viel von dem schönen Frankreich und von ihren Heldenthaten zu erzählen. Ungebeten erläuterten sie die Einrichtung des Chassepotgewehrs, das ja heute wieder Wunder gethan hatte gegen 20 000 Preußen! Mit den Patronen waren sie nicht geizig und verteilten sie mit freigebigen Händen, als wenn sie ihnen eine Last wären. Auch wie man mit dem Gewehr ficht und wie auf jeden Stoß ein Preuße fallen muß, wurde mit katzenartiger Behendigkeit vorgeführt. Alte Troupiers zeigten ihre Medaillen, die sie in früheren Feldzügen erworben hatten und erzählten der staunenden Menge, daß der Kaiser Napoleon selbst der Schlacht beigewohnt habe.

Auch in vielen Privathäusern sprachen die fremden Krieger vor und verlangten etwas zu essen; mit Speck und Brot war ihnen am meisten gedient. Die Bürger, welche heilfroh waren, daß wenigstens die gefürchteten Turkos

Franzöſiſcher Soldat den Saarbrücker Bürgern das Chaſſepotgewehr erklärend.

und Zephirs nicht erſchienen und daß ſie mit der Einquartierung der fremden Geſellen verſchont blieben, begegneten ihnen höflich und ruhig, indem ſie ihre berechtigten Wünſche gern erfüllten. Waren dieſe halbverhungerten Menſchen doch nicht verantwortlich zu machen für den frevlen Friedensbruch des Kaiſers Napoleon und ſeiner Miniſter. Die meiſten Franzoſen waren, wenn ihnen das Verlangte gegeben wurde, ganz zutraulich, und mancher franzöſiſch ſprechende Saarbrücker machte ſich ein Vergnügen daraus, die Anſchauungen dieſer Leute kennen zu lernen. Viele glaubten bereits am Rhein, in der Nähe von Frankfurt zu ſein und ſchüttelten ungläubig den Kopf, wenn man ſie eines Andern belehren wollte. „Ihr habt mehr Leute“, meinte einer, „aber wir haben mehr Kourage, und uns hilft unſer Herrgott.“ — „Aber glaubt Ihr denn, daß die Preußen keinen Herrgott haben?“ — „Nein, die Preußen haben keinen Herrgott.“ — „Wer hat Euch denn das geſagt?“ — „Das hat unſer Curé (Pfarrer) geſagt, und was der ſagt, iſt wahr.“ Der Burſche ſtammte aus den oberen Pyrenäen, was die Sache einigermaßen erklärlich macht.

Die Unſicherheit der Bewohner wurde noch dadurch vermehrt, daß allerlei Geſindel, teils aus den Städten, teils aus den nächſten lothringiſchen Dörfern ſich an die Sohlen der Sieger heftete und in deren Gefolge die eigenen Gelüſte zu befriedigen ſuchte. Ein bekannter Taugenichts, der früher in der Fremdenlegion gedient hatte, lief mit den alten Kameraden Arm in Arm aus einem Wirtshaus in's andere, forderte in den Kaufläden Lebensmittel und Cigarren und vertröstete die Verkäufer mit den Worten: „Der Kaiser bezahlt's." Ein Ladenbesitzer in der Vorstadt soll im Verein mit seinen beiden rüstigen Söhnen dem Unverschämten die gebührende Antwort erteilt haben, indem er ihn etwas unsanft vor die Thüre setzte.

Manche Franzosen führten sich auch recht brutal und übermütig auf. Die ersten vom Hahn herunterkommenden Franzosen betraten mit dem Rufe: vive la France, à bas la Prusse! die Saarbrücker Vorstadt. Sie brangen in die nächsten Häuser ein und verübten allerlei Mutwillen. Im Haupt= zollamt stöberten sie preußische und norddeutsche Fahnen auf, zogen damit auf die Straße und rissen sie, nachdem sie mancherlei Unfug getrieben hatten, in Fetzen. In dem Hofe, wo die Vierziger gelagert hatten, fanden sie unter dem Stroh einen Vorrat von altem Kommißbrot. Doch diese Speise sagte ihnen nicht zu. „C'est bon pour les cochons", (das ist gut für die Schweine) sagten sie verächtlich, spießten das Brot auf ihre Bajonnette und warfen es über die Mauer. Ein Bürger hob das Brot auf und verwahrte es. Einige Tage später fand er treffliche Verwendung dafür, als wieder ein Trupp Franzosen die Metzer Straße herunterkam, diesmal aber keine Sieger, sondern halbverhungerte Gefangene. Nun holte der Saarbrücker das verachtete Kommiß= brot hervor, das jetzt von den Franzosen nicht verschmäht, sondern mit Begierde verschlungen wurde.

Kurz nach dem Abzug der Preußen kam eine stärkere Patrouille vom 40. Linienregiment unter Führung des Lieutenants Devaux, eines geborenen Forbachers, in die Wilhelmstraße gezogen. Mit dem Kriegsgesang der Marseiller:

Allons, enfants de la patrie,
Le jour de gloire est arrivé!

begrüßten sie ihren hier wohnenden Landsmann Thirion, dem der Offizier einen Besuch abstattete. Dann wandten sie sich zur „Post" hinüber, wo die Mannschaft sich an den vier Fenstern des Gastzimmers aufstellte, indes der Offizier, den Revolver in der Hand, hineinging und den Wirt fragte, ob noch Preußen in der Stadt seien. Nachdem er eine beruhigende Antwort erhalten, forderte er Rotwein und Brot für sich und seine Leute. Herr Zix brachte das Verlangte bereitwillig, mußte aber von dem Weine vorkosten, um zu zeigen, daß er nicht vergiftet sei. Das Brot zerrissen die Soldaten sofort in Stücke und verzehrten es mit Heißhunger; bezahlt wurde aber nichts für die Bewirtung. Da Herr Zix geläufig französisch sprach, so würdigte ihn der Lieutenant einer Unterhaltung. Er fragte, wie viel Preußen den Franzosen gegenübergestanden hätten, und fand die Antwort: „Drei Kompagnieen" lächerlich. Dann wünschte er zu wissen, welche Straßen der

Stabt unterminiert seien, und wurden von Herrn Ziz belehrt, daß ein solches Verfahren in Deutschland nicht üblich sei.

Auch recht unheimliche Gestalten sah man in den Straßen herumspähen und die ihnen zusagende Beute geschickt an sich bringen. In einzelstehenden Häusern kamen grobe Beschädigungen und Entwendungen vor. So wurden in dem Schlösser'schen Hause am Spicherer Weg (Nr. 11) die Thüren zertrümmert, alle Vorräte an Lebensmitteln geraubt und sogar Kinderwäsche gestohlen. In einem Hause am Arnualer Weg fanden die zurückkehrenden Bewohner Ziege und Hund erschlagen vor. Einer Frau wurde in der Nähe des Rotenhofes der Trauring vom Finger gezogen, und auch sonstige Zudringlichkeiten von Seiten betrunkener Franzosen blieben nicht aus, sodaß die anständigen Frauen und Mädchen es möglichst vermieden, sich auf der Straße sehen zu lassen.

So atmeten denn die Bewohner auf, als abends gegen 9 Uhr Offiziere mit Wachmannschaft in der Stadt erschienen und die angetrunkenen Troupiers, manche freilich unter heftigem Widerstreben, in's Lager zurückholten.

Noch mehr als die Saarbrücker kamen die Bewohner von St. Arnual mit den Franzosen in Berührung, da das Dorf durch ein Bataillon vom 40. Regiment besetzt gehalten wurde. Die Soldaten mußten von den Einwohnern verpflegt werden und stahlen dazu noch, was sie kriegen konnten; besonders hatten sie es auf die Hühner, Enten und Gänse abgesehen und wußten das Federvieh mit großem Scharfsinn aufzuspüren. Mancher Arnualer glaubte ganz sicher zu sein, wenn er das Hühnervolk in den Keller sperrte, allein der mutige Haushahn krähte aus Leibeskräften in der Tiefe und lockte so zu seinem eigenen Verderben die blutdürstigen Troupiers herbei. Auch im Neufang'schen Hause brachen die Franzosen nachts in den Hühnerstall ein und raubten die Insassen. Nur der deutsche Hahn setzte sich so tapfer zur Wehre, daß er zwar seine schönste Zier, die Schwanzfedern, in den Händen des mordgierigen Feindes ließ, aber Freiheit und Leben rettete. Die Enten auf dem Mühlenteich bekamen vor den Fremdlingen solchen Abscheu, daß sie sich verkrochen und erst wieder zum Vorschein kamen, als keine Rothosen mehr zu sehen waren.

Der gewöhnliche Aufenthalt der Franzosen war der Platz vor der Kirche, wo sie die von den Bewohnern gelieferten Mahlzeiten verzehrten oder sich selbst kochten und brieten, was sie im Dorfe zusammengestohlen und gebettelt hatten. Vom dritten Tage an erhielten sie ihre Verpflegung vom Lager aus, das sich bis dicht an das Dorf erstreckte. Die Offiziere waren in verschiedenen Häusern einquartiert; so wohnte ein General bei dem Fabrikanten Simon, der Oberst des 40. Regiments in der Bruch'schen Wirtschaft, wo auch die

Hühnerjagd in St. Arnual.

Mittagstafel der Offiziere war. Die Abhänge des Winterbergs und der Bergrücken selbst waren mit ihren Zelten bedeckt; auf der Höhe wurde fast den ganzen Tag getrommelt, geblasen und exerziert. Ob sie damit den Preußen bange machen wollten, wer weiß es? Ganz sicher fühlten sie sich jedenfalls nicht, denn die Straße nach Saargemünd hatten sie durch eine Barrikade gesperrt, und niemand durfte ohne besondere Erlaubnis das Dorf verlassen. Die Offiziere klagten vielfach über den unvorbereiteten Ausmarsch; Karten von Deutschland hatten sie nicht bei sich, daher kamen sie oft in die Bürgermeisterei, um auf einer dort hängenden alten Karte der Rheinprovinz den Weg nach Frankfurt und Köln zu studieren.

Auch das Arnualer Forsthaus erhielt französische Einquartierung. Förster Bergmann war jedoch zum Empfange nicht da; er hatte es vorgezogen mit den Vierzigern die Saar zu überschreiten. Die ersten Franzosen, 3 Infanteristen, waren stark angetrunken, drohten schon gleich am Thor mit Totschießen und zeigten sich recht brutal. Als ihnen auf ihr Verlangen Kaffee gebracht wurde, schüttete einer den ganzen Inhalt der Zuckerdose in seine Tasse und verlangte drohend noch mehr. Später kam eine Kompagnie vom 10. Chasseurbataillon an's Forsthaus auf Feldwache. Um das Haus und auf den Speicher wurden Posten gestellt; die Mannschaft lagerte in der Scheune, während die Offiziere sich in einem Zimmer einquartierten. Bei Nacht wurde in allen Stuben Licht gebrannt, und alle Thüren mußten offen bleiben. Nach dem Förster erkundigten sich die Offiziere angelegentlich; er könne ruhig zurückkommen, sagte der Bataillonskommandant zu des Försters Mutter; es werde ihm nichts geschehen, und er solle ihnen als Führer nach Trier dienen. Für die Offiziere mußte die Frau des Försters das Essen bereiten; der Hauptgang bestand am ersten Tage aus einem Lendenbraten von einem bei Arnual erschossenen Pferde, die Mannschaft verzehrte das Übrige. Dieser Pferdebraten hat den hungrigen Franzosen gewiß recht gut geschmeckt. Aber noch besser wußte sich der Kommandant (Major) Charbot zu helfen, der in einem Gartenhaus oberhalb der Stadt lag.

Am Abend des 2. August erhielt der Bürgermeister von Saarbrücken, Kommerzienrat Schmidtborn, durch einen Korporal vom 40. Regiment ein Blatt Papier zugestellt, auf dem mit Bleistift folgendes geschrieben war:

Le 2 août.

Monsieur le maire de Sarrebruck serait bien aimable, s'il voulait demain, 3 août, venir déjeuner avec le chef de bataillon, commandant le donjon qui domine la ville au sud, mais à une condition, c'est qu'il nous apportera le nécessaire pour ne pas jeuner.

Le chef de bataillon du 40ᵐᵉ,

Chardot.

Zu Deutsch:

2. August.

Der Herr Bürgermeister von Saarbrücken würde sehr liebenswürdig sein, wenn er morgen, den 3. August, mit dem Bataillonschef, der in dem Türmchen auf der Höhe südlich von der Stadt liegt, frühstücken wollte, aber unter der Bedingung, daß er das Nötige mitbringt; denn wir selbst haben nichts.

Der Bataillonskommandeur im 40. Regiment,

Charbot.

Das war gewiß eine sehr freundliche Einladung. Indes Herr Schmidtborn hatte keine Lust mit den Franzosen zu pokulieren und ebensowenig der erste Beigeordnete, Herr Fritz Braun. Den Franzosen war es ja auch jedenfalls mehr um das Frühstück als um die Gesellschaft dabei zu thun. Dies mußte also jedenfalls geliefert werden. Daher wurde von den beiden Stadthäuptern der Delikatessenhändler Fritz Walter beauftragt, ein feines Frühstück zu liefern, das mit allem Zubehör am 3. morgens durch einen jungen Saarbrücker

10*

Koch, namens Louis Hofer, in das französische Lager hinaufgeschickt wurde. Bürgermeister Schmidtborn ließ sein Bedauern ausdrücken, wegen vorgerückten Alters und dringender Amtsgeschäfte der geschätzten Einladung nicht folgen zu können. Hofer, der allein zur Bedienung vorgelassen wurde, servierte das Frühstück in dem Gartenhaus von L. C. Schmidt (Wackenberg) für den Bataillonschef und etwa sechs andere Offiziere, denen das Essen und der Wein trefflich mundete. Sie versicherten seit 24 Stunden nichts genossen zu haben; es soll auch nicht viel übrig geblieben sein. Während des Essens

unterhielt sich der Kommandant mit dem Saarbrücker, der früher als Koch im Lager von Châlons thätig gewesen und der französischen Sprache wohl kundig war; er fragte u. a. nach der Stärke unserer Verteidiger. Die Antwort: „750 Mann" erregte natürlich das Kopfschütteln der Franzosen. „C'est impossible" riefen sie wie aus einem Munde. „Herr Kommandant", sagte Hofer, „Sie werden gewiß Gelegenheit haben, Herrn Bürgermeister Schmidtborn selbst zu sprechen; der wird es Ihnen bestätigen." Die Franzosen sollen darauf recht nachdenkliche Gesichter gemacht haben.

Die Güte des Bürgermeisters wurde von Herrn Charbot auch für seine Pferde in Anspruch genommen, denen Herr Schmidt-

Ein alter Troupier.

born einen halben Centner Hafer und einige Bund Heu lieferte. Der Franzose hatte wenigstens soviel Lebensart, am nächsten Tage dem Bürgermeister persönlich zu danken.

Auch die übrigen Franzosen hatten das Bedürfnis zu frühstücken, und so erschienen am 3. August von morgens früh an viele Soldaten von den verschiedensten Truppengattungen in den Straßen unserer Städte und trieben es ebenso wie tags zuvor. Gegen das weibliche Element waren sie wieder sehr liebenswürdig, ebenso gegen die Kinder, denen sie wohl Bonbons und anbere Süßigkeiten kauften. Doch ließen sich manche durch die Galanterie nicht abhalten, ben Dienstmädchen, welche ihre Morgeneinläufe machten, ben Milchtopf auszutrinken unb bas für die Herrschaft bestimmte Brot wegzustibitzen. Für die Hausfrauen war es ein kleiner Trost, baß die Spicherer Milchweiber, nachbem die Grenzsperre aufgehoben war, wieder in die Stadt kamen. Die waren nicht wenig stolz auf die Thaten ihrer Landsleute. „Gell', unse Kenn' was die könn'!" (Gelt, unsere Kinber, was die können!) sagen sie triumphierenb. Standen boch besonbers bei bem 40. französischen Regiment viele Lothringer aus ben benachbarten Ortschaften, die zum Teil hier früher als Steinmetzen gearbeitet hatten unb wohlbekannt waren; ber Michel unb ber Hannes unb ber Nikola. Diese fühlten sich jetzt nicht wenig, ba sie im Kriegskleib ber siegreichen französischen Nation erschienen. „Itzt bin Ihr wie mir", (Jetzt seib Ihr wie wir) sagten sie zu ihren alten Bekannten. Die Franzosen ihrerseits priesen bas Glück zum schönen Frankreich zu gehören; benn baß Saarbrücken französisch werben sollte, stanb fest. Zwar unterließ man es einstweilen, Kassen unb anberes Staatseigentum mit Beschlag zu belegen, unb die Beamten wurben in ihrem Dienste nicht gehinbert, boch erzählte man, baß bereits ein Directeur des mines für unsere Bergwerke unb ein Maire für unsere Städte bestimmt sei. Ein, wie es schien, etwas angetrunkener Offizier bewegte sich in auffälliger Weise vor bem Saarbrücker Rathause unb verlangte mit bem Revolver brohenb, baß die Tricolore aufgezogen werbe. Mit Mühe wurde ihm von bem Beigeordneten klar gemacht, baß es in Deutschlanb nicht Sitte sei, die Mairie burch eine Fahne zu bezeichnen unb baß man auch nicht in ber Lage bazu sei, ba man keine französische Flagge besitze. Ein anberer Offizier, ber in einem Laden Briefpapier kaufte, ließ Gelb wechseln unb erhielt unter anbern einen preußischen Thaler zurück. „Das ist unser König", sagte ber Geschäftsinhaber, auf bas Münzbild beutenb. „Er ist es gewesen", erwiberte ber Franzose bebeutungsvoll.

„Saarbrücken ist wieder eine französische Stabt geworden", schrieb in biesen Tagen die „France militaire". „Ein zweistünbiger Kampf einiger französischen Bataillone unb einiger Batterieen hat hingereicht, die Avantgarbe ber preußischen Armee zurückzuwerfen, bem Feinbe die Eisenbahn= verbinbung abzuschneiben unb uns bes prächtigen Steinkohlenbeckens an ber Saar zu bemächtigen. Wir sinb in Preußen eingerückt, nichts soll uns aufhalten. Saarbrücken ist die erste Etappe, balb werben wir bie letzte erreichen: Berlin!"

In gleich zuversichtlicher Weise äußerten sich die Franzosen bei uns. Von bem Marsche nach Berlin sprachen sie mit großer Bestimmtheit unb schienen keinen großen Wiberstanb von ben Preußen mehr zu befürchten.

„Der Bismarck hat Euch ebbes Scheenes ingebrockt", rief ein Troupier aus Spichern oder Alftingen einem Saarbrücker zu. „Der hätt' die Fingere dervon laſſe ſolle. In acht Tag ſin mer in Berlin!"

Freilich nicht alle waren ſo vertrauensvoll. Die großen Wälder jenſeits, wo hinter jedem Baum ein Preuße ſtehen ſollte, ſchienen manchem recht unheimlich; auch glaubten ſie ja, daß die Gegend zum Teil unterminiert ſei, eine Befürchtung, die offenbar durch die Kunde von unſerm Bergbau hervorgerufen war. „Mir gehn nit in die Müſſall'", meinte ein vorſichtiger Elſäſſer.

„Die Franzoſe ſin all' bohrtig*)", raunte ein lothringer Krieger ſeinem deutſchen Nachbar zu, als ein paar Franzoſen im Café Englert ſo recht am Renommieren waren, „ich mach' mich durch, ſo bald ich kann." That

Franzoſen in einem Saarbrücker Wirtshaus.

ſächlich fehlte es trotz des glorreichen Sieges nicht an Deſerteuren, die den Weg nach den preußiſchen Vorpoſten erfragten.

Allgemein bemerkt wurde die lockere Zucht, die bei den Franzoſen herrſchte. Schon ihre nachläſſige Haltung und ihr vielfach unſauberes Ausſehen, fiel hier, wo man an das ſtramme und „propere" Weſen der preußiſchen Soldaten gewöhnt war, unangenehm auf. Scharenweiſe trieben ſich die Soldaten in den Städten herum, obgleich wohl die wenigſten Urlaub hatten.

---

*) Verrückt.

Und dabei befanden sie sich vor den eigenen Vorposten; waren doch nicht einmal die Brücken besetzt. Dieser Leichtsinn sollte sich denn auch rächen. Die Offiziere, welche mit Spazierstöcken durch die Straßen schlenderten, wurden gar nicht beachtet, von Honneurs keine Spur; die Soldaten machten ihnen hinter dem Rücken lange Nasen, und ihre Befehle blieben oft genug wirkungslos. Von unpassender Vertraulichkeit zeugte es schon, daß die Gemeinen den Offizieren eine Prise aus ihrer schmierigen Schnupftabaksdose anboten und daß diese dankend annahmen. In St. Arnual nahmen im Hause des Maurermeisters Towae französische Soldaten das für die Offiziere bestimmte Essen vom Herde weg, und als die Frau ihnen wehrte und die Offiziere zu

Hilfe rief, wollten die Eindringlinge trotzdem nicht weichen und mußten mit Gewalt hinausgedrängt werden. In der Bruchschen Wirtschaft forderte der Oberst selbst die Soldaten auf, das Lokal zu verlassen; doch diese lachten ihn aus und blieben

Eine Prise gefällig?

ruhig sitzen, sodaß er schließlich Leute von der Wache kommen ließ, die mit aufgepflanztem Bajonnett den Garten räumten. Als der Schwiegersohn des Wirtes, Herr Chelius, die Bemerkung machte, daß so etwas bei den Preußen doch nicht vorkommen könne, erwiderte der Oberst: „Ja, bei uns herrscht im Kriege ein mehr kameradschaftliches Verhältnis!" Es kam sogar vor, daß ein Soldat seinen Offizier mit der Waffe bedrohte; man erzählt, er sei nachher standrechtlich verurteilt und erschossen worden. Als in einem Saarbrücker Wirtshause ein Offizier einen Troupier abends zum Nachhausegehen aufforderte, schrie dieser ihn an: „Geh' Du zuerst hinaus!" worauf der Offizier verschwand. In der Vorstadt taumelte eines Nachmittags ein schwer betrunkener Soldat herum; ein Offizier kam des Weges und stellte ihn zur Rede. Da wies ihm der Krieger den Rücken und gab ihm in unzweideutigen Geberden und Ausdrücken seine Verachtung kund. Der Vorgesetzte zuckte die

Achseln und ging beschämt weiter. Ein zuchtloser Geist lebte in der ganzen Armee, der vor allem der moralische Halt fehlte. Wo sollte der aber auch herkommen bei dem Regimente des dritten Napoleon, der mit Eidschwüren so oft sein Spiel getrieben, dessen Thron sich auf der Lüge aufbaute?

Den Offizieren wird allerseits das Zeugnis gegeben, daß sie meistens bestrebt waren Ordnung zu halten und sich höflich und entgegenkommend bewiesen. Auf die Klage über die Diebstähle in der Spicherer Bergstraße zeigte sich der betreffende Offizier sehr entrüstet. Er erklärte mit der entsprechenden Fingerbewegung, nicht „so viel" dürften die Soldaten sich selbst nehmen, und das Gestohlene wurde auch, soweit es sich noch auffinden ließ, zurückgebracht. Im Forsthaus zeigten die Soldaten den Kindern des Försters Spottbilder von König Wilhelm, Bismarck u. s. w. Ein Offizier verbot dies, indem er sagte, es sei eine Beleidigung gegen die Familie, unter deren Dache sie weilten. Ein Arnualer Mädchen, Luise Roberts, hatte sich der französischen Verwundeten besonders angenommen und für ihre Pflege Sorge getragen. Das trug ihr den Dank der französischen Offiziere ein, und sie wurde von ihnen mit großer Achtung behandelt. Sie benutzte diesen Einfluß, um gegen die Ausschreitungen der Soldaten den Schutz der Offiziere anzurufen, und fand auch williges Gehör bei ihren Beschwerden und Wünschen. — Als Stabsarzt Dr. Kehren am 2. abends seine verwundeten Vierziger besorgt hatte, geleiteten ihn auf seine unter dem Hinweis auf die Genfer Konvention ausgesprochene Bitte zwei französische Offiziere bereitwillig durch die mit lärmenden und betrunkenen Kriegern gefüllten Straßen, nachdem sie von Dr. Kehren sein Ehrenwort erhalten hatten, daß sie sicher nach Saarbrücken zurückkehren könnten. — Zwei andere Offiziere beklagten einem Bürger gegenüber diesen Krieg als ein trauriges Ereignis; das Land, welches verliere, sei ruiniert. Die mit Lebensmitteln vorüberziehenden Soldaten hielten sie an und fragten, ob sie das Entnommene auch bezahlt hätten; es sei strenger Befehl, alles zu bezahlen. Als ihnen auf die Frage, wie viele preußische Truppen in der Nähe ständen, von dem Bürger geantwortet wurde: „Ich weiß es nicht", setzte der eine gutmütig hinzu: „Und wenn ich es wüßte, würde ich es nicht sagen."

Zwei hübsche Züge werden in Gersweiler von französischen Offizieren erzählt. Als hier die Franzosen in großer Zahl einrückten, stand die Frau eines eingezogenen preußischen Wehrmanns mit ihrem kleinen Kinde auf dem Arme am Fenster und weinte bitterlich. Als dies ein französischer Offizier sah, ritt er an's Fenster heran und sagte in seiner Elsässer Mundart: „Madame, Ihr bruche nit ze hüle; mer duhn Üch nix."

Einer armen Frau hatten französische Soldaten ihre Ziege weggenommen. Als sie jammernd und wehklagend hinter den Räubern herlief, wurde ein Offizier auf sie aufmerksam, fragte nach dem Grunde ihres Weinens und ersetzte ihr den Schaden reichlich. Es thut wohl, in der Erzählung des unbarmherzigen Krieges bei solchen kleinen Zügen edler Menschlichkeit zu verweilen.

In diesen Tagen lebten die Bewohner unserer Städte wie in einer belagerten Festung. Von der Außenwelt war man fast ganz abgeschlossen, da kein Zug mehr auf dem Bahnhof einlief noch abging, keine Zeitung erschien und kein Postbote kam. Von unsern Truppen war nichts zu sehen und zu hören, so sehnsüchtig man auch nach dem Saum der St. Johanner Wälder spähte, ob keine Pickelhauben sichtbar würden; auf den Straßen das widerwärtige Treiben der Fremden: so war die Stimmung der Bewohner recht gedrückt, wenngleich man an der baldigen Befreiung und dem endlichen Siege der deutschen Waffen nicht zweifelte. Die Stadt sah aus wie eine trauernde Witwe, sagt ein Bericht aus jener Zeit. Viele Kaufleute und Wirte hatten ihre Schilder abgenommen, Läden und Trinkstuben geschlossen, um nicht die Franzosen und das in ihrem Gefolge einherziehende lothringische Gesindel anzuziehen; die Mittags- und Abendglocken waren verstummt. Auch das Auge des Gesetzes schien zu schlummern, da kein Polizist mehr zu sehen war. Die Sicherheits- und Steuerbeamten zogen es nämlich vor bürgerliche Kleidung zu tragen, um nicht als Soldaten angesehen und belästigt zu werden oder gar als Zielscheibe für die französischen Posten auf der Höhe zu dienen. War doch ein St. Johanner Polizist, als er aus der Fürstenstraße nach der alten Brücke ging, vom Reppertsberg aus beschossen worden. Der Mann lag sofort regungslos am Boden, aber die Bürger, die aus den Häusern zu Hülfe eilten und einen Toten oder mindestens Schwerverwundeten aufzuheben glaubten, wurden zum Glück getäuscht. Er war unversehrt, nur der Schrecken hatte ihn niedergeworfen.

Auch machte sich bei der Anwesenheit so vieler Mitesser und dem Ausbleiben der Zufuhr der Mangel an Lebensmitteln immer empfindlicher bemerklich. Brot und Fleisch wurden immer teurer, auch an Kartoffeln und Gemüse fehlte es, da von auswärts nichts kam und in den Saarbrücker Gärten die Franzosen lagen. Dieser Mangel trieb manchen Bürger hinauf in seinen Trillergarten, um zu sehen, ob die Franzosen noch ein paar Frühkartoffeln oder Äpfel übrig gelassen hätten. Mit einem „bon jour, monsieur" kam man wohl auch an dem Posten am „Pförtchen" vorbei; in den Gärten am Abhang zeigten sich nur hier und da ein paar Franzosen, die sich mit Einsammeln von Obst beschäftigten und gegen eine Spende von Schnaps die

Bürger gewähren ließen. Mancher wagte sich auch weiter und konnte einen Blick auf das französische Lager werfen, das sich auf der Höhe und an dem jenseitigen Abhang ausdehnte. Besonders die Saarbrücker Buben waren neugierig und vorwitzig. Doch so ganz ungefährlich war dies nicht. In der Stadt war das Gerücht verbreitet, daß in den Trillergärten noch Vierziger sich versteckt hielten. Ein beherzter Dienstmann, namens Lochmes, über- nahm auf die Aufforderung des Bürgermeisters die gefährliche Aufgabe, nach den Landsleuten zu suchen. Nachdem er sich doppelte Kleider angezogen, um in dem einen Anzug einen Vierziger durchschmuggeln zu können, stieg er die Höhe hinauf und suchte die Gärten ab. Von Vierzigern war nirgends etwas zu sehen, wohl aber waren Franzosen da, denen der herumspähende Civilist so verdächtig vorkam, daß einer schon das Gewehr auf ihn anlegte. Doch ein anderer Franzose schlug sich in's Mittel und Lochmes konnte unbehelligt den Rückzug antreten. Schlimmer erging es einem andern Saarbrücker, dem Kurschmied Schäfer, der bei dem Besuche seines Gartens sich zu weit vor- wagte, von den Franzosen als Spion verhaftet und nach Metz gebracht wurde. Dasselbe Schicksal hatten zwei Bewohner von Krughütte, der Bergmann Aberhold und der Hüttenarbeiter Klein. Sie waren in einer Prozeßsache als Zeugen nach Saarbrücken geladen und wurden auf dem Heimwege am Schanzenberg von den Franzosen als verdächtig festgenommen. Obwohl sie ihre Ladungen zum Beweise ihrer Unschuld vorwiesen, wurden sie doch nach Metz gebracht und saßen hier bis zur Übergabe der Festung hungernd und frierend in den Kasematten gefangen.

So lebten unsere Saarbrücker in Unruhe und Sorge unter den Franzosen; doch Geduld! Die Befreier sind nahe!

XXXVII. Eine Reise mit Hindernissen.

Am Morgen des 2. August waren zwei junge Mädchen von Saar- brücken mit einer älteren Freundin nach Saarlouis gefahren, um ihren Bruder, ehe er in's Feld rückte, noch einmal zu sehen und ihm Lebewohl zu sagen. Als sie nachmittags nach Fraulautern auf den Bahnhof kamen, um die Rückfahrt anzutreten, empfing sie hier die Schreckenskunde: „Nach Saarbrücken

fährt kein Zug mehr! Die Franzosen sind dort und haben die Stadt in
Brand geschossen." — „Ach Gott, wie kommen wir nun nach Hause? Wie
mag es Vater und Mutter gegangen sein?" jammerten die ratlosen Mädchen.
Zum Glück trafen sie am Bahnhof den Fabrikbesitzer S. aus Jägersfreude
und einen Saarbrücker Herrn, die von demselben Mißgeschick betroffen waren.
Diese trösteten die Weinenden und versprachen sie unter ihren Schutz zu
nehmen. Ein Fuhrwerksbesitzer in Ensdorf, den Herr S. kannte, erklärte
sich bereit, die kleine Gesellschaft nach Saarbrücken zu fahren, aber da die
Straße über Völklingen im Bereich der feindlichen Kanonen lag, wurde
beschlossen den Weg über Heusweiler und von da nach Dudweiler zu nehmen,
weil Herr S. einen größeren Geldbetrag, den er bei sich führte, zu Hause
vor den Franzosen in Sicherheit zu bringen wünschte. Das war für unsere
Saarbrücker zwar ein Umweg, aber es verschlug ihnen nichts, wenn sie nur
die Gewähr erhielten sicher nach Hause zu kommen.

Als sich die Reisenden spät abends Heusweiler näherten, wo den
ermüdeten Pferden Ruhe gegönnt werden sollte, sahen sie sich plötzlich in's
Feldlager versetzt: rechts und links von der Straße biwakierten preußische
Truppen, 29er, 9. Husaren und Artillerie, und der Gasthof des Dorfes war
mit höheren Offizieren ganz besetzt. Mit Mühe erhielten die Herren hier
noch ein Unterkommen, während die Mädchen bei Bekannten Aufnahme
fanden. „Seid Ihr auch aus Saarbrücken geflohen?" lautete deren erste
Frage an die Ankömmlinge. „Eben sind geflüchtete Leute aus Malstatt
angekommen; sie haben erzählt, daß St. Johann und Malstatt an allen Ecken
brennen." Am andern Morgen wurde die Weiterfahrt über Holz und Fischbach
nach Dudweiler angetreten und glücklich vollendet. Das Bergmannsdorf bot
an diesem Tage einen eigenartigen Anblick. In dem Wirtshause waren eine
Menge Zeitungsberichterstatter aller möglichen Nationen, zum Teil in recht
phantastischen Kostümen, versammelt: radebrechende Engländer, holländische
Mynheers, Belgier und Deutsche, die alle aus Saarbrücken geflüchtet waren.
Auf der Straße standen die feiernden Bergleute in ihrer schwarzen Gruben-
tracht und besprachen aufgeregt die drohende Annäherung der Franzosen.
Plötzlich ertönt donnernder Hufschlag; hinter den düsteren Gruppen der
Bergleute leuchtet es hell auf. Stattliche Reiter in weißen Waffenröcken und
blitzenden Kürassen, den funkelnden Helm tief im Nacken, sprengen auf starken
Rossen heran. Es sind Brandenburgische Küraffiere, die Vorhut der Armee
des Prinzen Friedrich Karl, die von Baumholder und Kaiserslautern heran-
zieht. Laut jubeln ihnen die Einwohner entgegen und erquicken die durstigen
Reiter. „Jetzt werden die Franzosen bald laufen müssen!" Eben ist auch
Lieutenant Kühls mit 12 Ulanen angekommen, den Excellenz v. Barnekow

aus Lebach auf Kundschaft gen St. Johann geschickt hat; er erzählt jetzt den Brandenburgern, wie es in Saarbrücken aussieht. Die Küraffiere reiten weiter nach Jägersfreude zu, und auch unsere Reisenden setzen ihre Fahrt fort. Doch kaum haben sie das Dorf verlassen, so ertönt ein gebieterisches: „Halt! Wer da?", und die Hünengestalt eines Küraffiers taucht vor dem Wagen auf. „Wir wollen nach Saarbrücken, wo wir wohnen." — „Nach Saarbrücken wird niemand mehr durchgelassen." — „Aber um alles in der Welt, wir müffen doch nach Saarbrücken; wir find ja dort zu Hause!" — „Thut mir leid; wir haben strenge Ordre niemand durchzulaffen." — Jetzt find unfere Reisenden der Verzweiflung nahe. Kaum eine Wegstunde find fie noch von der Heimat entfernt und können fie doch nicht erreichen. In dem kommt der Rittmeister der Vorpostenschwadron, Graf Monts, eine hohe, martialische Gestalt, an; er hört von dem Kummer der Damen, und wird von menschlichem Rühren ergriffen. „Laffen Sie fich von dem Bürger= meister von Dudweiler, den Sie ja wohl kennen, eine Bescheinigung geben, daß Sie unverdächtig find, dann will ich's verantworten, Sie durchzulaffen." Unfere Landsleute folgen dem Rate und erhalten nun den gewünschten Paffier= schein von dem Offizier ausgestellt. „Ich wünsche Ihnen glückliche Reise; aber laffen Sie fich von den Herren Franzosen nicht zu sehr die Kour schneiden", ruft er den jungen Mädchen nach. Diese ziehen frohen Herzens weiter. Zwar erschallt noch mehrmals ein: „Halt! Wer da?" von den Posten und Patrouillen der Küraffiere, doch der Paffierschein thut seine Wirkung, und die Reisenden erreichen glücklich das liebe Elternhaus, das zu ihrer Freude unbeschädigt auf dem alten Flecke steht. Hier können fie die frohe Botschaft verkünden, daß die Unfern nicht mehr weit und die Tage der Franzosen in Saarbrücken gezählt find.

XXXVIII. Ein Überfall in St. Johann.

Auch in St. Johann erschienen die Franzosen mit ihrem lothringischen Anhang und trieben ihr Wesen auf den Straßen, in Wirtshäusern und Läden. Am Marktbrunnen war am 3. mittags ein großer Trupp von Rot= hosen zum Wafferholen und Waschen versammelt; andere Franzosen bummelten in den Straßen herum, trieben übermütige Späße und liefen aus einem

Wirtshaus in's andere. Dem Klempnermeister Schäffler, der in der Bahnhofstraße zwei solchen Gesellen begegnete, schlug der eine Franzmann mit dem Rufe: vive la France! die Mütze vom Kopfe. Der biedere St. Johanner verbiß seinen Ärger, hob seine Mütze wieder auf und ging weiter, doch sah er sich von Zeit zu Zeit nach den übermütigen Gesellen um, die hinter ihm herkamen. An dem Thor der Wirtschaft zur „Stadt Nanzig" blieb Schäffler stehen. Da kamen die beiden Franzosen dahergelaufen, stürmten, ohne ihn zu beachten, in den Thorweg, warfen die Thüre hinter sich zu und spähten aufmerksam durch die Ritze. Dem Bürger wurde das Benehmen der Franzosen bald klar. Pferdegetrappel wurde hörbar, und mehrere französische Offiziere ritten nach der alten Brücke zu, vor denen sich die beiden Troupiers offenbar verbergen wollten, da sie keinen Urlaub hatten. Als die Gefahr vorüber war, zogen sie weiter und verschwanden bald in der „Rose", einer vielbesuchten Bierwirtschaft am Markt, aus welcher der Gesang der Marseillaise ertönte.

Vor diesem Hause hatte sich ein großer Kreis von Gassenjungen und Dienstmädchen um einen Franzosen versammelt, der auf der Deichsel eines Wagens sitzend allerlei Hanswurstiaden machte. Wenn sich der Kreis etwas enger schloß, so legte er sein Gewehr an die Backe und zielte auf die Zuschauer, die laut schreiend auseinander stoben. Dann lachte der Hans- wurst und begann seine Späße von neuem. Doch der Spaßmacher wie die in der „Rose" zechenden Franzosen sollten bald in ihrem Vergnügen gestört werden.

Mittlerweile war nämlich ein Zug Brandenburger Ulanen die Dudweiler Straße herunter gekommen und hielt an der Ecke der Bahnhofstraße. Überall öffneten sich die Fenster, und mit Tücherschwenken und Hurrarufen wurden die Reiter begrüßt. Einige Bürger liefen hinzu und gaben ihnen Kunde von dem Treiben der fremden Gäste. Da kommen plötzlich die Ulanen mit Hurrah auf den Markt gesprengt, daß die Funken von dem Pflaster stieben. Was von Franzosen in der Nähe ist, ergreift schleunigst das Hasenpanier und flüchtet mit dem Rufe: „les Prussiens, tirez, tirez!" über die Brücke, alles in eiliger Flucht mit sich fortreißend. Die Ulanen springen von den Pferden, eilen auf die „Rose" zu, und während die einen mit gefällter Lanze Thüren und Fenster besetzen, bringen andere mit gezogenem Säbel in die Wirtsstube ein. Ehe die Franzosen einen Schuß thun können, werden sie unter Beihilfe einiger Bürger überwältigt und mit der Fouragierleine gefesselt. Einer von ihnen läuft nach dem Oberthor zu davon, ein Ulan rennt ihm nach. Da macht der Franzose Front und will sich mit dem Bajonnett zur Wehre setzen; doch der Ulan schwingt seine Lanze im Kreise und trifft ihn so kräftig an den

Gefangennahme von Franzosen in der Wirtschaft zur Rose in St. Johann.

Hals, daß er blutend zurücktaumelt und nun entwaffnet wird. Die Ulanen
schwingen sich wieder in den Sattel und wollen sich eben mit ihren Gefangenen

in Bewegung setzen, als einer von den Gassenbuben ruft: „Da owe sitzt noch
eener uff'm Hahneballe!" Einer der Franzosen hatte sich unbemerkt durch
die Hinterthür gedrückt und auf den Speicher geflüchtet, wo er neugierig,
was mit seinen Gefährten geschehen würde, zur Dachluke hinaus spähte und
nun zu seinem Bedauern Gegenstand der allgemeinen Aufmerksamkeit wurde.
Unter allgemeinem Jubel und Halloh wurde er heruntergeholt und mit den
andern im Trabe abgeführt; je ein Franzose wurde von zwei Ulanen rechts
und links geleitet, ein dritter Ulan ritt mit gefällter Lanze hinterdrein.
Freund Schäffler aber, der alles mit angesehen, dachte: „Das ist die Straf'
für die Watsch mit dem vive la France!"
Der Transport der Gefangenen war nicht ohne Schwierigkeit. Die
betrunkenen Franzosen, denen das Tempo zu schnell war, lamentierten und
sträubten sich heftig, so daß die Ulanen ihre liebe Not mit ihnen hatten.
Zudem hörte man jetzt deutlich Signale jenseits der Saar: die Franzosen
wurden offenbar alarmiert. „Wie kriegen wir die Kerls nur nach Scheidt?"
sagte Premierlieutenant Lange, der Führer der Ulanen, zu seinem Unteroffizier. Da trat der Müller Volz, der gerade vor seiner Mühle an der
Dudweiler Straße stand, an den Offizier heran. „Herr Lieutenant, ich
fürchte, Sie kommen mit den Leuten zu Fuße nicht mehr fort; sie werden
Ihnen von den Franzosen wieder abgejagt. Ich will Ihnen einen festen
Wagen mit ein paar guten Pferden geben; dann setzen Sie die Kerls drauf, und
ich fahre sie nach Scheidt." — „Da thun Sie mir einen großen Gefallen",
erwiderte Lieutenant Lange. Flugs wurde angespannt, die Franzosen aufgeladen, und im Trabe ging's über Dudweiler nach Scheidt, wo Rittmeister

Bothe mit seiner Schwadron stand. Dieser dankte Herrn Voltz freundlich für den Dienst, den er unter schwierigen Verhältnissen der Schwadron geleistet hatte. Unterwegs zeigten sich die Franzosen sehr aufgeräumt und zufrieden mit ihrem Schicksal. „Prütz gut Kamerad" und „vivent les Prussiens" riefen einige den Ulanen zu. Nur der mitgefangene sousofficier hatte mehr Ehrgefühl; er saß finster da und bezeichnete seine Leute wiederholt als canaille. Diese 7 Gefangenen, die ersten beim 3. Armeekorps, gehörten merkwürdiger= weise zu sechs verschiedenen Regimentern und Truppenteilen; sie wurden am folgenden Tage in das große Hauptquartier nach Mainz geschickt.

Bei der Gefangennahme der Franzosen wurden einige rohe Leute von besonnenen Bürgern nur mit Mühe abgehalten sich thätlich an den Franzosen zu vergreifen. Bürgermeister Rumschöttel, der wohl einsah, wie bedenkliche Folgen solches Vorgehen der Bürger für die Stadt haben könnte, ließ durch eine öffentliche Bekanntmachung die Bewohner vor Ausschreitungen warnen. In der That wurden bald nachher drohende Äußerungen von Franzosen vernommen. Ein Offizier, welcher Kleidungsstücke in einem Laden einkaufte, ließ sich die Gegenstände an der Thür zeigen, und auf die Aufforderung, doch hereinzukommen, sagte er: „Die Bevölkerung von Saarbrücken ist uns ebenso feindselig wie Euere Armee!" Ein anderer Offizier sagte zu einem Bürger: „Es scheint, daß wir nicht willkommen in diesem Lande sind; wenn unsere Soldaten sich in der Stadt zeigen, nimmt man sie gefangen. Wenn ich Kommandant wäre, so würde ich diese Stadt behandeln, wie sie es verdient!"

XXXIX. General Frossards Einzug.

Ein bunter Zug bewegte sich am 3. August nachmittags gegen 3 Uhr die Metzer Straße herunter. Voran zogen einige Chasseurs à cheval, denen eine Abteilung Jäger zu Fuß folgten. In einiger Entfernung hinter diesen ritt ein General in reichgesticter Uniform auf prächtigem Roß, sodann kam der Stab, aus etwa einem Dutzend Offizieren bestehend, deren Pferde durch schlechtes Aussehen auffielen; den Schluß bildete wieder eine Abteilung Chasseurs. Es war General Frossard selbst, der seinen Einzug in die eroberte Stadt Saarbrücken hielt. An jeder Straßenecke hielt die Vorhut, und ein Hornist gab durch ein Signal kund, daß nichts Verdächtiges sich zeige.

So ging der Zug durch die Vorstadt. An dem Hause des Dr. Zwick war eine weiße Fahne mit einem roten Kreuz befestigt; der verwundete Premierlieutenant v. Schilgen befand sich hier in Quartier und Pflege. Frossard hielt vor dem Hause und fragte den an der Thür erscheinenden Hausherrn, was diese Fahne zu bedeuten habe. Er erhielt die Antwort, daß Verwundete in dem Hause lägen. „Von welchem Regiment?" — „Vom vierzigsten." — „Nun, so pflegen Sie sie gut." Damit ritt der General freundlich grüßend weiter durch die Obergasse auf den Schloßplatz. Vor dem Rathause machte er wieder Halt und ließ den Bürgermeister von Saarbrücken,

Premierlieutenant v. Schilgen.

Kommerzienrat Schmidtborn, zu sich entbieten, der alsbald „ein wenig aufgeregt", wie es dem General vorkam, auf dem Platze erschien.*)

Es entspann sich nun inmitten der sich ansammelnden Menge ein längeres Gespräch zwischen dem General und dem Stadtoberhaupte. „Wie ist die Stimmung der Bewohner?" fragte Frossard. „Sind sie nicht durch die Kanonade sehr erschreckt worden?" — „Die Stimmung ist ruhig, Herr General", erwiderte der Bürgermeister, „wenngleich wir eine solche Musik nicht gewohnt waren. Auch haben einzelne Bürger Schaden gelitten."

Fr. „Ah, das thut mir leid. Das war nicht unsere Absicht. Wir haben den Bahnhof und die abziehenden Truppen beschossen. Kein Kanonenschuß ist auf ein Haus in der Stadt abgefeuert worden."

Schm. „Die Kugeln nehmen allerdings nicht immer den beabsichtigten Lauf."

Fr. „Die Soldaten haben sich doch gut betragen?"

*) In dem Werke des Generals Boulanger (Deutsche Ausgabe S. 165) befindet sich eine bildliche Darstellung dieses Vorganges, die sehr komisch wirkt. Der Bürgermeister ist abgebildet in langem bäuerlichem Bratenrock mit blanken Knöpfen, in buntgestreifter Samtweste, Knichosen und Schnallenschuhen. Bauern und Bäuerinnen in Elsässer Tracht umstehen die Gruppe; den Hintergrund bildet ein Bauernhaus aus Fachwerk.

11

Schm. „Im Allgemeinen können wir nicht klagen; sie kommen meist, um Nahrungsmittel zu holen."

Fr. „Ohne Zweifel für Geld?"

Schm. „Nicht immer. Auch sind einige Plünderungen in allein-stehenden Häusern vorgekommen."

Fr. „Das ist gegen den Befehl; ich habe auf's strengste verboten, ohne Geld etwas zu fordern. Es ist des Kaisers Wille, daß die Gegend geschont werde."

Wie zur Bestätigung der Klagen des Bürgermeisters taumelte in diesem

Augenblick ein betrunkener Fran-zose vorbei und führte sich so unmanierlich und widerspenstig auf, daß der General ihn binden und abführen ließ. Darauf er-hielten die Offiziere die Weisung, darauf zu achten, daß die Soldaten keine Ausschreitungen begingen und alles bezahlten. Fortan durfte die Mannschaft nur in Begleitung eines Unteroffiziers die Stadt besuchen.

Der General fragte weiter: „Sind noch Truppen drüben auf der andern Seite, und wo stehen sie?"

Schm. „In Saarbrücken stehen keine Truppen mehr; ob in St. Johann, weiß ich nicht, aber ich glaube es nicht. Die Stellungen unserer Truppen sind

Bürgermeister Schmidtborn.

für jedermann ein Geheimnis. Wir sind hier ganz abgeschnitten."

Fr. „Wie kommt es, daß Sie nicht wissen, was drüben vorgeht?"

Schm. „St. Johann bildet eine andere Mairie, mit der ich nichts zu thun habe."

Fr. „Wie viel Verwundete sind in der Stadt?"

Schm. „Einige dreißig."

Fr. „Ah, das ist unglaublich."

Sodann fragte der General nach den Gebäuden, die den Platz umgeben. Der Bürgermeister erzählte, daß das große Gebäude vor ihnen das Schloß der alten Fürsten von Saarbrücken sei, welches die französischen Republikaner im Jahre 1793 in Brand gesteckt hätten. Sodann gab er Bescheid über die vom Schloßplatz ausgehenden Straßen, von denen die eine nach Saargemünd, die andere nach der alten Saarbrücke führe. „Ist die Brücke unterminiert?" warf der General ein. „Nein", erwiderte der Bürgermeister. Das fließende Französisch, in dem Herr Schmidtborn auf alle Fragen Bescheid gab, veranlaßte Herrn Froffard zu der Frage, ob die Bevölkerung gemischt sei; ein Teil derselben spreche wohl französisch.*) Der Bürgermeister erwiderte, die Bevölkerung sei stets deutsch gewesen und auch während der französischen Herrschaft deutsch geblieben. „Allerdings verstehen viele Leute, besonders die Gebildeten, französisch, was sich aus der Nähe der Grenze erklärt; aber die Umgangssprache ist deutsch." — „Sind in der Stadt drüben mehr französische Elemente?" — „Nein, die Verhältnisse sind dieselben wie hier; unsere Gegend ist ganz deutsch."

Damit endete die Unterredung. Der General, eine würdige Erscheinung mit energischen Zügen und lebhaftem Blick, war sichtlich bemüht, höflich und freundlich zu sein; hübschen Kindern warf er wohl eine Kußhand zu, den Gruß der Bürger, die stumm und finster den Zug vorübergehen sahen, erwartete er vergebens. Vom Schloßplatz ritt Froffard durch die Thalstraße zur alten Brücke, doch ohne diese zu überschreiten; er ritt den Schloßberg hinauf, dann durch die Schloßstraße und die Eisenbahnstraße bis zur Post, von dort über den Ludwigsplatz nach dem Hahn zurück. Das buntscheckige Gefolge des Generals forderte den Spott der Saarbrücker heraus. „Frau Justizrat, e Kunstreiterband'!" rief der Kürschner Simon der Mutter unsers Malers zu, als die Franzosen vorbeizogen, und gab damit den allgemeinen Eindruck treffend wieder.

XL. Ein deutsches Reiterstücklein.

In St. Johann war es seitdem für die Franzosen nicht mehr heimlich; um so frischer wehte hier die Luft für die Bürger, und freier atmete jede Brust. Wußte man doch die Befreier nahe: von Mund zu Mund ging's.

---

*) In dem gleichen Irrtum befand sich übrigens ein brandenburgischer Küraissier-offizier, der einen von St. Johann in mobischer Sommertracht nach Dudweiler wandernden Lehrer französisch anredete.

daß an der Schaſbrücke Brandenburger Ulanen, bei Jägersfreude die Küraſſiere ſtänden; drüben am Waldſaum ſah man ihre Vedetten. Man erzählte ſich, daß Polizeiinſpektor Wirtz und Förſter Bergmann ihnen geſtern Abend auf einem Wagen die Gewehre, Säbel und Mäntel gebracht hätten, welche von verwundeten Vierzigern zurückgelaſſen waren.

Statt der Franzoſen ſah man am Morgen des 4. Auguſt andere kriegeriſche Gäſte in St. Johann: die prächtigen Geſtalten der Küraſſiere, die ſchmucken Lanzenreiter, die Ulanen, und die flinken Neununbſechziger

Füſiliere, gute Bekannte in den Saarſtädten, durchzogen in kleinen Trupps die Straßen. Und was ſprengt dort die Dudweiler Straße herunter? Auf ſchnellen, leicht= gebauten Pferden behende Reiter im ſchwarzen Dolman mit gelben Schnüren: es ſind Braunſchweiger Huſaren!

Die Neununbſechziger — ihr Führer iſt der Fähnrich Artois aus St. Johann — poſtieren ſich hinter den Sandſäcken an der alten Brücke und feuern auf die drüben ſich zeigenden Franzoſen. Einzelne Ulanen, Küraſſiere und Huſaren machen ſich das Vergnügen, über die Brücke zu reiten und ſprengen unter Chaſſepotgeknatter zurück.

Bald nach Mittag kommt ein franzöſiſcher Offizier, eine Cigarette rauchend, ganz gemütlich mit einem Dutzend Rothoſen durch die Brückenſtraße bis an die Saar,

Franzöſiſcher Offizier an der alten Brücke.

wo ſie ſich an's Geländer lehnen und in's Waſſer ſchauen. „Le Rhin“, ſagt einer, der in der Geographie gut bewandert iſt. Plötzlich fallen zwei Schüſſe vom andern Ufer; die Franzoſen fahren mit entſetzten Geſichtern zurück und laufen eiligſt in die Brückenſtraße hinein, daß ihre genagelten Schuhe auf dem Pflaſter klappern. „N'ayez pas peur!“ ruft der Offizier ſeinen Leuten zu, doch die hören nicht mehr. Hinter dem Eckpſoſten des Brückengeländers ſich deckend, zieht jener

seinen Degen und blickt spähend über die Brücke nach den Feinden. Doch
da seine Tapfern ihn verlassen haben, so bleibt ihm nichts übrig als ebenfalls
den Rückzug anzutreten. An den Häusern entlang läuft er wütend vor Scham
den Seinigen nach. „Sauve qui peut!" schallt es hinter ihm her. „Sacré
nom de Dieu!" knirscht der Franzose und blickt drohend nach dem Spötter.

Kaum ist der Offizier an Koch's Apotheke angelangt, als rascher Huf=
schlag von der Brücke ertönt und ein Braunschweiger Husar, den Karabiner
in der Faust, im Galopp von St. Johann herübergeritten kommt. „Zurück,

Der Braunschweiger Husar.

Husar! Die Stadt ist voll Franzosen!" ruft man ihm entgegen, doch er
achtet's nicht. Mit lautem Hurrah sprengt er durch die Brückenstraße den
Schloßberg hinan. Hier stehen die Franzosen noch; doch wie der Husar
heransprengt und unter den Haufen feuert, vergessen sie, daß sie die wunder
wirkenden Chassepots in Händen haben, und eilen, ohne einen Schuß zu
thun, den Berg hinauf, daß die weißen Gamaschen sich auf dem Oberteil
ihrer roten Hosen abzeichnen. Am Schloßbrunnen steht ein anderer Trupp
Franzosen; sie haben die Gewehre zusammengesetzt und füllen ihre Feldkessel,
während einige mit entblößtem Oberkörper gründliche Wäsche halten. Da
kommen die andern in wilder Flucht: „Les l'russiens! Sauve qui peut!"

rufen die Franzosen. — „Die Prüsse komme! Laaft, was 'r kennt!" schreien die Lothringer. In wirrem Durcheinander, Blechgeschirre, Chassepots und Tornister zurücklassend, flüchten alle nach der Thalstraße und der Hintergasse

Les Prussiens! Sauve qui peut!

zu, wo sie sich an dem engen Pförtchen „wie die Hämmel stauen." Der siegreiche Husar überschaut die zwar nicht mit Blut, aber mit einer weißen Milchlache und zahlreichen Trophäen bedeckte Wahlstatt und lädt kaltblütig seinen Karabiner von neuem. Im Schritt reitet er den Schloßberg hinab und wendet in die Friedrichstraße. Hier haben sich gerade einige Franzosen bei Herrn Quien ein paar Flaschen Wein erbettelt. Der Husar, der bis an Château's Haus gekommen ist, feuert seinen Karabiner abermals ab, doch nur mit dem Erfolg, daß einem Franzosen vor Schreck seine Flasche Wein entfällt. Nun machen sie sich schußfertig, der Husar wendet sein Pferd und sprengt davon; die Franzosen hinter ihm drein. Ein Schuß knallt, und im

Feuer stürzen Roß und Mann vor dem Baum'schen Hause zusammen. Die Frauen an den Fenstern schreien laut auf: „Ach Gott, jetzt ist er tot!" Der Schlosser Hermann eilt herbei, um Hilfe zu leisten, wenn's noch möglich ist. Da hebt der Husar den Kopf und schaut ihn mit munteren Augen an — Gottlob, er ist unverletzt. Bei der scharfen Biegung um die Ecke ist das Pferd auf dem glatten Pflaster zu Falle gekommen; die Franzosen= kugel hat ihm nicht's geschadet — die sitzt oben im Korn'schen Hause im dritten Stock. Der Husar zieht sein Pferd bis an die Treppe des Eckhauses, schwingt sich hinauf und jagt nach St. Johann zurück, wo er mit Hurrah empfangen wird. Ein paar Franzosen, die wieder Mut bekommen haben, laufen ihm über die Brücke nach; da sprengt ein Husaren=Lieutenant und ein anderer Husar mit geschwungenen Säbeln ihnen entgegen. Die Franzosen schießen ihre Chassepots ab und machen eiligst Kehrt, doch zwei von ihnen werden durch die Reiter ereilt und gefangen genommen, während die Franzosen auf der anderen Seite ihrer Entrüstung durch heftiges, aber unschädliches Feuer Ausdruck geben.'

Die Husaren hätten das Scharmützel gern noch fortgesetzt, doch jetzt erschien Bürgermeister Rumschöttel bei dem Führer der Patrouille und bat ihn, die Franzosen nicht weiter zu reizen, damit die Stadt vor einem Bombardement bewahrt bleibe.

Der tollkühne Husar, welcher Rowold hieß, gehörte zu einer Patrouille, die unter Führung des Lieutenants Freiherrn v. König nach St. Johann hineingeritten war. Während der Lieutenant vom Eisenbahndamm an der Dudweiler Straße die feindliche Stellung auf der Höhe beobachtete, war Rowold nach der alten Brücke vorgeschickt worden, und von einigen St. Johanner Bürgern reichlich bewirtet, hatte er Lust bekommen, sich die Franzosen einmal in der Nähe anzusehen.

Dies Reiterstücklein hat den Saarbrückern ausnehmend gefallen, und „der Braunschweiger Husar" lebt noch heute in bester Erinnerung. „Der Spaß war fünf Thaler wert!" rief einer, der dabei gewesen. „Nu kann ich ruhig sterwe", sagte ein alter Mann; „ich han die groß' Nazion laafe sehn."

Am folgenden Tage steuerte ein Franzose in der Schloßstraße auf einen Bürger zu und machte ihm allerhand Künste mit dem Chassepot vor. „Macht mir mit dem Gewehr keine Dummheiten!" sagt der Bürger. „Aba, es iich nit gelab'", erwidert der Franzose oder vielmehr Lothringer; dann fährt er fort: „Saan emol, wie witt is noch bis Berlin? Am Napolionstag solle mer in Berlin sin." Da lacht der Saarbrücker und sagt: „Wenn Ihr immer so fort lauft, wie Ihr gestern vor dem Braunschweiger Husaren gelaufen seid, dann seid Ihr vielleicht am 15. August in Berlin. Aber gebt Acht, daß Euch die Preußen nicht vorher auf den Pelz kommen."

XLI. Beschießung des Bahnhofs.

So erheiternd auch solche Franzosenjagd auf die Saarbrücker wirkte, so blieb ihre Lage doch ernst genug. Das Betreten der Brücken war wieder lebensgefährlich, da das Erscheinen der preußischen Patrouillen in St. Johann die Franzosen zu beständigen Schießübungen veranlaßte, und man mußte den Verkehr zwischen hüben und drüben auf die späte Abendzeit verschieben. · Zudem blickten die Mündungen der Kanonen noch immer drohend vom Exerzierplatz hernieder, und das Gerücht verbreitete sich, die Franzosen würden die Städte in Brand schießen, um die Bewohner für ihre feindliche Gesinnung zu strafen.

In der Nacht vom 3. auf den 4. August lagen die Bürger kaum im ersten Schlafe, als sie durch Kanonendonner geweckt wurden. „Jetzt schießen die Franzosen die Stadt in Brand!" ist der erste Gedanke. Voll Schrecken stürzt alles aus den Betten, wirft sich in die Kleider und eilt an's Fenster. Oben am Exerzierplatz blitzt es auf, ein Donnerschlag hallt durch die stille Nacht, und zischend fährt eine Granate, eine feurige Linie am Himmel beschreibend, über die Häuser hin. Das gilt dem Bahnhof, wo soeben eine Lokomotive eingelaufen ist. Doch auf die Kunst und den guten Willen der französischen Artilleristen mögen sich die St. Johanner Bürger nicht verlassen, und viele suchen deshalb

Französischer Artillerist.

ben sichern Keller auf, wo nun die ganze Hausbewohnerschaft zwischen Tonnen und Kisten sich zusammendrängt. Nachdem die erste Angst überstanden, kommt bei manchem der Humor zum Vorschein, und man fängt an, seinen Witz an der übernächtigen Erscheinung der Hausgenossen zu üben. Haushälterische Seelen zählen die Schüsse und stellen die Kostenrechnung der Franzosen auf. „Jeder Schuß aus den Zwölfpfündern kostet einen Louisdor; jetzt haben sie 20 Louisdor verknallt." Nach einer Weile verstummt das Feuer, und man wagt es den unterbrochenen Schlaf fortzusetzen.

Am nächsten Vormittag fielen wieder mehrere Schüsse, die sich nach dem Bahnhof Burbach richteten. Dort war ein Personenzug von Trier eingelaufen, sei es, daß man sich hier außerhalb des Schußbereichs wähnte oder daß man die Gutmütigkeit der Franzosen auf die Probe stellen wollte. Doch darin hatte man sich verrechnet. Die Granaten schlugen in bedenklicher Nähe ein, die Reisenden stürzten in wilder Flucht aus den Wagen, und der Lokomotivführer dampfte, um wenigstens seine Maschine zu retten, schleunigst nach Völklingen zurück.

In der folgenden Nacht gegen 1 Uhr fing das Konzert wieder an; diesmal lodert nach etwa 12 Schüssen der Bahnhof in hellen Flammen auf. Aber auch auf der Saarbrücker Seite steigt eine Feuersäule gen Himmel, gleich als wollte die Schwesterstadt an dem Geschick von St. Johann teilnehmen. Es ist das alte Deutschherrenhaus unterhalb des Exerzierplatzes, ein ehrwürdiges Denkmal der Vergangenheit, das jetzt in hellen Flammen steht. Der Sohn des Besitzers, Herr Ferd. Müller, eilt mit einigen andern Bürgern hinaus, um zu löschen, doch draußen werden sie von den Franzosen angehalten und als verdächtig mit in's Lager geschleppt. Erst nach längerem Verhör läßt man sie los mit der Weisung, sich nicht mehr in der Nähe blicken zu lassen. Sie begnügen sich denn auch das Vieh aus den Ställen zu befreien und überlassen das Haus dem verheerenden Element. Das Feuer war in einem Schuppen ausgebrochen und zerstörte das Wohngebäude, während die alte Kapelle der Brüder vom deutschen Hause St. Marien verschont blieb. Es ist kein Zweifel, daß die Franzosen, mit oder ohne Absicht, die Schuld an dem Brande trugen, da sie das Deutschhaus öfters besuchten und die hier befindlichen Hafervorräte als willkommenes Futter für ihre darbenden Artilleriepferde sich aneigneten.

Um 3 Uhr begann die Kanonade auf den Bahnhof und die Unruhe der Bewohner von neuem. Doch auch hier zeigte sich, daß die Gewohnheit gegen die Gefahr abstumpft; denn während viele sich wenigstens ankleideten, um für alle Fälle gerüstet zu sein, blieben phlegmatische Naturen ruhig im Bette liegen und achteten die Granaten nicht höher als Chassepotkugeln. Als die Franzosen nach 8—10 Granatwürfen sich beruhigt hatten, konnte man sich an's Löschen machen, und nun zeigte es sich, daß der neue Speisesaal, in dem man wenige Monate vorher bei der Eröffnung der Saargemünder Strecke die französischen Eisenbahnbeamten unter Friedens= und Freundschafts= toasten festlich bewirtet hatte, ein Opfer der Flammen geworden war. Die Decke war ganz zerstört, die Wände vom Feuer geschwärzt, Vorhänge, Sessel und Tische verbrannt.

In Folge dieser Beschießung verbreitete sich nach auswärts die Kunde, daß die Franzosen Saarbrücken in Brand geschossen hätten, und selbst eine offizielle Depesche des großen Hauptquartiers enthielt diese Nachricht. Doch zum Glück war der Schrecken größer als der Schaden. Man hat den General Frossard beschuldigt, daß er eine offene und unverteidigte Stadt ohne Grund bombardiert habe, aber dieser Vorwurf ist nicht gerecht, und Gerechtigkeit soll man doch auch dem Feinde widerfahren lassen. Wie der General mit Fug geltend macht, hat er am 2. August feindliche Truppen beschießen lassen, die innerhalb der Städte hinter Häusern und Barrikaden aufgestellt waren; er hat seine Geschütze auf den Bahnhof gerichtet, um unsere Verbindungen zu unterbrechen und die Beförderung von Kriegsmaterial und Truppen zu ver= hindern, wogegen vom Standpunkte des Kriegsrechts nichts einzuwenden ist. Es war der ausdrückliche Befehl des Kaisers Napoleon, den Bahnhof nicht zu zerstören; es sollte aber versucht werden, die Bewegung von Zügen, besonders während der Nacht, zu verhindern. Dieser Zweck ließ sich, wie Frossard selbst erklärt, vom linken Ufer aus nur unvollkommen erreichen. Wir werden bald sehen, welche wichtige Rolle Eisenbahn und Telegraph am nächsten Tage spielten, und müssen deshalb die vorsehende Klugheit unsers Kriegsministers anerkennen, der anno 1846 darauf bestand, daß der Bahnhof auf dem rechten Saarufer angelegt werde. Dem General Frossard aber können die Saarstädte für sein humanes Auftreten nur dankbar sein.

XLII. Erste Siegeskunde. Französischer Abschied.

Man vermutet, daß die Franzosen mit dem Bombardement auf den Bahnhof den Telegraphen zerstören wollten, doch sie beschossen irrtümlicher= weise gerade den entgegengesetzten Flügel. Die braven Telegraphisten arbeiteten ruhig weiter, und zum Lohn für ihr treues Ausharren konnten sie in der Frühe des 5. August frohe Siegeskunde aufnehmen:

„Glänzender, aber blutiger Sieg des Kronprinzen bei Weißenburg!“

Mit Preußen und Bayern hat „unser Fritz“ die Franzosen geschlagen; 800 Gefangene sind eingebracht, der Feind ist in wilder Flucht.

Erregte diese Nachricht überall in deutschen Landen großen Jubel, so besonders in unsern Saarstädten. Wie ein Lauffeuer verbreitete sich die Siegesbotschaft durch die Städte, und man beglückwünschte sich zu dem ersten Erfolge der deutschen Waffen. Unser Heer hat die französische Grenze überschritten, nun werden unsere unwillkommenen Gäste auch bald weichen! Gott helfe weiter! Was liegt doch für eine stärkende Kraft im Siege!

Die St. Johanner Zeitung gab um Mittag ein Extrablatt über die Schlacht bei Weißenburg heraus, das an allen Straßenecken angeheftet wurde und auch zur Kenntnis unserer Gäste kam. Kürschner Simon drückte sogar einem Franzosen die Depesche in die Hand, damit er sie seinen Landsleuten im Lager vorlesen sollte. Die freudige Stimmung der Bürger, die den Feinden natürlich nicht verborgen blieb, gab dem Assessor Simons, der den erkrankten Landrat v. Gärtner vertrat, zu der Befürchtung Anlaß, daß die ohnehin gereizten Franzosen ihren Zorn an den Städten auslassen würden. Er ließ durch öffentlichen Anschlag die Nachricht für unzuverlässig erklären, da sie nicht aus offizieller Quelle stamme, und warnte die Bürger vor unzeitiger Freude. Doch die waren nicht so ängstlich, und die St. Johanner

Straßenjugend riß die Bekanntmachung des Landrats alsbald herunter. Der Herausgeber der St. Johanner Zeitung aber, Buchdrucker Hinß, fühlte sich so wenig sicher, daß er an demselben Abend nach Dudweiler flüchtete.

Im Laufe des Nachmittags wurden die Rothosen seltener in unserer Stadt und verschwanden schließlich ganz. „Mer han Schläh' krieht; mer misse fort", sagte ein lothringischer Soldat zu einem Saarbrücker.

Viele Bürger eilen auf den Schwarzenberg, von wo man das französische Lager übersehen kann. Es ist richtig! Dort geht etwas Großes vor. Man sieht alles in lebhaftester Bewegung: die Truppen stehen in Karrés zusammen, Zelt um Zelt verschwindet, Wagen bewegen sich nach Forbach zu. Hurrah, Bittoria!

Aufbruch der Franzosen.

Am Abend des 4. August hatte General Frossard auf der Goldenen Bremm eine Depesche erhalten. Sein Gesicht verfinsterte sich während des Lesens. „Wir haben bei Weißenburg eine Schlacht verloren, der General Douay ist tot", sagte er zu dem Generalstabschef Saget. „Jetzt müssen wir hier auch zurück."

Diese Nachricht vernichtete endgültig den Traum von einem französischen Einfall in Deutschland; sie bewies, daß der Aufmarsch der deutschen Heere jetzt vollendet und das allgemeine Vorrücken derselben zu erwarten war. Die in Folge dessen angeordnete Verschiebung der französischen Streitkräfte ließ dem General Frossard, der mit seinem Korps jetzt ohne genügende Fühlung mit den andern Heeresteilen „in der Luft" stand, den Rückzug auf die Spicherer Höhen und nach Forbach, wohin er schon vorher zwei Brigaden zurückgezogen hatte, wünschenswert erscheinen. Der Kaiser Napoleon ordnete diese Bewegung auch für den 6. August früh an; doch hielt es Frossard für geraten, schon am 5. abends seine Stellung zu räumen, um nicht von dem Feinde, der in Stärke von 40 000 Mann von Trier heranziehend gemeldet wurde, am Abmarsch gehindert zu werden.

Auf die Kunde, daß die Franzosen abzögen, ging die bei Schafbrücke liegende Schwadron der 3. Ulanen nach 6 Uhr unter Rittmeister v. Hammerstein nach St. Johann vor. Doch während sie munter auf der Brebacher

Straße dahintrabten, gerieten die Franzosen auf dem Winterberg in Aufregung; ein wütendes Schnellfeuer wurde eröffnet; auch von St. Arnual ging eine Abteilung Franzosen über die Saarwiese vor und beschossen die Reiter auf 300 Meter Entfernung, so daß diese hinter dem Kaninchenberg Deckung suchen mußten. Doch der Erfolg des Schnellfeuers war nicht erheblich: Lieutenant v. Troschke und ein Ulan wurden verwundet, mehrere stürzten und erlitten Quetschungen; ein Pferd blieb tot, drei andere wurden verwundet. Von der alten Brücke aus, wo sich viele Zuschauer versammelten, glaubte man zu bemerken, daß die Franzosen von der Saarwiese Verwundete mit nach St. Arnual nahmen; diese hätten also die eigenen Schützen auf dem Winterberg auf dem Gewissen gehabt.

Das war der Abschiedsgruß der Franzosen. Zwar tönte vom Winter= berg die Regimentsmusik und das Zeltlager stand noch, doch unsere Bürger waren guten Mutes. „Die längste Zeit haben wir sie hier gesehen", sagt der eine. „Die Spitze der Armee des Kronprinzen steht schon in Saar= gemünd", weiß ein anderer zu berichten. „Wenn sie sich nicht bald fortmachen, werden sie alle gefangen", schließt ein dritter.

Noch stehen die Bürger in lebhaftem Meinungsaustausch zusammen, da nähern sich schnell von St. Johann her drei Reiter: ein Kürassierlieutenant und zwei Offiziere von den Braunschweiger Husaren sprengen über die Brücke. „Achtung! Platz machen!" — „Zurück! Die Franzosen sind noch da!" rufen die Bürger durcheinander. Doch die Reiter lassen sich nicht aufhalten und verschwinden hinter der nächsten Straßenecke. „O Gott! Wie wird es ihnen gehen?" Atemlos lauscht man, ob kein Schuß vernehmbar wird. Doch alles bleibt still. Sind die kühnen Reiter gefangen? Da nach geraumer Zeit erscheinen sie wieder, mit brausendem Hurrah empfangen. Doch der dritte fehlt. Endlich kommt auch er zurück. Neues Hurrah, Hoch und Bravo! Den Pallasch zum Dankesgruße schwenkend enteilt der Offizier; es war Lieutenant v. Spalding von den 6. Kürassieren, der bis in die Nähe des Exerzier= platzes gelangt war und dort noch Feuer erhalten hatte.

Als es dunkelt, werden die Laternen an der alten Brücke nicht, wie sonst, angezündet, und die Bewohner der Saarstraße in St. Johann werden bald nachher von der Polizei aufgefordert, kein Licht nach der Straße zu brennen oder doch die Fenster dunkel zu halten. „Warum das?" fragen die Bürger. Die Absicht wird klar, als ein Zug Braunschweiger Husaren zu Fuß über die Brücke kommt und die nächsten Häuser in Saarbrücken besetzt; eine berittene Patrouille eilt vor die Stadt. Die Husaren rauchen behaglich ihre Pfeifen, und der Lieutenant schreibt in dem Zimmer des Herrn Willens eine Meldung, als plötzlich an der Schloßkirche Lärm entsteht. Die Husaren eilen hinzu, ein Knäuel Menschen wälzt sich den Schloßberg herunter, man hört Hiebe klatschen, und grimmige Worte werden laut: „Schlagt ihn tot, den Spion!" Der Lieutenant springt hinzu, reißt die nächsten Husaren zurück und befreit das unglückliche Opfer, einen Saarbrücker Schneider. Er hatte eine Patrouille den Hahn hinauf geführt, doch als oben ein französischer Posten sichtbar wurde und auf die Husaren anschlug, glaubten sich diese verraten und übten sofort schnelle Justiz. C'est la guerre!

Auf den Höhen brennen noch vereinzelte Wachtfeuer, doch nicht wie sonst rauscht Lagerlärm hernieder, und keine Schatten schweben um die Feuer. Hier und da tönt noch ein Signal, dann wird alles still. Sind sie wirklich fort?

———•••———

XLIII. Der 6. August.

1. Vor der Schlacht.

„Am 6. August morgens", erzählt ein alter Saarbrücker, „lag ich gegen 4 Uhr im Fenster — wir hatten ja damals Tag und Nacht keine Ruhe — da ruft mir der Nachtwächter zu: „Du, Fritz, die Franzosen sind fort!" Ich laufe schnell herunter auf die Straße und will nach dem Hahn. In der Nacht hatte es geregnet, und der Morgen war kühl und nebelig. Wie ich an den „Löwen" in die Eisenbahnstraße komme, reiten gerade Kürassiere daher, und wir — es waren noch mehr dazugekommen — ziehen mit ihnen in die Vorstadt wie die Jungen mit der Musik. Der Offizier war freundlich zu uns, fragte uns über die Franzosen, und wir sagten ihm alles, wo sie gestanden und was sie getrieben hatten. So gingen wir durch die Vorstadt und dann die Metzer Straße hinauf. Als wir an den Berg kamen — da, wo jetzt die „Laube" ist — sagte der Offizier: „Nun, Ihr Civilisten, schwärmt mal da 'rauf und seht, ob noch Franzosen da sind." Wir nicht faul, laufen den Berg hinauf, und wie wir oben hinkommen und keine Franzosen mehr sehen, schwenkten wir die Mützen und rufen: „Hurrah, sie sind fort!"

Da standen die verlassenen Laubhütten der Feinde, eine ganze Lager=stadt. Vor den Kochlöchern lagen noch Holzbündel, zerrissene Päckchen mit Reis, Sago und Kaffee, Czakos mit Kartoffeln und Äpfeln gefüllt, leere Flaschen und Überreste von geschlachteten Tieren. Überall sah man Koch=geschirre, Tornister, Schuhe, Käppis, zerrissene Uniformstücke und Zeltstangen auf dem Boden zerstreut: die Franzosen hatten es offenbar mit dem Abzug sehr eilig gehabt. Die Buben, die bei uns waren, sammelten die Uniform=stücke und zogen mit den erbeuteten Czakos, Käppis, Pompons und Gamaschen geschmückt im Triumph in die Stadt hinunter; einer paradierte sogar mit nicht geringem Stolze in ein paar roten Hosen. In den Hütten lagen allerlei gedruckte und beschriebene Zettel herum, darunter Gebete gegen Verwundungen und Verheißungen des Sieges über die ketzerischen Preußen. Und wie sah es in den Trillergärten aus, die unsere Freude und unser Stolz waren! Die Gartenthüren waren ausgehoben, die Mistbeetfenster zerschlagen, die Gärten geplündert, viele Obstbäume abgehauen, die Gartenhäuschen verwüstet. Auf der Lerchesflur waren die Felder zerstampft, die Kartoffeläcker um und um gewühlt, das schon geschnittene Korn und der Hafer verschwunden — Raub und Verwüstung überall!

Der Weinkeller in Röchlings Garten auf dem Triller war geleert, doch waren die Herren wenigstens so artig gewesen sich zu bedanken. Sie hatten mit Bleistift an die Wand geschrieben: „Mille remerciements au propriétaire du bon Champagne et du bon vin blanc! Nous sommes fâchés d'avoir été obligé d'enfoncer votre porte; car vos Prussiens ne voulaient pas partir. Deux éclaireurs volontaires de la 3me division du 2me corps de l'armée française." (Tausend Dank dem Eigentümer des guten Champagners und Weißweins. Wir mußten leider Ihre Thüre einschlagen; denn Ihre Landsleute wollten nicht abziehen. Zwei freiwillige Schützen der 3. Division des 2. franzö=sischen Armee=korps.)

Mittlerweile waren die Küras=siere an der Belle=vue vorbei nach der Folsterhöhe vorgeritten. Im Thale wogte

Kürassiere an der Folsterhöhe.

dichter Nebel, aus dem nur hier und da die Helme und Küraffe der Reiter aufblitzen. Da knattern Schüffe drüben beim Zollhaus; aha, da stehen die Franzosen noch! Die Küraffiere sprengen zurück und berichten, daß sie unter dem Schutze des Nebels dicht an ein französisches Lager herangekommen sind. Gegen 7 Uhr reitet eine Schwadron Braunschweiger Husaren den Hahn herauf und hält auf dem Exerzierplatze. Lieutenant Schweppe trabt mit einem Zuge nach der Folsterhöhe vor und plänkelt hier mit französischen Dragonern. Man sieht jetzt feindliche Infanterie, etwa zwei Bataillone, auch eine Batterie, die unsere Reiter beschießt. Auf dem Roten Berge sind die Franzosen mit Befestigungsarbeiten beschäftigt, und Artillerie ist dort auf= gefahren; vor Stieringen ist ein feindliches Lager sichtbar.

Von den Spicherer Höhen kommt gegen ½ 8 Uhr eine feindliche Kavallerie= patrouille, 8 Pferde stark, heruntergeritten. Lieutenant v. Spalding von den Küraffieren reitet mit ebensoviel Mann im Trabe dagegen; als unsere Reiter in Galopp übergehen, machen die Franzosen Kehrt; die Unfern im Marsch! Marsch! hinterher. Doch plötzlich knattert es von allen Seiten: unsere Reiter sind in die Nähe starker Infanterieabteilungen gekommen; aber sie wissen geschickt das Gelände zu benutzen und kommen unverfehrt zurück.

An der Bellevue sind unterdessen die bürgerlichen Strategen wieder in voller Debatte. „Was helfen die paar Kavalleristen?" sagt ein Bürger; „hätten wir Infanterie und Artillerie, wir jagten die Franzosen, daß sie die Schlappen verlören." — „Nicht so hitzig, mein lieber Alter!" sagt ein anderer; „laß nur den Generalstab machen. Gewiß werden die Franzosen hier in der Front beschäftigt, indes die Infanterie sie rechts und links umgeht; dann sind sie in der Falle."

Doch der knurrende Magen erinnert die Zuschauer, daß sie noch nicht gefrühstückt haben, und sie wenden sich heimwärts, um den Ihrigen die frohe Kunde zu bringen: „Die Franzosen sind fort; von Feindes Not sind wir befreit."

Leute, die von St. Arnual kommen, erzählen, daß die Feinde dort u. a. ein paar Hundert Schuhe stehen gelassen haben, und daß der General, der auf Mügels Weinberg wohnte, nicht einmal die Kotelettes, die ihm zum Abendessen gebraten waren, verzehrt hat. Der französische Oberst, der in der Bruch'schen Wirtschaft wohnte, hat beim Abschied zu Herrn Bruch gesagt: „Nun leben Sie wohl, mein Lieber; wir gehen zurück. Wenn Sie mich noch einmal wiederfehen wollen, müffen Sie nach Paris kommen."

Kavallerie von verschiedenen Truppenteilen durchzieht jetzt die Stadt, die sich mit festlichen Flaggen schmückt: preußische Husaren, Ulanen und Dragoner, alles prächtige Leute, gut ausgerüftet und trefflich beritten. Mit

Stolz vergleichen die Bürger das stramme Auftreten der Deutschen mit dem schlotterigen Wesen der Franzosen.

Auch verschiedene Generäle mit ihrem Stabe zeigen sich; offenbar ist Wichtiges im Werke. Man erkennt den General v. Göben, den Führer des 8. Korps, der nach dem Hahn vorreitet.] Dorthin nimmt auch der Kavalleriegeneral v. Rheinbaben mit Ulanen= und Kürassierschwadronen seinen Weg.

Die 39er auf der Lebacher Chaussee.

Gegen 11 Uhr kommt mit Trommeln und Pfeifen auf der Lebacher Straße frisch und frank das 39. Füsilierregiment an= marschiert. Unter den Klängen der Regimentsmusik rücken die strammen niederrheinischen Jun= gen in St. Johann ein und ziehen über die neue Brücke; in freu= biger Erwartung, mit leuchten= dem Auge eilen sie dem Feinde

entgegen. Schon liegt ein tüchtiger Marsch hinter ihnen; sie kommen von Knorrscheid und Landsweiler und sollten eigentlich in Guichenbach rasten, doch General v. Kamele hat auf die Kunde von der Räumung Saar= brückens Befehl gegeben, dorthin vorzumarschieren und zur Sicherung der Saarübergänge die Höhen südlich von Saarbrücken zu besetzen. „Vielleicht können wir den Kerls noch eins versetzen“, hat der General hinzugefügt. Wie sie aus dem Walde heraustreten und Saarbrücken näher kommen, fallen ihnen die Spuren des Kampfes mit den Franzosen in die Augen: verbrannte Häuser, ein frischer Grabhügel, die Spuren der Granaten in der Stadt. Vielleicht haben sie heute früh das alte Soldatenlied gesungen:

„Morgenrot, Morgenrot,
Leuchtest mir zum frühen Tod.“

Hat dabei wohl einer dieser frischen Jungen geahnt, daß die Worte des Liedes an ihm noch heute zur Wahrheit werden, daß auch über ihm sich morgen ein Grabhügel wölben würde?

Vor dem Regiment reitet Generallieutenant v. Kamele einher und erwidert freundlich die Grüße der Bürger; sie gelten zugleich der großen Armee, die, längsterwartet, jetzt endlich heranzieht. Mit lautem Hurrah wird jede einzelne Kompagnie begrüßt, nicht minder die wackern Kanoniere vom 7. Regiment, die mit ihrer Batterie zwischen dem 2. und 3. Bataillon an= marschieren. Doch mit „Hurrah“ allein ist's jetzt nicht gethan, das wissen die St. Johanner und Saarbrücker sehr wohl. Schon brennt die Augustsonne mit glühenden Strahlen; die Truppen sind erhitzt und durstig von dem langen Marsche: es gilt sie zu laben. Und als ob nur ein Wille die Masse beseele, unaufgefordert bringt Reich und Arm, Hoch und Niedrig, was ein jeder hat, zur Erquickung der wehrhaften Landsleute herbei. Viele Hunderte drängen sich in die Marschkolonne und reichen Wasser, Wein, Kaffee, Brot und Cigarren.

Durchmarsch der 39er.

Im Marsch führen die Soldaten die Becher an die trockenen Lippen, schieben Brot und Cigarren in den Brotbeutel, und unaufhaltsam geht's weiter. Die Kinder laufen an den Reihen entlang, um die Gefäße zurückzubekommen, die für die Nächsten wieder gefüllt werden.

So ziehen die 39er den Hahn hinauf, wo die 6. Kürassiere und Braunschweiger Husaren abgesessen auf der Metzer Straße halten. Die Füsiliere ahnen nicht, wie nahe der Feind ist. Noch sind die Gewehre nicht geladen, und froher Sang tönt noch aus ihren Reihen. Doch die Reiter wissen, daß es heute noch zum blutigen Strauß kommt. „Man feste bruff!" — „Heut' gibt's Arbeit!" rufen die Brandenburger und Braunschweiger den Rheinländern zu.

Jetzt erreichen die ersten die Höhe. Vor ihnen liegt das Thal, und drüben steigen die Spicherer Höhen auf. Da donnert auch schon der Feindesgruß herüber. Granaten sausen heran, ein Pferd wälzt sich in seinem Blute, in den Reihen des 1. Bataillons, das noch hinter der Höhe hält, stürzen mehrere Leute nieder. Mit lautem Geschrei verschwinden die Zuschauer, die die Truppen bis hierher begleitet haben; Hauptmann Schweder jagt mit seiner Batterie an der Infanterie vorbei; im Galopp fahren die Geschütze auf dem Exerzierplatz auf und protzen ab. „Erstes Geschütz, Feuer!" Krachend fliegt die deutsche Antwort auf die welsche Begrüßung nach dem Roten Berg hinüber. Die drei Bataillone ziehen sich zum Kampfe auseinander, die Fahnen werden entfaltet und wehen lustig im Winde. „Bataillon soll chargieren — geladen!" Die Kammern rasseln auf und zu, die Patronenpackete werden aus dem Tornister herausgenommen; hier und da sieht man ein Kartenspiel herausfallen, mit dessen Blättern der Wind sein Spiel treibt; wohl mancher spricht noch ein Gebetlein, das er von der Mutter gelernt hat, dann geht's vorwärts gegen den Feind.

Drunten in der Stadt läuten zum ersten Male wieder seit dem 2. August die Mittagsglocken. Wie Befreiungsgruß tönt den Bürgern das Geläute, doch mit ihrem Schall vermischt sich der Donner der Kanonen. Der Tod schärft seine Sichel zu grauser Ernte — die Schlacht des 6. August hat begonnen.

2. Der erste Angriff auf den Gisertwald und den Roten Berg.

Die Spicherer Höhen bilden den Nordabfall einer durch zahlreiche Schluchten eingeschnittenen Hoch=ebene und führen ihren Namen von dem weiter rückwärts auf der Höhe liegenden Dorfe Spichern, welches von der nördlichen Niederung aus nicht sichtbar ist. Der östliche, der Saar zunächst gelegene Teil ist mit Hochwald bedeckt und führt den Namen St. Arnualer Stiftswald; der west=liche Teil desselben heißt Pfaffenwald und wird durch eine Lichtung an der Wieselsteiner Schlucht von dem aus niedrigerem Gehölz bestehenden Gisertwald geschieden. Von dem westlichen Teile des Gisertwaldes springt bastionsförmig der nach Norden sich abdachende unbewaldete Rote Berg vor, der in einem steilen, felsigen Hang zur Niederung abfällt. Dicht am Ostabfall des Rotenberges führt eine steile mit großen Steinen schlecht gepflasterte Straße auf die Höhe, die im Übrigen auf der Strecke von St. Arnual bis vor Stieringen nur durch Fußpfade zugänglich ist. Der südlich von der Goldenen Bremm zwischen zwei Schluchten gelegene Berg=vorsprung heißt der Forbacher Berg, der bewaldete Abhang desselben der Spicherer Wald. Diese Höhen beherrschen die große Straße von Saarbrücken nach Forbach und bilden, da das ganze ihnen nördlich vorliegende Gelände bis zu dem Thal des Drahtzugweihers eine wellenförmige, baumlose Ebene

12*

bildet, bei einer Erhebung von 80—100 Meter über der Thalsohle und einer Steigung von 30 und mehr Grad eine schier uneinnehmbare Position. Südlich von dem Drahtzugweiher und der Eisenbahn nach Metz liegt ein kleines Waldgebiet, das Habsterdick oder Stieringer Waldstück, dessen Südwestende bis dicht an die Spichern-Schönecker Straße reicht und bis zu der am Fuße der Höhen entlang ziehenden Forbacher Straße nur einen Raum von ungefähr 600 Meter Breite freiläßt. Dieser Raum verengt sich weiterhin noch mehr und wird durch die Gebäude der de Wendel'schen Eisenhütte und des Dorfes Stieringen ganz ausgefüllt, welche so einen festen Stützpunkt gegen einen nach Forbach vordringenden Feind abgeben.

In diese Stellung hatte General Frossard sich am Abend des 5. August zurückgezogen, und zwar stand auf den Höhen von Spichern die Division Laveaucoupet in zwei Treffen; im Thalgrunde bei Stieringen zu beiden Seiten der Straße die Division Vergé und südlich von Forbach auf der Hochebene von Ötingen als Reserve die Division Bataille. Der Rote Berg war durch eine Sappeurkompagnie und das 10. Jägerbataillon mit übereinander liegenden hufeisenförmigen Schützengräben befestigt worden.

Dieser in starker Stellung befindlichen Streitmacht stand zunächst nur die 27. Infanteriebrigade gegenüber; auch das zu dieser gehörende 74. Regiment war jetzt aus dem Köllerthaler Walde herausgetreten und hatte teils am Schanzenberg, teils auf der neuen Brücke die Saar überschritten. Weiter zurück befand sich noch die 28. Brigade. Außerdem konnte v. Kameke auf Unterstützung durch die andere Division des 7. Armeekorps, die 13. rechnen, welche auf Völklingen vorrückte, sowie auf das Eingreifen des auf Fischbach marschierenden 8. Korps, dessen Oberbefehlshaber v. Göben ihm am Morgen in Saarbrücken von einem Erkundigungsritt zurückkehrend begegnet war und Hilfe in Aussicht gestellt hatte. Auch die Spitzen des zur 2. Armee gehörigen 3. Korps waren bis Neunkirchen und Friedrichsthal vorgerückt. Immerhin war es fraglich, ob im Falle des Mißlingens die Hilfe rechtzeitig zur Hand sein werde.

Da der Feind im Rückzug begriffen und nur über geringe Kräfte zu verfügen schien, so wollte v. Kameke ihn nicht ungestört ziehen lassen und sich zugleich in Besitz der Höhen setzen, welche die Saarbrücker Berge überragen und den Einblick in das Saarthal gestatten. Daher befahl er, nachdem drei weitere Batterieen angelangt waren und an der Lerchesflur Stellung genommen hatten, dem General v. François, dem Führer der 27. Brigade, den Feind zu vertreiben. Da das Vorgehen auf die Front der feindlichen Stellung aussichtslos schien, so entschloß sich v. François die Franzosen in beiden Flanken anzugreifen. Während das 3. Bataillon 39. Regiments sich nach dem Drahtzug in Bewegung setzte, um von dort aus mit dem 2. Bataillon 74., welches die Eisenbahnbrücke überschritten hatte, zusammenzuwirken, schritt Oberst v. Estens mit 7 Kompagnieen 39. Regiments zum Angriff auf den Gifertwald; die beiden übrigen Bataillone blieben als Reserve zurück. Unter dem Feuer der feindlichen Geschütze zogen die Füsiliere bis zum Südostfuße des Winterbergs und von hier am Tiefweiher vorbei ben Stiftswald entlang nach der Wieselsteiner Schlucht. Jetzt bekamen sie auch

Vorgehen des 3. Bataillons 39. und 2. Bataillons 74. am Drahtjug.

Gewehrfeuer von der Höhe; doch es zu erwidern wäre zwecklos gewesen, da sie keinen Feind sahen. Im Laufschritt wurde der Weg bis zum Fuß der Höhe zurückgelegt. Die Füsiliere, die schon einen Marsch von 20 Kilometern hinter sich hatten, keuchten gewaltig unter dem gepackten Tornister in der Mittagshitze; dicke Schweißtropfen perlten unter dem Helm hervor. Doch unermüdlich ging's vorwärts über den weichen Ackerboden, bis der Waldrand erreicht war. Dieser war unbesetzt; nur eine Feldwache schien dort gestanden zu haben, welche, wie am Boden liegende Gewehre mit heißen Läufen und umherliegende Patronenpackete bewiesen, eilig die Flucht ergriffen hatte; einige versprengte Franzosen gaben sich willig gefangen. Im kühlen Waldesschatten warfen sich die Füsiliere nieder und rasteten; dann wurde das Gepäck abgelegt, die Seitengewehre aufgepflanzt, und es begann der Aufstieg an dem überaus steilen Berghang. Nur mühsam klommen die 39er, an Bäumen und Sträuchern sich haltend, in die Höhe; oftmals glitt der Fuß aus, Brombeergerank und Gestrüpp sperrte den Weg, an den steilsten Stellen zogen die Kräftigeren die Schwächeren an den Gewehren hinauf. Endlich war die Höhe erreicht, und erst hier stieß man auf Widerstand. Die Feinde (40. Regiment) waren sichtlich überrascht und zogen sich feuernd zurück; die Füsiliere ihnen nach. Doch wie die Schützen den jenseitigen Waldrand erreichten, empfing sie ein verheerendes Feuer, und sie wurden in den Wald zurückgeworfen. Die Franzosen drangen nach, und nun wogte

1. und 2. Bataillon 39er erſteigen den Abhang des Giſerlwaldes.

im Walbe das Geſecht hin und her. In dem zerſtreuten Waldgeſecht hörte bald jeder Einfluß der Offiziere auf, doch fanden ſich bei jeder Gruppe entſchloſſene Unteroffiziere und ſelbſt Gemeine, welche die Führung über= nahmen. Major v. Wichmann ſammelte die zerſtreuten Schützen, ließ die Verſtärkungstrupps einrücken, ſetzte ſich an die Spitze der Seinigen und vertrieb den Feind aus dem Walde. Doch von zwei Kugeln in Bruſt und Seite getroffen fiel der tapfere Führer lautlos nieder. Da der Feind den Waldrand unter ſtarkem Feuer hielt, ſo war weiteres Vordringen hier un= möglich. Vergebens ſuchte die 4. Kompagnie den Feind in der rechten Flanke zu faſſen; ſtarkes Geſchütz= und Mitrailleuſenfeuer trieb ſie in den Wald zurück. Premierlieutenant v. Beaulieu († 10. Auguſt in St. Johann) wurde durch einen Schuß in die Bruſt ſchwer verwundet und lag 20 Schritt vor dem Waldſaum im feindlichen Feuer. Da eilte der Füſilier Pomme ſeinem

Zugführer zu Hilfe, doch er fiel zu Tode getroffen neben ihm nieder. Der Gefreite Albers ließ sich dadurch von gleichem Wagnis nicht abschrecken, doch auch er wurde durch einen Granatsplitter schwer verwundet. Nun lief als dritter der Gefreite Obermanns hinzu, und ihm gelang es auch im Kugelregen seinen Lieutenant notdürftig zu verbinden und seine Lage zu erleichtern.

Inzwischen waren die 5. und 7. Kompagnie rechts vom 1. Bataillon unter heftigem Flankenfeuer vom Rotem Berge in den Wald eingedrungen und erreichten nach 1½ stündigem Waldgefecht ebenfalls den Südrand des Gifertwaldes, während die 6. Kompagnie außerhalb des Waldes gegenüber dem Ostabhang des Roten Berges sich festgesetzt hatte. So war es in der That sechs Kompagnieen gelungen diese Höhe, auf der eine ganze Division

General v. François.

lagerte, zu erstürmen. Doch freilich war damit nicht viel gewonnen; weiteres Vordringen auf das offene Gelände war für diese schwachen Abteilungen nicht möglich, da starke französische Streitkräfte vor Spichern den Waldrand unter einem verheerenden Geschütz- und Gewehrfeuer hielten; ja, diese vorgeschobene Stellung selbst, in der man den Feind auf dem Roten Berg fast im Rücken hatte, war unhaltbar, wenn nicht bald Verstärkung kam.

Mittlerweile entbrannte auch am Roten Berg der Kampf. Von hier aus wurde das ganze Schlachtfeld nach rechts und links von den französischen

Kugeln bestrichen; daher beschloß General v. Kameke diese Höhe, den Schlüssel der feindlichen Stellung, in seinen Besitz zu bringen und befahl dem General v. François den Angriff.

Wer nur als Fußgänger diesen steilen Hang erstiegen hat und, atemlos oben angekommen, das Blachfeld vor sich sieht, das die Preußen durchschreiten mußten, wird die Erstürmung dieser noch dazu künstlich befestigten Stellung für ein Ding der Unmöglichkeit halten. Dieselbe Ansicht hatten wohl die Franzosen, doch das in ihrer Flanke ertönende „Vorwärts" und „Hurrah" der Preußen, das Zurückweichen ihres rechten Flügels zeigte ihnen, mit was für einem Feinde sie zu thun hatten. Schon blitzten die preußischen Bajonnette und Pickelhauben durch die Bäume des Gifertwaldes, und nun rückten auch gegen den Roten Berg die Preußen trotz Granaten, Mitrailleusen- und Chassepotkugeln „wie auf der Parade"[*]) vor.

Es war General v. François selbst, der das Füsilierbataillon 74. Regiments vorführte. Mit jedem Schritte wurde das feindliche Feuer heftiger, die Höhen schienen sich, je näher die Preußen kamen, um so steiler zu erheben; doch ohne einen Schuß zu thun, eilten die 74er vorwärts. Von der 9. Kompagnie wurden mehrere Mann gleichzeitig getroffen: die Kolonne schwankt; da ertönt aus dem Gliede der Ruf: „Denkt an Waterloo, Kameraden!" So trug die Instruktionsstunde im feindlichen Feuer ihre Früchte. Bei der 10. Kompagnie warf ein Mitrailleusenschuß mehrere Rotten nieder. „Rechts 'ran!" kommandiert der Hauptmann; die Glieder schließen sich wieder, und unverdrossen geht es weiter. „Dort am Berge findet Ihr Deckung! Schwärmattacke, marsch, marsch!" und im Laufschritt eilen die Füsiliere an den Fuß des Berges, wo sie dicht an den Abhang geschmiegt vor den feindlichen Kugeln sicher sind und Atem schöpfen können. Ungefähr 30 Schritt vorher war der Hauptmann v. Gabain durch einen Schuß in den Oberschenkel schwer verwundet zusammengebrochen; die Unteroffiziere Mundt und Krähling eilten ihm aus der Deckung zu Hilfe und sicherten ihren Führer vor den feindlichen Kugeln. Premierlieutenant v. Koschitzky versuchte jetzt mit der geschwächten Kompagnie den Berg zu ersteigen, doch ein Schuß in den Oberarm machte ihn kampfunfähig. Ein Teil der Füsiliere setzte nun ohne Führer den Aufstieg fort und erreichte wirklich den vorderen Höhenrand, wo sie sich plötzlich hart vor einem vom Feinde besetzten Schützengraben sahen. Hier kam es zum Kampfe Mann gegen Mann, doch mit schweren Verlusten wurde das kleine Häuflein durch die Übermacht des Feindes den Berg hinuntergeworfen und nahm hinter einem Erdaufwurf das Feuergefecht wieder auf. Wenngleich der bis an die Zähne verschanzte Feind nur ein kleines Ziel bot, so wußten die Füsiliere ihn doch zu treffen, wie später die mit Kopfschüssen in den Schützengräben liegenden Leichen der Franzosen bewiesen haben. Mit größter Ruhe wurden die Entfernungen geschätzt, Abkommen angesagt und Treffer beobachtet. Trotz der ernsten und gefahrvollen Lage ließ manche auch der Humor nicht im Stich; in Unerschrockenheit wetteiferten Führer und Untergebene. Lieutenant Grunewald ergriff das Gewehr eines Gefallenen und beteiligte sich am Kampfe; als er seinem zu Tode getroffenen Vetter, Portepeefähnrich Clausen, zu Hilfe eilen wollte, wurde er selbst durch einen Granatsplitter niedergerissen.

Einen unschätzbaren Kampfgenossen fanden die 74er an der Artillerie, die schon in ihrer ersten Stellung am Winterberg und am Exerzierplatz vortrefflich gewirkt und durch ein furchtbares Feuer aus 24 Geschützen die auf

---

[*]) „comme à la parade" (de Lonlay II, 73).

Vorgehen des Füsilierbataillons Nr. 74 gegen den Roten Berg.

dem nördlichen Vorsprung des Rotenbergs aufgestellte französische Batterie
nach Verlust von zwei Munitionswagen zum Abfahren gezwungen hatte.
Jetzt gingen die drei Batterieen vom Winterberg zu kühnem Angriff vor.
Dumpfrasselnd kommt die erste Batterie auf dem Spicherer Weg angetrabt,
voran sprengt der Abteilungskommandeur Major v. Eynatten, gefolgt von
dem Adjutanten und dem Stabstrompeter, dem Galgenberg zu. Auf der
Höhe, die kaum 1000 Meter von den feindlichen Schützen entfernt ist, pariert
der Major sein Pferd und zeigt mit hochgeschwungenem Säbel den Haltepunkt
des ersten Geschützes. Der Stabstrompeter bläst ein Signal, die Peitschen
sausen auf die Pferde nieder, und im Galopp geht's die Höhe hinauf, wo
ein Hagel von Geschossen die Batterie begrüßt. Das Pferd des Majors
bäumt sich auf und fällt tot nieder, auch die Pferde des Adjutanten und
des Ordonnanzunteroffiziers stürzen von Chassepotkugeln getroffen und die
Bedienungsmannschaft erleidet schwere Verluste. Doch im Nu ist abgeprotzt,
und der erste Schuß fliegt aus dem Rohr. Die Batterieen haben einen
schweren Stand gegen das feindliche Feuer, (Gesamtverlust der 4 Batterieen
2 Offiziere, 24 Mann und 43 Pferde) doch trotz der ungünstigeren Stellung
bleiben die Unsern Meister: überall Tod und Verderben verbreitend, schlagen
die Granaten auf dem Roten Berge ein. „Es verging kaum eine Sekunde",
sagt ein französischer Bericht, „ohne
daß eine Granate bei den Schützengräben einschlug, zerplatzte und die
furchtbaren Splitter umherstreute.

Die ersten 74er im französischen Schützengraben.

Überall, wo eine Batterie auffuhr oder eine Kolonne sich bildete, fiel ein wahrer Eisenregen nieder."

Nachdem die 74er eine Zeit lang am Fuße des Berges gehalten, machte Sergeant Kretschmann der 12. Kompagnie den Hauptmann v. Nostiz darauf aufmerksam, daß das Feuer aus dem nächsten Schützengraben fast ganz aufgehört hatte. Auf den Zuruf des Hauptmanns springen die Füsiliere auf, erklimmen zum Teil auf Händen und Füßen den steilen Berg und stürmen, während die andern Kompagnieen unter Major v. b. Mülbe sich anschließen, mit Hurrah auf den Schützengraben los, den die zusammen- geschmolzenen Verteidiger, sichtlich überrascht, in eiliger Flucht verlassen.

Jetzt erschien auch General v. François auf der Höhe und beglückwünschte das Bataillon zu dem Erfolg seiner Tapferkeit. Doch soeben wurden die 39er auf dem linken Flügel zurückgedrängt und auch gegen die 74er setzte sich aus dem Walde eine starke feindliche Abteilung in Bewegung. Da läßt der General den Hornisten Hasselhorst "Avancieren" blasen und führt selbst den Degen schwingend die eben angekommene 9. Kompagnie 39. Regiments mit dem Rufe: "Vorwärts, meine tapferen Neununddreißiger!" dem Feinde entgegen. Neben ihm schreiten die Lieutenants Hesse, Wirfel und Lentze, sowie der Tambour Wüstefeld, welcher die Trommel zum Sturm rührt. Doch nach wenigen Schritten sinkt der General, von einer Kugel unter dem er- hobenen rechten Arm verwundet, zu Boden. Da er sich tödlich getroffen fühlt, so übergiebt er dem Tambour Wüstefeld den Orden pour le mérite, der seinem Könige zurückgegeben werden soll; Lieutenant Hesse zieht von der ausgestreckten Hand den Trauring, um ihn der Gemahlin des Generals zu überbringen. Gleich darauf treffen den Verwundeten vier Mitrailleusenkugeln, und er verscheidet mit den Worten: "Es ist doch ein schöner Tod auf dem Schlachtfelde. Ich sterbe gern, da das Gefecht vorwärts geht."

Die Leiche des Gefallenen, der nur den Generalshelm, sonst noch die Uniform eines Obersten des 58. Regiments trug, (er war erst am 26. Juli zum General befördert worden) wurde auf Veranlassung seines Adjutanten Premierlieutenant v. Dieskau mit einem Soldatenmantel bedeckt am Fuße des Roten Berges niedergelegt und von dort an demselben Abend nach Saarbrücken in die Ludwigskirche gebracht.

Das Beispiel ihres Generals ermutigte die Füsiliere zum Ausharren bis auf den letzten Mann. Die Franzosen unter ihrem tapfern Kommandanten Schenck machten verzweifelte Anstrengungen, um die Preußen von der Höhe herunterzuwerfen, doch das Schnellfeuer der Füsiliere und die Granaten der Artillerie trieben sie jedesmal wieder zurück. Aber lange konnte die Wider- standskraft nicht mehr dauern; die meisten Offiziere der fünf Kompagnieen

Tod des Generals v. François.

waren tot ober verwundet; die zehnte wurde schon von dem Feldwebel geführt, die Leute waren tobmatt und zu weiterem Angriff nicht im Stande. Einzelne freilich besaßen noch Spannkraft genug, wie der Füsilier Pohl, der mit dem Rufe: „Vorwärts, Kameraden! Wir wollen es machen wie Vater Blücher!" voraneilte, doch nach wenigen Schritten mitsamt den beiden Füsilieren, die sich ihm angeschlossen, tot niederfiel.

Um diese Zeit stand auch im Giserwald das Gefecht sehr ungünstig. General Laveaucoupet hatte zur Verstärkung des rechten Flügels zwei Bataillone vom 24. Regiment vorgeschickt, und auch die beiden übrigen Bataillone des 40. Linienregiments griffen in den Kampf ein, so daß jetzt 6 französische Bataillone gegen die 12 geschwächten und ermatteten preußischen Kompagnieen fochten. Durch diese Übermacht wurden die 39er zurückgebrängt. Hauptmann Mubrach (7. Kompagnie) versuchte die Seinen auf dem den

Wald durchschneidenden breiten Wege zum Stehen zu bringen, doch von zwei
Kugeln in die Brust getroffen, sank er tot nieder. Die 5. und 7. Kompagnie
wurden bis zum Nordabhang des Waldes zurückgeworfen, konnten sich jedoch,
da der Gegner nicht energisch nachdrängte, hier halten. Aber jetzt wurde
auf französischer Seite auch die Brigade Doëns von Spichern herangezogen, und während das 63. Regiment sich nach dem Roten Berge zu in
Bewegung setzte, führte General Laveaucoupet persönlich mit dem Degen in der
Faust das 2. Linienregiment zum entscheidenden Stoße gegen den preußischen
linken Flügel vor. Die erschöpften Leute des 1. Bataillons, die sich fast
verschossen hatten, des größten Teils ihrer Führer beraubt und von dem
langen Kampfe ermattet waren, mußten, da sie ohne jede Unterstützung blieben,
endlich zurückweichen. Sie wurden von der Höhe heruntergeworfen; der Feind
verfolgte sie bis zum Nordbrand des Waldes und überschüttete die nach dem
Winterberg zurückgehenden Trümmer des Bataillons mit Schnellfeuer. Die
verschmachtenden Füsiliere abgestumpft durch das Getöse des Kampfes und
den Anblick der Toten, stürzten sich, um nur ihren brennenden Durst zu
löschen, gierig auf die im Grunde befindlichen Wassertümpel, ohne der

Zurückgehen der 39er aus dem Gifert- und Pfaffenwald nach dem Winterberg.

feindlichen Kugeln zu achten. Am Winterberg brachen viele vor Erschöpfung zusammen und mußten den Berg hinaufgeführt werden; waren sie doch seit 4 Uhr morgens auf den Beinen und von dem ermüdenden Marsche sofort zum Angriff auf die steilen Berghöhen geführt worden. Oben auf dem Winterberg sammelten sich die Reste des 1. Bataillons 39. Regiments um ihre Fahne. Ein erneuter Vorstoß des Feindes konnte jetzt den 10 Kompagnieen,[*] die sich mit Mühe im Giserwalde und am Roten Berg noch hielten, dasselbe Schicksal bringen. Auch im Stieringer Walde mußten die Preußen jetzt eben zurückweichen. Die Lage war äußerst gefahrvoll: alle Truppen der 14. Division waren in einer Ausdehnung von 3/4 Meilen ins Gefecht gezogen, frische Reservetruppen waren nicht vorhanden; ein energischer Angriff des übermächtigen Feindes, der drei Divisionen gegen eine einzige ins Gefecht führen konnte, mußte die Preußen über die Saar zurückwerfen. Sehnsüchtig schauten die Füsiliere am Roten Berg und im Giserwalde wie ihre verwundeten Kameraden, die am Berghang lagen oder in dem Hohlweg zusammengekrochen waren, nach Hilfe aus. Da erscheinen dunkle Linien auf den Saarbrücker Höhen, Bajonnette blitzen auf — die Hilfe ist nahe!

— ·· —

3. Eintreffen der Verstärkung.

Es ist ein erhebendes Bild deutscher Waffenbrüderschaft, das sich jetzt vor unsern Augen entfaltet: die versprochene Hilfe traf ein, aber auch unerwartete, ungehoffte. Der Donner der Kanonen wirkte mit der Kraft eines Magneten auf alle in der Nähe stehenden Truppenteile, und der Umstand, daß eben an diesem Tage die Marschrouten der ersten und zweiten Armee bei Saarbrücken sich kreuzten, war für den Ausgang der Schlacht außerordentlich günstig; nicht minder, daß die Franzosen Eisenbahn und Telegraphen nicht zerstört hatten.

General v. Göben hatte, wie wir wissen, der Division Kamele seine Hilfe zugesagt; als er jedoch in Fischbach eintraf, wo die Spitze der 16. Division stand, hatte Generallieutenant v. Barnekow seine Truppen, die sich gerade zum Biwak einrichten wollten, bereits in Bewegung gesetzt, und diese zogen

---

[*] Genau 9 3/4 Kompagnieen: Füsilierbataillon 74., 5., 6. und 7. Kompagnie 39.; von der 3. Kompagnie war nur ein Zug nach dem Winterberg zurückgegangen, außerdem war jetzt auch die 4. Kompagnie 74. am Fuße des Roten Berges angekommen.

nun in Eilmärschen auf der Römerstraße dem Schlachtfelde zu. Das 9. Husarenregiment, welches voranritt, nahm in der Galgenhelle hinter dem der 14. Division beigegebenen 15. Husarenregiment Stellung, die 6. leichte und die 6. schwere Batterie gingen nach dem Galgenberge vor und postierten sich zwischen den Batterieen des 7. Korps*) links und rechts von der Metzer Straße; dann kam das erprobte 40. Regiment, von den Einwohnern mit besonderem Jubel begrüßt, und wurde zur Verstärkung nach dem Gifertwalde und dem Roten Berge geschickt. Doch diese Hilfe wäre schwerlich ausreichend gewesen, um eine günstige Wendung der Schlacht herbeizuführen. Zugleich aber traf die Vorhut des zur zweiten Armee gehörigen 3. Korps ein. General= major v. Döring, Kommandeur der 9. Infanteriebrigade, deren Marschziel am 6. August Dudweiler sein sollte, war bereits in der Frühe auf die Kunde von der Räumung Saarbrückens dorthin vorgeritten, hatte die französischen Stellungen und Bewegungen erkundet und war zu dem Urteil gekommen, daß das Vorgehen der 14. Division gegen die starke feindliche Position nicht genügend gesichert sei. Er ordnete daher auf eigene Verantwortung den Vormarsch seiner Brigade (Leibregiment Nr. 8 und 48. Regiment) nach Saarbrücken an und zeigte dies seinem Divisionskommandeur v. Stülpnagel an, der sofort dem Korpskommandeur v. Alvensleben Meldung machte und selbst mit einer Schwadron des 12. Dragonerregiments und der 3. leichten Batterie auf das Gefechtsfeld eilte.

General v. Alvensleben, der um 12 Uhr in Neunkirchen eingetroffen war, ließ gleich das ebendort eingerückte 12. Regiment alarmieren und tele= graphierte an die in St. Ingbert und St. Wendel stehenden Regimenter Nr. 52 und Nr. 20 den Befehl, sofort nach Saarbrücken abzumarschieren; auch den übrigen in der Nähe stehenden Truppen des 3. Korps wurden gleiche Befehle zu Teil.

Das 12. Regiment war eben von Mittelbexbach in Neunkirchen ein= gerückt und die durstigen Offiziere waren gerade vor einem Gasthause zum Frühstück versammelt, als der Oberst v. Reuter in eiligem Schritt erschien und rief: „Das 1. Bataillon wird sogleich alarmiert werden. Veranlassen die Herren Offiziere, daß die Leute, wenn irgend möglich, noch schnell in den Quartieren essen; wir fahren mit der Bahn nach Saarbrücken, wo ein Gefecht im Gange ist." Alles eilte auseinander, und bald ertönte das Alarmsignal. Die Kompagnieführer richteten einige ermutigende Worte an ihre Leute, dann

---

*) Die 1. leichte Batterie war inzwischen auf den Heidenhübel vorgezogen worden; auch die 2. schwere Batterie stand jetzt westlich der Straße auf dem nördlichen Ausläufer der Folster Höhe. Beide wirkten hier mit großem Erfolge, die erstere gegen Stieringen, die letztere gegen feindliche Infanterie und Artillerie auf den Höhen.

marſchierte das 1. Bataillon zum Bahnhof, wo ein Zug bereit ſtand. Doch der Raum war ſo beſchränkt, daß die Grenadiere ſelbſt auf den Sitzen der Bremſer Platz nahmen und 12 Offiziere in einem Abteil zweiter Klaſſe fuhren. Mit dem 2. Bataillon eilte der kommandierende General ſelbſt dem Schlachtfelde zu. Unterwegs ſah man das 3. Jägerbataillon und das 48. Regiment von Friedrichsthal und Sulzbach zu Fuße dem Kampfplatze zueilen. In St. Johann hörte man deutlich den Kanonendonner von den Spicherer Höhen herüberdröhnen. Raſch ging's unter den Klängen des Preußenliedes und der Wacht am Rhein durch die Reihen der aufgeregten Einwohner über die neue Brücke der Bellevue zu. Unterwegs kamen ſchon

Durchmarſch der 12er.

Verwundete, von Bür-
gern geführt, ihnen
entgegen. „Immer
drauf, Brandenbur-
ger!" ruft einer mit
zerſchoſſenem Arm.
„Ja woll, feſte!"
ſchallte es aus den
Reihen zurück. An der
Bellevue ſah man end-
lich die heißumſtrit-
tenen Berge: dichter
Pulverdampf hüllte
ſie in Wolken ein,
nur wenig war von
der preußiſchen In-
fanterie zu ſehen; vom

Galgenberg bonnerte die Artillerie gegen die Höhen, einzelne Reitergruppen von höheren Offizieren waren ſichtbar, Adjutanten ſprengten hin und her.

General v. Alvensleben ſchickte nach ſeiner Ankunft in St. Johann kurz vor 4 Uhr ſeinen Generalſtabschef Major v. Kretſchman zu dem General v. Kameke, um ſich über die Gefechtslage unterrichten und den Punkt beſtimmen zu laſſen, wo Hilfe am nötigſten war. v. Kameke erwiderte dem Major, der ihn auf dem Galgenberge fand: „Sagen Sie Ihrem kommandierenden General, von einem Eingreifen in die Schlacht ſei keine Rede mehr; das 3. Korps muß das Gefecht von neuem anfangen." Als bald darauf v. Alvensleben ſelbſt erſchien, konnte man gerade bemerken, wie die Unſern im Giferwalde und bei Stieringen zurückwichen, und der General erklärte, er halte es für ſeine Pflicht, möge der Ausgang ſein, wie er wolle, mit allen

erreichbaren Truppen einzugreifen. Gleich darauf traf v. Alvensleben mit den Kommandeuren des 7. und 8. Korps, den Generälen v. Zastrow und v. Göben, zusammen. Auf die Frage: „Wer führt den Befehl?" erwiderte v. Göben: „Ich bin nicht der Älteste" und wies auf General v. Zastrow hin. „Ihre Hilfe ist sehr erwünscht", sagte v. Zastrow; „die Sache steht hier nicht zum Besten." — „Ich bin bereit, den letzten Mann an den Sieg zu setzen", erklärte der Führer des 3. Korps; „zunächst werde ich genügende Kräfte auf dem linken Flügel sammeln, um von dort gegen die Spicherer Berge vorzugehen. Wie weit kann ich auf Unterstützung rechnen?" — „Vom 7. Armeekorps", erwiderte v. Zastrow, „ist nur noch Artillerie verfügbar; ich habe aber den Hauptmann v. Westernhagen an die 13. Division nach Völklingen gesandt mit dem Befehle auf Forbach loszugehen und die Franzosen in der linken Flanke zu bedrohen." — „Ich habe soeben das Füsilierregiment Nr. 40 gegen den Gifertwald und den Roten Berg vorgeschickt", sagte von Göben; „weitere Truppen stehen mir nicht zur Verfügung." So beruhte das Schicksal des Tages auf dem Eingreifen der Brandenburger, und General v. Alvensleben begab sich nun nach den Spicherer Höhen, um den General v. Stülpnagel aufzusuchen. Dabei sah er am Roten Berg zahlreiche Tirailleure, die regungslos am Abhange lagen. „Reiten Sie doch mal hin, und sagen Sie den Leuten, daß sie vorgehen sollen", befahl der General einem Adjutanten. „Excellenz, die Leute haben ihre Schuldigkeit gethan", erwiderte der Offizier;

„sie sind auf dem Felde der Ehre gefallen." Tief erschüttert wandte der General sich ab. Es waren die tapfern Kämpfer vom 74. und 39. Regiment, die hier mit ihrem Herzblut ihre Treue besiegelt hatten.

— ·•·• —

4. Siegreiches Vorgehen im Gifertwald und Erstürmung des Roten Berges.

Es hatten jetzt nach und nach 8 frische Bataillone, unterstützt durch 4 neue Batterieen, in den Kampf um die Höhen eingegriffen. Nach dem linken Flügel, wo eben das 1. Bataillon 39. Regiments zurückgeworfen war, richtete sich der Marsch der 48er, die kurz nach Mittag in Sulzbach und Dubweiler alarmiert worden waren. Das Füsilierbataillon hatte eben erst von Neunkirchen aus Dubweiler und Herrensohr erreicht, als das Alarmsignal ertönte und die hungrigen Soldaten zwang, das bereitstehende Mittagessen im Stich zu lassen. Nur von dem Gedanken beseelt, den bedrängten Waffenbrüdern Hilfe zu bringen, legten die Brandenburger den Weg nach St. Johann im schnellsten Tempo zurück; vernahm man doch bereits deutlich den Kanonendonner von Saarbrücken her, und „wie mahnend und Hilfe flehend winkten bald die weißen Dampfwölkchen krepierender Granaten und Shrapnels." Um ¹/₂3 Uhr trafen das 1. und das Füsilierbataillon in St. Johann ein und marschierten auf dem Marktplatz auf, um das von Sulzbach kommende 2. Bataillon zu erwarten. Die Gewehre wurden zusammen= gesetzt und die durstige Mannschaft in aller Eile von den St. Johanner Bürgern mit Wein und Bier erquickt. Doch nicht lange dauerte die Rast. Noch ehe das 2. Bataillon herangekommen war, befahl der General v. Döring, der mit dem General v. Stülpnagel bereits auf das Schlachtfeld vorausgeritten war, den Vormarsch. Unter klingendem Spiel wird die alte Brücke über= schritten; schon bonnern die Kanonen ganz in der Nähe, ein kräftiges Hurrah erschallt aus den Reihen, und in eiligem Marsche geht's die Spicherer Straße hinauf. Am Hezenberg wartet schon General v. Döring, die Bataillone ziehen unter den Klängen der Wacht am Rhein an ihrem Brigadekommandeur vorbei nach dem Hinterthal, an dessen Ausgang das Gepäck abgelegt wird. Die Musik spielt einen Choral; mächtig ergreifend tönt die Weise:

„Jesus, hilf siegen, du Fürste des Lebens,
Sieh, wie ich schweb' in Gefahren und Not!"

Dann heißt es: „Helm ab zum Gebet!" und während drüben die Schlacht tobt, bereiten sich hier die Krieger zu dem schweren Gange vor, von dem mancher nicht zurückkehren wird. Noch ehe der Befehl zum Antreten gegeben ist, wird das erste Opfer gefordert: der Stabsarzt Dr. v. Heyne wird aus einer Entfernung von ungefähr 2000 Meter durch eine Chassepotkugel schwer in den Unterleib getroffen.

Nun folgen die 48er den Spuren der 39er: rechts vom Tiefweiher geht's der Lichtung zwischen Gifert= und Pfaffenwald zu, die Füsiliere voran, hinter ihnen das 1. Bataillon. Bald pfeifen die Kugeln, rechts und links stürzen die Kameraden, doch um so schneller geht's vorwärts, bis der Waldrand erreicht ist.

Jetzt beginnt der beschwerliche Aufstieg an der fast senkrechten Wand. Mit den Händen müssen sich die Füsiliere an dem Gestrüpp hinaufziehen,

mit dem aufgestemmten Gewehr sich stützen, und doch wie oft gleiten die mit glatten Nägeln beschlagenen Sohlen auf dem abschüssigen, schlüpfrigen Boden aus. „Zieht die Stiefel aus, Kameraden!" ruft ein Sergeant der 9. Kompagnie seinen Leuten zu, und der Rat bewährt sich als praktisch. So klimmen die 48er mühsam aufwärts der Höhe des Pfaffen- und Giserwaldes zu, auf der die Franzosen stehen, das 2. Bataillon des 2. Regiments, welches die 39er heruntergeworfen hat. Werden die Feinde nicht die Unsern einzeln niederschießen oder mit dem Bajonett herunterwerfen, so wie sie auf den Höhenrand vorkommen?

Endlich haben die ersten die Höhe erreicht. Den Feind muß ein Entsetzen erfaßt haben vor diesen näher und näher kommenden schweißbedeckten, hochgeröteten Männergesichtern, aus denen eine furchtbare, unbeugsame Energie und wilde Kampfeslust spricht. Denn bei dem „Hurrah!", das die Füsiliere mit der letzten Kraft ausstoßen, zieht sich der Feind langsam durch den Wald und über die Blöße zurück, indem er in jedem Graben Halt macht und sein Feuer auf die Vorbringenden richtet. Wie die Preußen auf die Lichtung heraustreten, werden sie von einem mörderischen Feuer empfangen und müssen sich in den Wald zurückziehen. Doch in diesem Augenblick

erscheint das 1. Bataillon in der rechten Flanke der Franzosen und treibt sie
zurück. Jetzt sammeln der General Doëns und der Oberst be St. Hillier
vom 2. Regiment einige Kompagnieen und führen sie mit dem Degen in
der Faust zum Bajonnettangriff vor; die Trompeten ertönen, die Trommeln
rasseln, und unerschrocken bringen die Feinde vor, um die Preußen den
Berg hinunterzuwerfen. Da schallt das Kommando: „Legt an — Feuer!"
Die Salve kracht, und wie der Qualm sich verzogen hat, sieht man den
Boden mit Franzosenleichen bedeckt. Schnellfeuer verfolgt die Zurück-

Die 45er an der Lichtung im Eisertwalde.

weichenden, die ihre Führer auf der Wahlstatt gelassen haben. Der General
Doëns*) ist tödlich verwundet und der Oberst be St. Hillier, der als

*) Der General Doëns wurde nach Saargemünd gebracht und erlag dort seinen
Wunden. Am Abend des 7. August fand das Begräbnis statt, bei dem preußische Offiziere
und Soldaten dem gefallenen Feinde die letzte Ehre erwiesen. Ein Bataillon des 79.
Infanterieregiments, das eben in Saargemünd eingerückt war, gab die Leichenparade.
Unter dumpfem Trommelwirbel setzte sich der Zug in Bewegung; der Regimentsadjutant
der 79er trug auf einem Kissen das Offizierkreuz der Ehrenlegion, dann folgte der mit

trefflicher Offizier gerühmt wird und den unglücklichen Ausgang des Krieges vorausgesagt haben soll, ist gefallen. Schwer getroffen ist auch der Oberst=lieutenant Boucheman (wie der Kommandant Schenck wohl ein Elsässer) niedergesunken; er richtet sich noch einmal auf und ruft seinen Leuten zu: „Vive la France! En avant!"

Doch die Unsern hielten das Errungene unerschütterlich fest, wenngleich auch sie starke Verluste erlitten; mehrere Offiziere wurden schwer verwundet, Major v. Klinguth fiel mitten in die Brust geschossen, Portepeefähnrich v. Randow wurde, als er seinen Zug den vordringenden Feinden entgegen=führte, durch eine Granate zerrissen; bald nachher wurden Hauptmann Groß und Lieutenant Voß tödlich getroffen.

Im heftigsten Granat= und Gewehrfeuer harrten die 48er, die hier den äußersten linken Flügel unserer Angriffslinie bildeten, an dem Südrande des Gisert= und Pfaffenwaldes aus und wiesen alle Vorstöße des Feindes zurück. Ungefähr gleichzeitig mit den 48ern waren die 9. und 12. Kompagnie des 40. Regiments unter Hauptmann Krug auf dem Schlachtfelde erschienen und wurden alsbald nach dem gefährdetsten Punkte, dem Roten Berge, geschickt. Hier hielten sich die dezimierten 5 Kompagnieen 74er und 39er, die sich fast verschossen hatten, nur noch mit der äußersten Anstrengung und begrüßten die anrückende 9. Kompagnie freudig mit Tücherwinken. Obwohl die Franzosen von den höher gelegenen Punkten des Roten Berges und dem Westrande des Waldes den freien sanft abfallenden Bergrücken vollständig mit ihrem Feuer bestrichen, hielt dies unsere Tapfern nicht von weiterem Vorgehen ab. Nach kurzem Feuergefecht ertönte das Kommando: „Auf! Marsch, marsch! Hurrah!" und im Sturm wurde die nächste Verteidigungslinie der Franzosen genommen. Jetzt kam auch die 12. Kompagnie 40. Regiments heran, die links herum=greifend die Franzosen in der rechten Flanke faßte und sie zwang den östlichen Teil des obersten Schützengrabens zu räumen. Schließlich traf noch die 1. Kompagnie unter Hauptmann Lütke ein; dieser ging am Westabhang des Berges vor, griff die Franzosen in Front und Flanke zugleich an und vertrieb sie vollständig aus dieser Stellung. So war die letzte Verschanzung des Feindes auf dem Roten Berg genommen, freilich nur mit schweren Opfern. Sämtliche Offiziere der 1. Kompagnie waren verwundet; der Verlust derselben

---

Kränzen geschmückte Sarg, den preußische Unteroffiziere trugen; auf demselben lagen der Säbel und das Käppi des Generals. Sämtliche in Saargemünd anwesenden deutschen Offiziere und viele Einwohner gaben dem General das Geleite zur letzten Ruhestätte. Als der Sarg eingesenkt werden sollte, trat der General v. Woyna (39. Infanterie=brigade) vor, brach aus einem Kranze eine Blume und warf sie in's Grab mit den Worten: „Diese Blume weiht ein preußischer Kriegskamerad dem tapfern Soldaten im Tode."

an diesem Tage betrug 64 Mann, also den vierten Teil der Gesamtzahl. Einer der ersten in dem Schützengraben war der Gefreite Martin aus Sulzbach, der für sein tapferes Verhalten das eiserne Kreuz erhielt und zum Unteroffizier ernannt wurde.*)

Doch jetzt machte der Feind sich auf, das Verlorene zurückzugewinnen. Das 10. Jägerbataillon und Teile des 63. Regiments brachen aus dem Walde hervor, um die Unsern von der Höhe herunterzuwerfen. Aber eben kam auch Verstärkung durch die 1. Kompagnie 12. Regiments unter Hauptmann Lehmann. Schnell warfen sich die Grenadiere an den Schützengraben heran und empfingen im Verein mit den 39ern, 74ern und 40ern die Franzosen mit einem wohlgezielten Schnellfeuer. Zugleich trommelten und bliesen die Spielleute aus Leibeskräften, als ob ganze Regimenter im

Füsilierbataillon 74., 1. Kompagnie 12., 1., 9. und 12. Kompagnie 40. und 9. Kompagnie 39. behaupten das Plateau des Roten Berges.

Anmarsch wären. Der Feind kam zwar an manchen Stellen bis auf 20 Schritt heran, doch vor der entschlossenen Gegenwehr mußte er zurückweichen.

Unterdessen waren auch die 10. und 11. Kompagnie 40. Regiments am Fuße des Roten Berges angekommen und hier auf Befehl des Bataillonskommandeurs Major v. Holleben als Reserve stehen geblieben. Da sprengte

*) Bei Bapaume, 3. Januar 1871, wurde durch die vordringenden Franzosen die Fahne des 1. Bataillons gefährdet. Da warf sich Martin mit wuchtigen Kolbenschlägen auf den Feind und rettete mit seinen Kameraden, die er durch Beispiel und Zuruf anfeuerte, das bedrohte Feldzeichen, brach aber selbst, von mehreren Kugeln getroffen, zusammen. Der Kaiser ehrte den tapfern Krieger durch die Verleihung des eisernen Kreuzes I. Klasse. Von seinen schweren Verwundungen hat sich M. nie ganz erholt; noch nach mehr als 20 Jahren wurde ihm durch Prof. Czerny in Heidelberg französisches Blei aus dem Rücken geschnitten. Kurz vor dem Jubiläumstag, am 11. Mai dieses Jahres, erlag der kräftige Mann seinem Leiden und wurde im Ehrenthal beigesetzt.

der Divisionskommandeur v. Barnekow heran und rief: „Vorwärts, Füsiliere! Zum Ruhen ist jetzt keine Zeit; helft Euern Kameraden da oben!" Während nun die 11. Kompagnie, der Schützenzug unter Lieutenant v. Borries voran, geradeaus nach der Waldspitze vorzudringen suchte, ging die 10. Kompagnie an der Westseite des Berges vor, wohin sich auch die 11. Kompagnie nach starken Verlusten — 3 Offiziere wurden schwer verwundet — zurückziehen mußte. Die 10. Kompagnie drang durch die östlich von der Goldenen Bremm heraufführende Schlucht vor, machte hier 30 Gefangene und erklomm im Verein mit der elften den jenseitigen Abhang, von dem aus sie die auf dem Forbacher Berge und am Spicherer Walde stehenden Franzosen beschießen

Die 40er ersteigen die Höhe rechts vom Roten Berg.

konnte. Hauptmann v. Blomberg blieb ruhig neben seinen im Feuer liegenden Leuten aufrecht stehen; als er zwei Schüsse erhielt, ließ er sich verbinden und kehrte dann wieder an seinen Platz zurück. Als hier der Unteroffizier Kopelke merkte, daß seine Leute zu kurz schossen, ermittelte er aufrecht stehend durch Probeschüsse die Entfernung und gab seinen Leuten Weisung, wie sie die Franzosen besser treffen könnten, bis er selbst am Arm schwer verwundet wurde. Die Vierziger hielten sich an diesem vorgeschobenen Punkte, bis sie durch das 1. Bataillon des Leibregiments verstärkt wurden.

War so das Vorgehen der Unsern auf dem Roten Berg, wenn auch unter schweren Opfern, erfolgreich, so gelang es doch nicht, den Feind aus der Nordwestecke des Giferwaldes zu vertreiben, wo derselbe hinter Erdaufwürfen und Bäumen geschützt lag. Wiederholte Angriffe der 1. Kompagnie 12. Regiments mißlangen; hierbei fielen die Lieutenants Graf Reventlow und v. Roon; aber auch die Gegenstöße der Franzosen wurden zurückgeschlagen. Nicht minder heftig tobte der Kampf im Gifertwalde selbst. Mit schlagenden Tambours gingen die 2., 3. und 4. Kompagnie 12. Regiments in der Mulde links von dem Spicherer Weg gegen den stark besetzten Nordrand des Gifertwaldes vor, doch furchtbar waren ihre Verluste. Die Kugeln flogen so massenhaft in den trockenen Ackerboden, daß das ganze Feld zu rauchen

schien. Binnen einer Viertelstunde waren 5 Offiziere und 150 Mann tot oder verwundet; Oberst von Reuter erhielt eine schwere Verwundung am Fuße, der er am 11. Oktober erlag; auch der Hauptmann von Oppen und der Regimentsadjutant v. Hobe fielen bei diesem Kampfe. Doch unerschütterlich drangen die 12er vor und vertrieben die Franzosen aus dem vorliegenden Teile des Waldes. Die 2. Kompagnie wurde bei dem Vorgehen heftig von rechts beschossen, da noch zahlreiche Franzosen hinter den Felsen und Büschen am Wege steckten, und sah sich dadurch genötigt sich gegen

Angriff der 2. Kompagnie 12. Regiments am Spicherer Wege (Roten Berg).

den Ostabhang des Roten Berges zu wenden; aber hier hatten die 12er schwer durch das Feuer der Franzosen von der Waldecke her zu leiden und mußten sich sogar bei einem Flankenstoß des Feindes zurückziehen, bis Hilfe durch die 4. Kompagnie 40. Regiments kam. Die anrückende Verstärkung wurde freilich hier, wie noch an manchen anderen Stellen des Schlachtfeldes, zunächst gefährlich, da die liegenden Schützen durch die Neuankommenden im Rücken beschossen wurden. Entschlossene und mutige Männer, wie der Grenadier Roack vom 12. Regiment und in einem späteren Moment der Gefreite Steuer vom 40. Regiment, unternahmen es, da Winken mit Tüchern nicht beachtet wurde, mitten im heftigen Feuer zu den Waffenbrüdern zu laufen und den Irrtum aufzuklären. Hauptmann v. Schulz suchte nun auf der offenen Straße gegen den Wald vorzubringen, doch das feindliche Feuer war zu furchtbar. Der Kompagnieführer selbst erhielt einen Schuß ins Knie († 27. August), zusammenbrechend rief er seinen Leuten noch zu: „Vorwärts, Jungens, rächt Euern Hauptmann!" Nur langsam konnten die vereinigten Kompagnieen hier Boden gewinnen und schließlich den nordwestlichen Teil des Waldes besetzen.

Zunächst den 12ern war das 2. Bataillon 48. Regiments an der Ostseite des Roten Berges vorgegangen. „Die 7. und 8. Kompagnie halblinks nach dem Walde!" kommandierte Hauptmann v. Kracht, da sank er, durch den Kopf geschossen, tot vom Pferde. Die 5. und 6. Kompagnie drangen auf dem Spicherer Wege gegen den Wald vor und hatten hier starke Verluste; Lieutenant v. Faltenhausen fiel durch einen Schuß in den Hals getroffen. Während die 6. Kompagnie in dem Walde kämpfte, suchte Hauptmann Werner mit zwei Zügen der 5. Kompagnie auf dem offenen Plateau vorzubringen. Nachdem er eine Zeitlang die Franzosen durch Schnellfeuer beschossen hatte, hielt er den Moment zum Angriff für gekommen. Tambour battant ging die Kompagnie festgeschlossen gegen den Feind vor, der bereits verwundete Hauptmann an der Spitze, seine Leute mit den Worten anfeuernd: „Festen Tritt, Leute! Wir wollen den Franzosen zeigen, daß wir auch im Kugelregen Parademarsch zu machen verstehen." Doch da krachte eine Mitrailleusensalve von der Höhe und riß gewaltige Lücken in die Reihen der 48er. Hauptmann Werner fiel von 5 Kugeln getroffen, nieder († 13. August) und feuerte noch mit der letzten Kraft seine Leute zum Vorgehen an: „Nur nicht zurück, Kinder! Immer vorwärts!" Zurück gingen die 48er freilich nicht, doch war weiteres Vordringen hier nicht möglich, und sie mußten in einer Vertiefung Deckung suchen.

Weiter links drang das 1. und 2. Bataillon 40. Regiments in den Wald ein. Eines der ersten Opfer war der Landwehrlieutenant Fühling, der hier töblich verwundet wurde. Der Regimentskommandeur Oberst von Eberstein blieb trotz des heftigen Feuers zu Pferde und ritt unerschrocken bald hierhin, bald dorthin, überall seine Mannschaft zum Vordringen und Ausharren anspornend. Einem Adjutanten, Premierlieutenant Gisevius, wurde das Pferd durch mehrere Kugeln verwundet; der tapfere Oberst selbst schien gefeit gegen die feindlichen Kugeln. Er blieb für den blutigen Tag von Vionville aufgespart, wo auch der so bewährte General v. Döring die Todeswunde erhielt.

Ein klarer Überblick über diesen Kampf läßt sich nicht geben, da bei dem steilen Anstieg und dem erbitterten Waldgefecht bald jede taktische Ordnung sich löste. Die einzelnen Kompagnieen der verschiedenen Regimenter kamen vollständig durcheinander, indem die ihrer Führer beraubten Abteilungen sich vielfach andern Regimentern anschlossen. Je nachdem auf der einen oder andern Seite Verstärkungen ankamen, wogte der Kampf hin und her, doch gelang es schließlich der Ausdauer und Tapferkeit der Unsern gegen 6 Uhr den Südrand des Giserwaldes von neuem zu gewinnen und diesmal zu behaupten. Die ganz erschöpften drei Kompagnieen des 2. Bataillons 39. Regiments konnten jetzt an den Nordfuß des Berges zurückgezogen werden.

Oberst v. Eberstein.

Das Vorgehen der 40er im Walde erzählt Oberstlieutenant v. Ebersteen, damals Adjutant des 2. Bataillons, folgendermaßen:

„Wie wir an den Waldsaum kamen, verließen die berittenen Offiziere ihre Pferde und begaben sich an die Spitze der Kompagnieen. Ich befand mich vor der fünften, die an eine besonders steile Stelle des Berges geraten war, sodaß wir oft nur kletternd, mit den Händen in die Baumwurzeln greifend, vorwärts kamen. Unten am Waldrande lagen viele tote Franzosen meist mit Kopfschüssen dicht neben einander hinter ihren Tornistern. Als wir höher hinauf kamen, passierten wir noch mehrere solcher Linien zum Teil hinter frisch gefällten Bäumen, da- zwischen allenthalben Schwerverwundete laut um Hilfe flehend, einzelne hoch oben in den Bäumen mit zerschossenen Gliedern in trostloser Lage, jammervoll schreiend und wehklagend, sodann aber auch unverwundete Franzosen, ebenfalls 40er, die voller Behendigkeit den Berg herabsprangen und seelenfroh, dem mörderischen Schießen entgangen zu sein, sich den „diables du quarantième" gefangen gaben. Von den Trierer Bergen her an das Klettern gewöhnt, klommen wir immer vorwärts den steilen Berg hinan. Von Richtung und engem Zusammenhalten konnte natürlich dabei keine Rede sein, und bald kamen die Gewandteren den andern voraus. Oben angekommen sah ich mich nur von wenigen Unteroffizieren umgeben, und wir machten hinter Bäumen gedeckt Halt, um Atem zu schöpfen und die andern herankommen zu laffen. Dann ging's mit Hurrah drauf, aber im Augenblick, da ich den Säbel schwingend vorwärts bringe, kracht dicht vor mir, auf höchstens 15 Schritt Entfernung, ein Schuß; ich spüre einen furchtbaren Schlag gegen die rechte Bruft und fliege wie ein Brummkreisel herum, mit der unbestimmten Empfindung, ich müßte durch die Bruft geschoffen fein und alsbald umfallen. Allein ich fiel nicht, sondern stand bald wieder fest auf den Beinen und schrie nun bloß: „Faßt doch den roten Satan!" Doch der war bereits in Sicherheit.

Lieutenant v. Ehenstein.

Als ich mich näher betrachtete, bemerkte ich, daß die wohlgemeinte Abficht des Franzosen durch meinen Säbel vereitelt worden war. Diefen hatte das Geschoß zuerst getroffen und war dann matt und nur oberflächlich in den rechten Arm gedrungen, während die wie eine Sichel krumm geschlagene Klinge mit unglaublicher Gewalt gegen Bruft und Schulter fuhr, dann aus dem Säbelgriff, der mir in der Hand blieb, heraussprang und zur Erde flog."

Ein Offizier des 12. Regiments, Premierlieutenant v. Heydebreck, schrieb über feine Beteiligung an diefem Kampfe: „Es herrschte unter unfern Leuten eine folche Begeisterung, daß der Marsch vom Bahnhofe nach dem Gefechtsfelde faft im Laufschritt zurück= gelegt wurde. Bei ungeheuerer Hitze, unter immerwährendem Hurrahgeschrei legten unfere Kompagnieen, trotzdem fie vormittags einen anftrengenden Marsch gemacht hatten, und trotz des schweren Gepäcks den Weg bis zur Walftatt in fabelhaft kurzer Zeit zurück. Drei Nächte nicht geschlafen, kein Mittag gegeffen und dann ein Eilschritt von einer Stunde bringen auch den kräftigften Menschen in eine für ein Gefecht wenig geeignete Verfaffung. So kam es denn auch, daß ich schon am Ausgang der Stadt — es ging immer bergan — völlig erschöpft war. Da wo die Straße auf die Bergkette hinaufführt, kämpfte schon feit beinahe einer Stunde unfer erftes Bataillon mit großen Verluften. Das 2. Bataillon erhielt den

Auftrag, den Angriff desselben zu unterstützen. — Mein einziges Bestreben war, meine Kräfte soweit anzuspannen, um vor der Kompagnie bleiben zu können. Bei der letzten Attake des 1. Bataillons hatte der Feind bereits die erste Position, da wo der bewaldete steile Abhang und der sanfter auf= steigende Berg aneinanderstoßen, verlassen und sich die Bergwand hinan= gezogen, von wo er auf uns feuerte. An der ersten Position des Feindes angelangt, ließen wir das Gepäck ablegen, denn was ich befürchtete, war eingetroffen. Die Leute waren bereits so erschöpft, daß es mir fast unmöglich schien, sie auch ohne Gepäck bis auf den Kamm des Berges zu führen. Das Gepäck war abgelegt, und nun begann die schrecklichste Viertelstunde meines Lebens. Nicht die feindlichen Kugeln waren es, die mir Schrecken einflößten — mit Dank hätte ich jede begrüßt, die mich getroffen hätte — das vollkommene Aufhören aller Kräfte, die immer klarer mir vor Augen tretende Unmöglichkeit, den Kamm zu erreichen, waren es, die mich mit Grauen erfüllten. Was ich in jenen Minuten ausgehalten, kann ich Dir nicht beschreiben. Denke Dir, wenn ich hätte liegen bleiben müssen, wenn die Kompagnie ohne mich oben angekommen wäre!

Ich faßte den festen Entschluß, nicht lebend zurückzubleiben. Mancher Mann blieb liegen, der gewiß noch mehr Kräfte hatte als ich. Meine Beine vermochten nicht mehr zu steigen. An den Sträuchern klammerte ich mich an und zog mich an ihnen empor. So unter namenlosen Anstrengungen näherten wir uns dem Kamm. Auf jedem dieser Männergesichter, die der Höhe sich näherten, las man den festen Entschluß, denselben zu erreichen, koste es was es wolle. Und auch der Feind muß es verstanden haben, diese Schrift zu lesen, denn bei dem mit Aufwendung der letzten Kräfte aus= gestoßenen Hurrah räumte er die Position. Auf dem Kamme des Berg= rückens zieht sich eine Straße entlang, an der sich der Wald scharf abgrenzt. Dahinter führt in einer freien lichten Böschung das Terrain wieder nach einer bewaldeten Schlucht hinein. Dorthin wandte sich der Feind, von den Unsern wirksam beschossen. Nur an der Stelle, wo ich mit einem Teil meiner Kompagnie den Kamm erreichte, liegt jenseits der Straße noch ein keilförmiger Waldfleck. In dem wollten sich einige Rothosen noch halten, wurden aber nach kurzem Handgemenge daraus vertrieben. Einem verwundeten Franzosen, der auf mich aus nächster Nähe, ohne daß ich es bemerkt, geschossen hatte, rettete ich das Leben. Ich sah, daß einige Leute ihn niederstoßen wollten, und nicht wissend, daß er noch soeben feindliche Absicht gezeigt, verhinderte ich sie an ihrem Vorhaben. Ich glaube, zur Belohnung dafür hat mich Gott auch nachher noch im feindlichen Feuer beschützt. Inzwischen waren alle drei Züge meiner Kompagnie ihrer Führer beraubt. Lieutenant v. Pirch, der

Führer des Schützenzuges, war durch einen Schuß in den Kopf gefallen, der Bataillonskommandeur, Hauptmann v. Johow (sein Majorspatent war schon unterwegs), der mit diesem Zuge vorging, wurde tödlich verwundet, der Führer des 1. Zuges, Vizefeldwebel Rosemann, war ebenfalls gefallen, Feldwebel Maue, der den 2. Zug führte, durch einen Schuß in den Arm verwundet, der Degenfähnrich Dehnicke hatte einen Schuß in die Nase erhalten. Nur ich allein blieb in dem mörderischen Feuer unberührt."

Schulter an Schulter waren die 12er, 40er und 48er vorgedrungen und hatten in heldenmütigem Ringen mit dem sich tapfer wehrenden Gegner langsam, aber stetig Boden gewonnen, bis sie den Südrand des Gifert= und Pfaffenwaldes erreichten, der im Allgemeinen die Grenze des Vorrückens auf dieser Seite blieb. Zwar machten einzelne Abteilungen vom 12. Regiment, 48er unter Major v. Mellenthin und 40er unter Hauptmann Reybecker den Versuch, durch die Schlucht vorzudringen, doch mußte bei dem mörderischen Feuer des Feindes, der sich auf die Höhe vor Spichern zurückgezogen hatte, der Rückzug angetreten werden. Nur das kleine Gehölz südlich, von der Straße (wo jetzt das Grabmal des Lieutenants Duchesne vom 2. Linien= regiment steht) wurde von den Zwölfern unter Premierlieutenant v. Heydebreck festgehalten. Die Südwestspitze des Gifertwaldes dagegen behaupteten die Franzosen noch mit großer Zähigkeit gegen alle Angriffe.

Es galt nun, das Eroberte gegen die mit großer Bravour unternommenen Vorstöße des Feindes festzuhalten, bis von einer andern Seite her die Ent= scheidung herbeigeführt werden konnte. „Ruhig hielten wir", erzählt ein Mitkämpfer, „in dem massenhaften Mitrailleusen=, Geschütz= und Gewehrfeuer aus, mit dem der Feind den Waldbrand überschüttete. Der Donner der Geschütze, das Knattern der Gewehre, das Krachen der abgeschlagenen Baum= äste, das Röcheln der Sterbenden, das Wimmern der Verwundeten bildeten eine furchtbare Unterhaltung. Doch auch dagegen wurden wir schließlich abgestumpft; hier plauderten zwei mit einander, dort trank einer den Rest seiner Feldflasche, ein anderer zündete sich eine Cigarre an und rauchte, bis eine feindliche Kugel ihn traf und mit der verglimmenden Cigarre sein Leben erlosch."

5. Kavallerie und Artillerie auf dem Roten Berg.

Während die Infanterie in furchtbarem Ringen um die blutgetränkten Höhen sich erschöpfte, standen fast 5 Regimenter Kavallerie unthätig hinter der Gefechtslinie, da sowohl die steilen Spicherer Höhen wie das walbige Gelände bei Stieringen die Reiterei von der Mitwirkung an der Schlacht ausschlossen. Doch heute wird das Unmögliche versucht, um dem Feinde den Sieg zu entreißen. Schmetternde Trompetensignale ertönen, und hinter dem Galgenberg hervor reitet das Braunschweigische Husarenregiment den Höhen zu. Wohin, Ihr schwarzen Reiter? Wollt Ihr Euch dem Tode weihen, als trüget Ihr mit Recht den Totenkopf auf dem Kalpak? Ruhig traben die Husaren einher, während die feindlichen Geschosse bereits in ihren Reihen einschlagen. Offiziere reiten voraus und spähen, ob sich wohl ein Zugang zu der feindlichen Stellung findet. Doch überall steile Wände, Felsen und Stein= geröll. Trotzdem versuchen die Reiter in der Nähe der golbenen Bremm die Höhe zu gewinnen, um einen kühnen Vorstoß gegen die Flanke des Feindes zu machen; aber die Pferde stürzen an den steilen Hängen, und zudem geraten die Husaren in das verheerende Feuer der feindlichen Infanterie. Zurück! Ein weiteres Vorgehen hier wäre Wahnsinn. Doch so schnell wird der Versuch nicht aufgegeben. Ein Abjutant sprengt heran: „Das Regiment soll auf dem Spicherer Wege vorgehen!" Von neuem traben die braven Reiter vor. Auf dem schmalen steinigen Wege, zu dessen Rechten schroffe Felswände auf= steigen, während links der Abhang sich steil nach dem Grunde senkt, reiten sie unerschrocken empor. Die erste Schwadron kommt auch glücklich oben an und will zur Attake aufmarschieren; doch Steingruben, Geröll und Schützen= gräben sperren den ohnehin schmalen Raum, dazu wird jeder Reiter, der sich zeigt, sofort das Ziel von Granaten und einem Hagel von Chassepotkugeln. Wieder müssen die Husaren zurück und halten nun zu Zweien abgebrochen auf der Straße im feindlichen Granatfeuer, gegen das nur bichtes Anschmiegen an die Felswände einigen Schutz gewährt. 2 Offiziere, 19 Mann und 32 Pferde verlor das Regiment bei diesem opfermutigen Vorgehen.

War so der Versuch, mit der Kavallerie in das Gefecht einzugreifen, mißlungen, so mußte man um so mehr darauf bedacht sein, die Artillerie zu besserer Wirkung zu bringen. Es waren nämlich jetzt, nachdem zu den 4 Batterieen des 7. Korps die beiden vom 8. und noch zwei vom 3. Korps hinzugekommen waren, 48 Feuerschlünde in einer langen Linie vom Drahtzug bis zum Spicherer Weg vereinigt. Doch während die 3 Batterieen westlich der Forbacher Straße teils den Feind auf dem Berge zu beschießen, teils, wie wir sehen werden, wirksam in das Gefecht bei Stieringen einzugreifen ver=

mochten, fehlte es den Geschützen auf dem Galgenberg, besonders den auf dem linken Flügel stehenden Brandenburgern, infolge des Vordringens unserer Infanterie bald an einem geeigneten Ziel, und unsere Infanterie auf der Höhe mußte den feindlichen Batterieen gegenüber die Unterstützung der eigenen Artillerie schmerzlich vermissen.

Daher gab General v. Alvensleben dem Kommandeur der Artillerie des 3. Korps, General v. Bülow, den Befehl die 2 Brandenburgischen

Ankunft der Brandenburger Batterieen auf dem Roten Berg.

Batterieen im Anschluß an die Braunschweiger Husaren auf den Roten Berg vorrücken zu lassen. Nachdem deren Angriff gescheitert war, sollte die Artillerie selbständig vorgehen. Die Batterieen protzten auf; der Abteilungskommandeur Major v. Lynker ritt mit den Hauptleuten Stumpf und Voß vor, um den Weg zu erkunden.

Den Spicherer Weg, dessen schlechtes Pflaster noch durch Granaten aufgerissen war, sperrten die Braunschweiger Husaren. Der Vormarsch stockt, indes die französischen Kugeln heranpfeifen. Ein Adjutant sprengt heran: „Die

Batterie soll schneller vorgehen!" Die Husaren machen Platz, so gut sie können, und nun geht's den steilen Weg hinauf. Die Peitschen sausen auf die Gäule nieder, die Tiere ziehen mit Anstrengung aller Kräfte, die Bedienungsmannschaft greift in die Speichen, mit unendlicher Mühe kommt man weiter. Doch die Kraft erlahmt. Halt! die Pferde müssen verschnaufen. Steine hinter die Räder, daß sie nicht zurückrollen! Nach kurzer Rast geht's weiter. „Wo nur eine Hand angelegt werden kann, an den Speichen und Felgen der Räder, an der Lafette, dem Rohr, den Strängen der Pferde, wird geschoben, gezogen, gestützt." Auch die erste Kompagnie 12. Regiments, die am Wege liegt, greift hilfreich an; gilt es doch dem Wohle aller. Besonders thätig zeigt sich der Unteroffizier Döring, doch ein Geschütz rollt zurück: der Arme wird überfahren und schwer verletzt. Unter unsäglichen Schwierigkeiten gelingt es dem Premierlieutenant v. Pressentin, mit dem ersten Geschütz (Sergeant Schmidt) die Höhe zu erreichen. Doch wie sie sich umsehen, stehen sie allein im Kugelregen. Das zweite Geschütz ist den Abhang hinuntergestürzt und hat die folgenden aufgehalten. Der Kommandeur der 32. Brigade, Oberst v. Rex, sprengt an den Batteriechef, Hauptmann Stumpf, heran: „Schießen Sie doch!" — „Ich sehe keinen Feind, Herr Oberst!" — „Ganz einerlei! Wenn Sie nichts sehen, so schießen Sie wenigstens des moralischen Eindrucks wegen!" Im Galopp fährt nun das Geschütz in die vorderste Schützenlinie, und im Nu ist der erste Schuß heraus. Donnerndes Hurrah der Infanterie begrüßt die unverhoffte Hilfe; das fast verstummte Gewehrfeuer knattert von neuem los, neuer Mut und Kampfeseifer beseelt die Unsern. Doch unter den Pferden und der Bedienungsmannschaft räumen die französischen Kugeln so auf, daß das Geschütz hinter einen Erdwall zurückgezogen werden muß. Jetzt erscheinen auch die 4 übrigen Geschütze der 3. leichten Batterie, und ihnen folgt die Batterie Voß. Doch von dieser können des beschränkten Raumes wegen nur 2 Geschütze unter Premierlieutenant Hildebrand neben der leichten Batterie auffahren und nehmen unter großen Schwierigkeiten am Kampfe teil, da auf dem abschüssigen Gelände die Geschütze nach jedem Schuß zurückrollen. Die übrigen müssen in Marschkolonne inmitten des feindlichen Feuers halten; erst später werden auch diese hinter der leichten Batterie in Stellung gebracht.

Der ruhmvolle Kampf, in dem die beiden Batterieen 336 Granaten gegen die feindliche Infanterie und Artillerie verfeuerten, kostete freilich fast die Hälfte der Bedienungsmannschaft. 4 Offiziere, darunter Major von Lyncker und Premierlieutenant Hildebrand (in Saarbrücken gestorben), wurden verwundet; 4 Mann und 10 Pferde blieben tot, 35 Mann und 32 Pferde wurden verwundet.

Der Donner der preußischen Geschütze, den die Franzosen jetzt aus nächster Nähe vernahmen, die aus Flintenschußweite in ihren Reihen' einschlagenden Granaten verbreiteten bei den Feinden jähe Bestürzung. „Diese Preußen sind die reinen Teufel! Wie konnten sie mit den Geschützen hier heraufkommen? Sie haben das Unmögliche möglich gemacht." — „Bald wird die Lage mehr als bedenklich", fährt der französische Bericht fort; „das Feuer unserer Batterieen, die geringere Tragweite haben, erlischt allmählich, dagegen schmettert ein Hagel von feindlichen Geschossen unsere heldenmütigen Soldaten nieder, welche hier seit 7 Stunden gegen eine vierfache (!) Zahl fechten. Kein einziges geschlossenes Bataillon ist mehr vorhanden, viele Leute machen sich einzeln davon." Doch die Offiziere sammeln die Zerstreuten und führen sie wieder zum Angriff vor; in diesem Augenblicke rücken auch zwei Bataillone des 8. Regiments zur Verstärkung an; und im Angesicht der scheidenden Sonne entbrennt der Kampf mit erneuter Heftigkeit.

— · ─── ·• ── ─

6. Das Gefecht bei Stieringen (bis 5 Uhr abends).

Nicht minder heftig tobte unterdessen der Kampf in dem Walde bei Stieringen. Um die Franzosen in ihrer linken Flanke anzugreifen, war auf Befehl des Generals v. François das 3. Bataillon*) 39. Regiments unter Major v. Wangenheim gegen die Folster Höhe**) vorgegangen. Die 39er erhielten, sobald sie die Galgendelle durchschritten hatten, heftiges Gewehrfeuer von den Spicherer Höhen und wurden zugleich von der französischen Artillerie von Stieringen her beschossen, doch ohne erheblichen Verlust zu erleiden. Nachdem ein Zug als Seitendeckung nach der Chaussee vorgeschoben war, überschritten die Füsiliere die Folster Höhe und drangen in das Stieringer Waldstück oder Habsterdick ein, das vom Feinde nicht besetzt zu sein schien. Doch bei der Annäherung an die den Wald durchziehende Grenze stießen sie auf Chasseurs vom 3. Bataillon, die platt auf dem Boden liegend die Unsern heftig beschossen und das dichte Unterholz des Waldes ebenso gewandt zur Verteidigung wie zu plötzlichem Vorstoß benutzten, sobaß sich hier ein erbittertes Gefecht entspann. Unter den ersten Gefallenen war der Führer der 12. Kom-

---

*) Außer der 9. Kompagnie, die noch zurück war und später am Roten Berg zur Verwendung kam.

**) Eigentlich Wolffteiner Höhe, nach dem Besitz einer Familie v. Wolffstein genannt.

14

pagnie, Premierlieutenant M e i n e c k e, der einen Schuß ins Herz erhielt. Nachdem der Kampf etwa eine Stunde hin und her gewogt hatte, gingen die Chasseurs, durch Teile der Brigade Jolivet (76. und 77. Regiment) verstärkt, zum Angriff über, drängten die 3 Kompagnieen 39er nach tapferer Gegenwehr zurück und hätten sie aus dem Walde herausgeworfen, wenn nicht rechtzeitig Unterstützung vom 74. Regiment gekommen wäre. Das 2. Bataillon 74.

3. Bataillon 39er im Habsterdick.

war nämlich vom Drahtzug aus durch den Saarbrücker Stadtwald vorgegangen und hatte sich vom Südrande desselben mit den in A l t = S t i e r i n g e n liegenden Franzosen herumgeschossen. Durch die bedrohliche Wendung des Gefechts zu seiner Linken um den Rückzug besorgt gemacht, schickte Major v. E b e r s t e i n die 8. Kompagnie nach dem Drahtzug zurück, um diesen Punkt zu sichern. Als deren Führer, Hauptmann v. R o s c h k u l l, bereits französische

Kommandos und Signale jenseits des Bahndammes vernahm, ließ er einen Zug hinter demselben ausschwärmen, der eine feindliche Kolonne auf 80 Schritt Entfernung mit Schnellfeuer empfing und zum Rückzug nötigte. Gleichzeitig erschien Major Werner mit der 1. und 2. Kompagnie 74. Regiments, die General v. François seinem bedrängten Flügel zu Hilfe gesandt hatte, auf dem Kampfplatz. Zuerst ging die 2. Kompagnie vor, doch sie erlitt schwere Verluste, die Lieutenants Schraber und Schayer fielen, ohne daß es gelang, Boden zu gewinnen. Da ließ Major Werner auch die 1. Kompagnie antreten und befahl der sie begleitenden Regimentsmusik zu spielen. Unter den Klängen des Avanciermarsches rückte nun die Kompagnie geschlossen vor und riß die 2. Kompagnie sowie die 39er im Ansturm mit fort. So wurde der südliche Waldrand erreicht, wo das heftige Feuer des Feindes von dem Graben der Schönecker Straße und der stark besetzten Eisenhütte her ihnen Halt gebot. Während nun der größte Teil der 74er wieder über den Bahndamm nach dem Saarbrücker Stadtwalde hinüberging, um hier mit dem 2. Bataillon in Verbindung zu treten, blieb Hauptmann Weber mit 2 Zügen der 1. Kompagnie am Westrande des Waldes. Da aber die Seinen hier starke Verluste erlitten, ohne dem Feinde schaden zu können, so durchschritt er im Laufschritt den vor ihm liegenden sumpfigen Wiesenstreifen, in den seine Leute bis an die Kniee einsanken, und besetzte ein Bahnwärterhaus, von wo er das Feuer gegen die Franzosen in Alt=Stieringen und der Eisen= hütte mit Erfolg aufnehmen ließ. Lieutenant v. Nostiz erstürmte von hier aus die nächstgelegenen Häuser von Alt=Stieringen und machte 9 Gefangene, darunter auch einen mit der Langensalza=Medaille geschmückten ehemaligen Hannoveraner, den der Offizier nur mit Mühe vor der Rache der erbitterten Landsleute schützen konnte. Zu gleicher Zeit ungefähr drang das 2. Bataillon 74. aus dem Stieringer Walde vor und erstürmte in raschem Anlaufe die alten Kohlengruben (Schacht Stephanie). Hier wurde Lieutenant Schnackenberg tödlich verwundet.

Unterdessen war auch die 28. Brigade unter General v. Woyna heran= gekommen. Während die zwei Bataillone des 53. Regiments mit 2 Kompagnieen 77. Regiments zur Umfassung der linken Flanke des Feindes durch den Saar= brücker und Stieringer Wald vorrückten, drangen die übrigen Kompagnieen der 77er in das Waldstück ein und kamen hier rechtzeitig an, um die abermals zurückgedrängten 39er aufzunehmen. Frossard hatte nämlich gegen die über= legene preußische Artillerie 2 neue Batterieen vorgeführt, auch dem General Bergé auf seine Bitte um Verstärkung das 32. Regiment von Forbach zugesandt; zugleich wurde eine Mitrailleusenbatterie gegen die Preußen in Position gebracht. So verstärkt hatten die Franzosen einen Vorstoß unter=

nommen, dem die 77er jetzt zusammen mit den 39ern tapfer begegneten. Lieutenant v. Blum suchte durch Probeschüsse selbst die Entfernung fest= zustellen, verband einzelne Verwundete, nahm das Gewehr eines Gefallenen an sich und beteiligte sich an dem Feuergefecht, aber er wurde, als er seinen Leuten mutig voranschritt, durch eine Kugel in die Brust zu Tode getroffen. Bald nachher wurde der Adjutant des 2. Bataillons, Stieler v. Heydekampf, als er einen Befehl überbringen wollte, durch einen Schuß in den Kopf getötet. In hartem Kampfe wurde der Südrand des Gehölzes wieder erreicht, den der Feind von der Hütte und der Schönecker Chaussee aus unter heftigem Feuer hielt. Da der Saum des Waldes für unsere Schützen keinen genügenden Raum bot, lief Hauptmann v. Manstein mit 2 Zügen seiner Kompagnie über das freie Feld einer vorliegenden Höhe zu, die Deckung und gute Schußgelegenheit bot. Hier ging der Hauptmann im heftigen Feuer ruhig auf und ab, ermahnte seine Leute zu ruhigem Schießen

Artillerie auf dem Heidenhübel.

und machte sich über die Verschwendung der Franzosen lustig. „Schade um das schöne Blei", sagte er, „daß die Kerls so verknallen; wenn wir das doch nachher suchen lassen könnten!" Bald darauf fiel der tapfere Führer, von drei Kugeln getroffen, tot nieder.

Das 2. Bataillon 77. Regiments hatte den Südostsaum des Waldstücks erreicht und beschoß von hier aus im Verein mit den Batterieen auf dem Heidenhübel eine vor Stieringen aufgefahrene Batterie mit dem Erfolge, daß 5 Geschütze der Pferde und der Bedienungsmannschaft beraubt wurden. Versuche, die Geschütze zu nehmen, wurden durch die hinter dem Chaussee= graben liegenden feindlichen Schützen vereitelt, doch auch den Feinden gelang es nicht, sie fortzubringen; eine Dragonerabteilung, die mit Zugpferden heran= kam, mußte bald umkehren. Gleichzeitig flog ein gefüllter Munitionswagen, von einer Granate getroffen, in die Luft und verursachte große Verwirrung bei den Franzosen; zwei feindliche Batterieen mußten vor dem überlegenen Feuer unserer Artillerie sich zurückziehen. Auch die Infanterie hatte schwere Verluste; das 3. Jägerbataillon, das den Wald so tapfer verteidigt hatte, verlor den dritten Teil seiner Mannschaft. Bezeichnend für dies Waldgefecht ist folgende Stelle aus einem französischen Bericht:

„Plötzlich ertönt der Schreckensruf: „Die Munition fehlt!" Unordnung, ja Panik bricht in unsern Regimentern aus. Die Soldaten eilen die Forbacher Straße hinunter mit dem Rufe: „Wir sind verloren! Wir sind verraten!"

Unter diesen Flüchtlingen sieht man einen Kapitän vom 77. Regiment bar= häuptig, mit aufgerissenem Waffenrock und ohne Säbel. Er stürzt auf eine Gruppe

53er, 74er und 77er vertreiben die Franzosen aus Alt-Stieringen.

von Dragoneroffizieren zu und ruft, die Arme gen Himmel hebend: „Meine Kompagnie, meine arme Kompagnie! Alle tot! Alle, alle! Das sind die einzigen, die übrig geblieben." Dabei wies er auf sechs Mann, die er bei sich hatte. „Dies Gehölz", fuhr er fort, „ist schuld daran! Dreimal sind wir hineingedrungen und dreimal herausgeschlagen. Es ist voll Preußen, voll unsichtbarer Preußen. Ich habe keinen einzigen gesehen, keinen einzigen! Wir kämpften nur gegen Kugeln. Meine arme Kompagnie! Und ich bin nicht tot! Es ist nicht meine Schuld!" Dann rief er: „Kommt, meine Kinder, wir wollen sterben!" und stürzte sich in den Wald zurück."

Mittlerweile hatten die 53er im Verein mit 74ern und 77ern von der andern Seite der Bahn aus die Stellung der Franzosen ernstlich bedroht.

Alt-Stieringen wurde genommen, Premierlieutenant Wachs von den 77ern ging in kühnem Angriff auf die von den Franzosen besetzte Unterführung der Schönecker Chaussee los und machte hier 30 Gefangene; die Hauptleute von Bastineller von den 53ern, v. Frankenberg und v. Dietinghoff von den 77ern erstürmten in erbittertem Bajonnettkampf die nördlich von dem Bahndamm gelegenen Häuser des Eisenwerks und setzten sich sogar südlich davon fest; dabei wurden 2 verwundete Offiziere und 9 Mann vom 3. Chasseur-bataillon gefangen genommen. Freilich wurden diese Erfolge nicht ohne schwere Opfer erreicht. Von den Offizieren des 53. Regiments war gleich zu Anfang des Gefechts Lieutenant v. Spiegel gefallen. Sterbend richtete er sich noch einmal auf und rief den Seinen zu: „Leute, ich muß sterben, aber ich weiß, daß Ihr auch ohne mich Euere Schuldigkeit thun werdet." Dem helden-mütigen Offizier folgten die Premierlieutenants v. Rappard, Kirsten und Meyer sowie Lieutenant Rock in den Tod.

Der Kampf hätte jetzt eine entscheidende Wendung zu Gunsten der Unsern nehmen können, wenn frische Kräfte zum letzten Angriffsstoß vorhanden gewesen wären.

In Folge dieser Fortschritte der Preußen hatte der General Bergé bringend um Verstärkung ersucht. „Mon général, les Prussiens vont toujours en avant!" meldete, wie ein Augenzeuge berichtet, ein heraneilender Adjutant dem General Frossard, der sich gerade in dem Abt'schen Garten in Forbach durch ein Glas Champagner stärkte. Frossard klopfte die Cigarettenasche, die ihm bei dieser Nachricht auf den Rock gefallen war, ab, trank noch einen Schluck Wein, bestieg sein prächtig gezäumtes Roß und sprengte mit seinem Gefolge davon. Er zog jetzt auch das letzte Regiment der Division Bergé, das 55., von Forbach nach Stieringen; auch der Rest der Reserveartillerie wurde auf den bedrohten Flügel gesandt. Zugleich eilte General Bataille mit 5 Bataillonen und 2 Batterieen dorthin, indem er als Reserve bei Ötingen nur das 12. Jägerbataillon und eine Sappeur-kompagnie zurückließ. So wurde der Kampf von beiden Seiten mit Auf-bietung aller Kräfte geführt. Dem General Bataille erschien die Lage auf dem linken Flügel so gefährlich, daß er auch das 67. Regiment der Brigade Bastoul, mit welcher er den General Laveaucoupet unterstützt hatte, von dem Berge nach Stieringen herunterrücken ließ, dafür allerdings bald nachher 2 Bataillone vom 8. Regiment wieder auf die Höhe hinaufsandte. Es waren so 17 französische Bataillone gegen 8 preußische bei Stieringen vereinigt; kein Wunder, wenn das Gefecht sich zu Ungunsten der Unsern wendete, die durch den langen Kampf erschöpft und ihrer meisten Führer beraubt waren, außerdem in dem hitzigen Waldgefecht die taktische Ordnung verloren hatten. Die 5 Geschütze, die den Unfern schon sicher zu sein schienen, wurden zurückgewonnen, und der Feind ging nunmehr zum energischen Angriff über.

7. Der Sturm auf die Goldene Bremm.

Noch an einer andern Stelle hatte während dieser Zeit preußische Tapferkeit einen schönen Erfolg errungen. Von dem Stieringer Waldstück aus hatten sich auf die Aufforderung des Obersten v. Pannewitz (74. Regiment), dem General v. François die Leitung auf dem westlichen Teile des Schlacht= feldes übertragen, die 7. Kompagnie und das Füsilierbataillon des 77. Regiments gegen die Häusergruppe an der Goldenen Bremm gewendet, die von einem Bataillon des 76. Linienregiments besetzt war. Die Unfern mußten bei diesem Vorgehen das ungefähr 800 Meter breite freie Feld überschreiten, das sowohl von den feindlichen Schützen bestrichen als auch von dem Spicherer Walde und dem Forbacher Berge aus mit Geschütz= und Gewehrfeuer voll= ständig beherrscht wurde.

Auf dem linken Flügel ging die 7. Kompagnie unter Hauptmann Rasch sprungweise bis zu einem etwa 400 Meter von der Chaussee entfernten Graben vor und eröffnete von hier aus ein wohlgezieltes Feuer auf das Wirtshaus*), gegen das von der Chaussee her auch Teile der 12. Kompagnie 39er und der 3. Kompagnie 74er vorrückten. Zugleich bewarfen die beiden Batterieen auf dem Heidenhübel das Gehöft mit Granaten, sodaß bald die hellen Flammen aus demselben emporschlugen. Jetzt sah man schon einzelne Franzosen, denen der Aufenthalt hier unbehaglich wurde, dem Walde zulaufen. Dies war das Signal zum Angriff für die Unfern. „Auf! Marsch, marsch!" kommandiert der Hauptmann, und mit Hurrah eilen die Schützen vor; das Soutien folgt im Sturmschritt mit schlagenden Tambours. Der kühne Anlauf gelingt: um 4 Uhr ist die Goldene Bremm in den Händen der Unfern, die alsbald das Haus in Verteidigungszustand setzen. Die Fenster werden mit Tornistern verblendet, der Chausseegraben besetzt, und von hier aus das Feuer gegen die auf der Höhe gerade über dem Hause stehenden Franzosen aufgenommen. Die Spuren des furchtbaren Kampfes, der hier tobte, waren noch vor kurzem an

---

*) Die Bezeichnung „Zollhaus" auf den Karten ist unrichtig, da das französische Zollhaus sich in Stieringen befand.

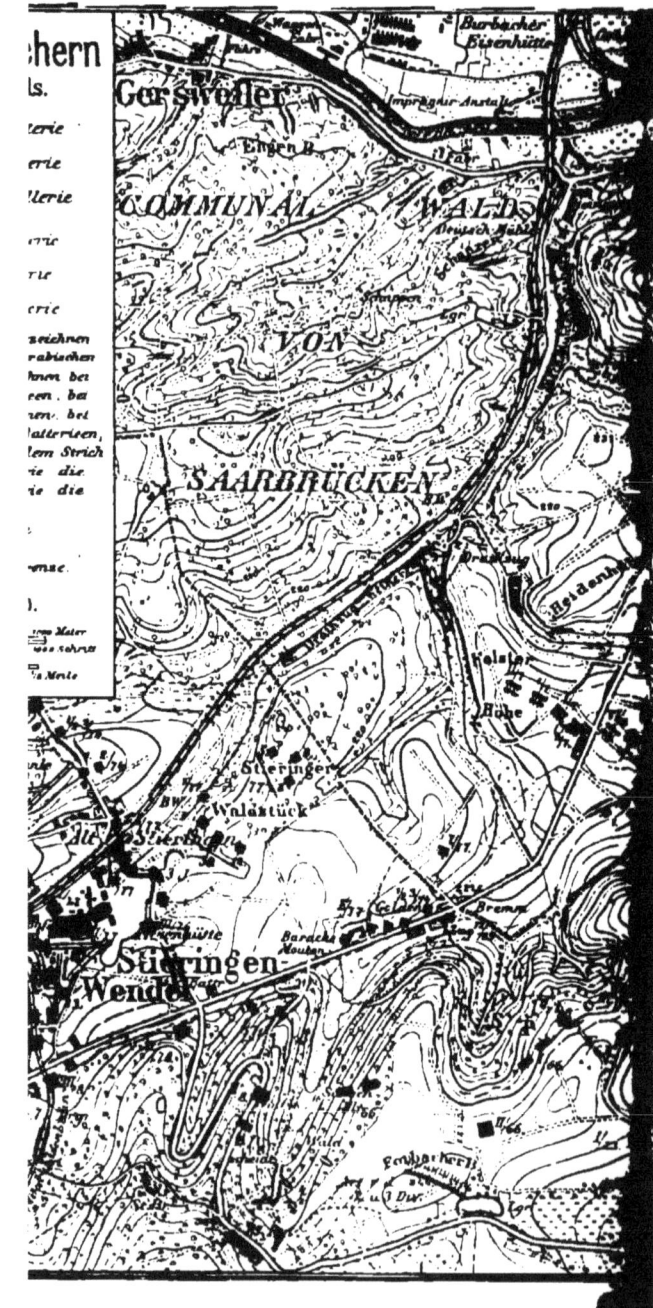

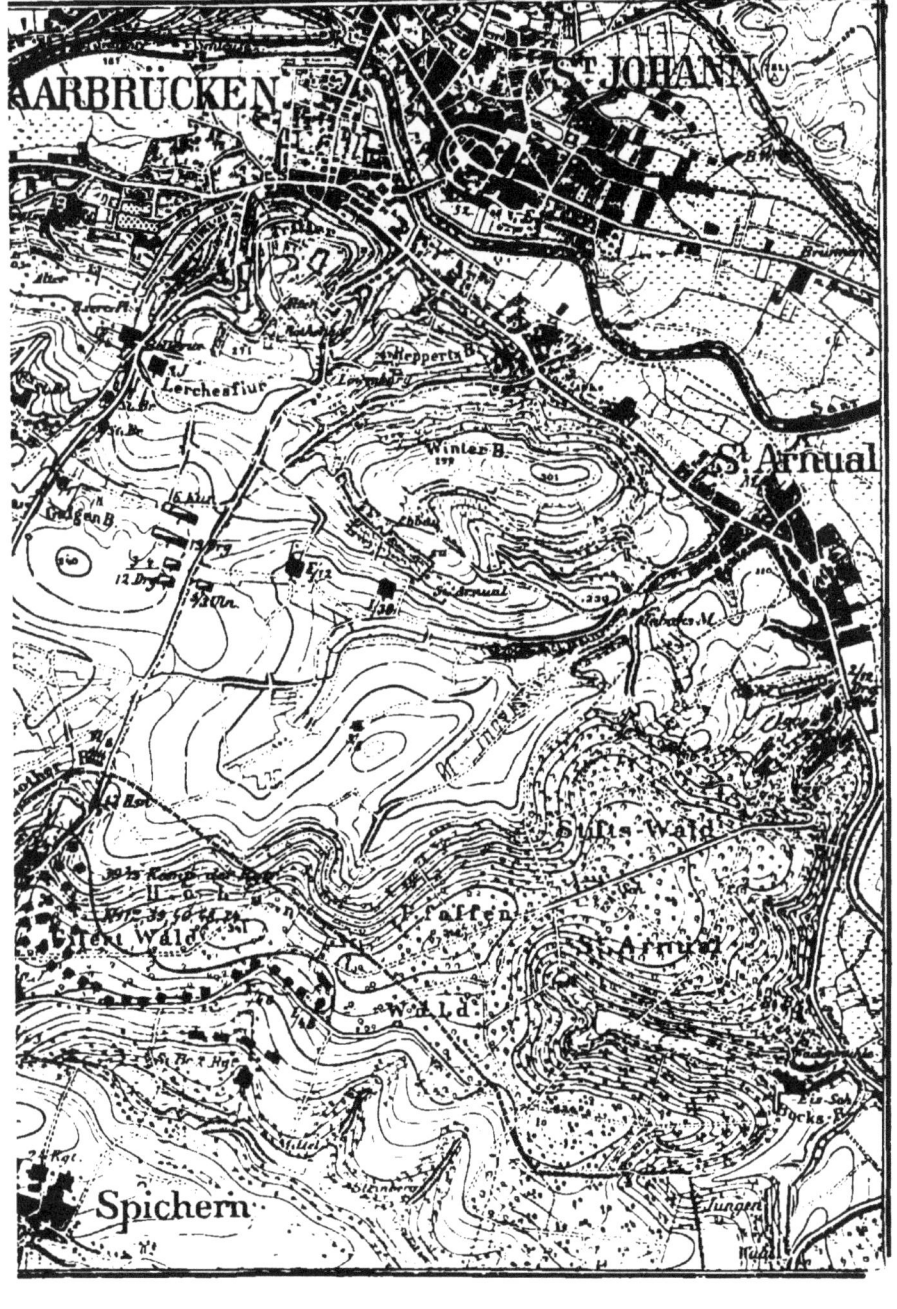

der fiebartig durchlöcherten Vorderwand des Wirtshauses zu erkennen. Schwer waren die Verluste der Tapfern: sämtliche Offiziere der 7. Kompagnie: Hauptmann Kasch (bald nachher an der Verwundung gestorben), Lieutenant Friebel, Lieutenant Geppert und Vicefeldwebel Hasenkamp wurden und zwar fast alle schwer verwundet; 2 Unteroffiziere und 13 Mann blieben tot, 2 Unteroffiziere und 48 Mann wurden kampfunfähig.

Das Füsilierbataillon 77. Regiments hatte die weiter westlich gelegenen Häuser (Stalter'sches Haus und Alte Bremm oder Baraque Mouton) zum Angriffsziel genommen. Die Füsiliere waren kaum aus dem Waldsaum

Die 77er erstürmen die Goldene Bremm.

hervorgetreten, als der Hauptmann v. Daum tödlich verwundet fiel. Auch hier wurde unter heftigem Feuer sprungweise bis auf wirksame Schußweite vorgegangen; dann liefen die Schützen bis auf 250 Meter vor und unternahmen, nachdem durch gutgezieltes Feuer die Stellung des Feindes erschüttert war, den Sturm. Mit der 10. und 11. Kompagnie eroberte Premierlieutenant Schneider das Stalter'sche Haus, während Major v. Breßler selbst, hoch zu Roß, von einem Hagel von Geschossen umschwirrt, die 9. und 12. Kompagnie zum Sturm auf das Gehöft der Alten Bremm führte. Der tapfere Bataillonskommandeur blieb wunderbarer Weise unversehrt, dagegen fiel bei dem Angriff der Führer der 9. Kompagnie, Premierlieutenant Schmidt; außerdem blieben 56 Mann des Füsilierbataillons tot, während 5 Offiziere und 167 Mann verwundet wurden.

Die 77er in der Goldenen Bremm.

Länger als 3 Stunden hielten die wackern 77er gegen wiederholte Vorstöße der Franzosen von der bewaldeten Höhe, auch gegen einen Kavallerieangriff von Stieringen her Stand, ja, einzelne tapfere Offiziere, wie die Lieutenants v. Biebenfeld und v. Ostrowsky II versuchten mit einer Handvoll Leute den Berg zu erklimmen, wurden aber natürlich von der Übermacht des Feindes zurückgeschlagen.

8. Die Erstürmung des Forbacher Berges und die Entscheidung der Schlacht.

Die Sonne neigte sich zum Untergange, und noch war nichts Ent= scheidendes gewonnen. Noch immer stand der Feind in starker Stellung, die sich von dem Spicherer Walde über den Forbacher Berg bis nach Spichern selbst hinzog; seine Widerstandskraft war noch nicht erlahmt, vielmehr machte er verzweifelte Anstrengungen, das Verlorene zurückzuerobern. Nur mit Mühe behaupteten sich die Unsern auf dem Berge, während sie bei Stieringen bereits im Zurückweichen begriffen waren.

Um die Kraft des Feindes zu brechen, beschloß General v. Alvensleben die eben anrückenden frischen Bataillone seines Armeekorps zu einem energischen Angriff gegen dessen starke linke Flügelstellung auf dem Forbacher Berge zu verwenden. Um diesen Angriff zu unterstützen und zugleich besser in das Gefecht bei Stieringen eingreifen zu können, wurden 7 Batterieen auf die Folster Höhe vorgezogen, wo sie rechts und links von dem preußischen Zoll= haus (Neue Bremm) Aufstellung nahmen; die 6. schwere Batterie des 8. Korps sollte zur Verstärkung der Brandenburger auf den Roten Berg nachrücken.*)

Gegen die Westseite der Spicherer Höhen, die jetzt das Angriffsziel wurde, waren schon vorher 3 Kompagnieen vom 1. Bataillon des Leib= regiments (Nr. 8) unter Hauptmann v. Blumenhagen vorgegangen.

Das Leibgrenadierregiment (Nr. 8) und das 3. Jägerbataillon waren bald nach Mittag in Friedrichsthal und Bildstock alarmiert worden und in eiligem Marsche nach Saarbrücken herangerückt, wo sie in der Nähe des Rathauses die ersten französischen Gefangenen erblickten und mit Hurrah begrüßten. Der unaufhörlich rollende Kanonendonner, das ununterbrochene Kleingewehrfeuer, die Aufregung der auf den Straßen versammelten Ein=

---

*) Diesen Gefechtsmoment veranschaulicht die beigegebene mit Benutzung des Planes 3 des Generalstabswerkes gezeichnete Karte. Auf derselben ist die erste Batterie östlich der Forbacher Straße irrtümlich mit VI/3 (statt IV/3) bezeichnet. Es waren jetzt 2 weitere Batterieen des 3. Armeekorps (4. leichte und 4. schwere Batterie) angekommen. Im Anmarsch war die 4. leichte Batterie des 1. Armeekorps, die unmittelbar von Königsberg in Preußen kam. Dieselbe sollte in Neunkirchen ausgeschifft werden; doch als der Batteriechef, Hauptmann Schmidt, hörte, daß bei Saarbrücken ein Gefecht entbrannt sei, fuhr er schnell entschlossen nach St. Johann weiter und kam noch recht= zeitig auf dem Schlachtfelde an. Die Absicht, auf dem Roten Berge noch mehr Artillerie zur Wirkung zu bringen, mußte aufgegeben werden, da es an Platz zur Aufstellung fehlte. So blieb Batterie VI/8 in Reserve am Fuße des Berges, wohin auch die Batterieen 6/8 und 4/1 später nachrückten.

wohner, die langen Züge von Verwundeten, die teils auf Wagen und Trag=
bahren, teils von Bürgern geführt vom Schlachtfelde herkamen, gaben Zeugniß
von dem Ernste und der Furchtbarkeit des noch tobenden Kampfes.

An der Folster Höhe sprengte der Brigadekommandeur, General von
Döring, an die Grenadiere des an der Spitze marschierenden 1. Bataillons
heran und rief auf die Spicherer Höhen deutend: „Seht, Grenadiere, diese
Höhen sind eben von Euern Kameraden erstürmt worden, die rechts davon
sollt Ihr nehmen." Ein begeistertes „Hurrah" und zustimmende Rufe aus den

Reihen antworteten
ihm, während in der
Nähe bereits die ersten
Granaten einschlugen.
Einige Hoboisten, die
ihre Musikinstrumente
mit Gewehren ver=
tauscht hatten, ernteten
für ihren Kampfes=
mut das Lob des
Generals. Die drei
Kompagnieen (1., 2. und 4.; die 3. war noch
zurück) marschierten am Westfuße des Roten
Berges entlang bis zu der ersten Schlucht, welche
etwa 500 Schritt von der Goldenen Bremm in
den Berg einschneidet, und erstiegen mit vieler
Mühe den nur wenig bewachsenen, steilen und
mit Geröll bedeckten Abhang. Dicht unter dem
Kamm wurde ein kurzer Halt gemacht, um die
fast erschöpften Kräfte wieder zu sammeln, dann
hieß es wieder „Vorwärts!" und der Höhenrand

Das Leibregiment ersteigt die Höhe
bei der Goldenen Bremm.

wurde erreicht. Aber ein verheerendes Feuer empfing in erster Linie
vordringende 1. und 4. Kompagnie von der Südwestecke des Waldes und
von Spichern her. Rasch entschlossen stürmte Hauptmann v. Blumenhagen
unter dem heftigsten Feuer gegen die Waldecke vor und vertrieb im Verein
mit den hier kämpfenden Kompagnieen der andern Regimenter den Feind
völlig aus dem Walde. Lieutenant v. Kaphengst, der mit seinem Zuge
zur Deckung der rechten Flanke zurückgeblieben war, beschoß die auf dem
Forbacher Berge stehenden Abteilungen mit Erfolg, doch er selbst fiel von
zwei Kugeln in die Brust getroffen. Bald nachher betrat auch die 2. Kompagnie
das Plateau. Hauptmann Sack eilte seinen Leuten mit dem Rufe: „Vorwärts!

Marsch, marsch!" voran, aber in demselben Augenblicke sank er schwer ver=
wundet zu Boden († 19. August), und auch seine Kompagnie erlitt schwere
Verluste; sämtliche Zugführer wurden außer Gefecht gesetzt, Reservelieutenant
Österreich tödlich verwundet († 13. August). Die 2. Kompagnie zog sich
dann ebenfalls nach der Ecke des Giserwaldes, die durch Erdaufwürfe in aller
Eile zur Verteidigung eingerichtet wurde.

Zu noch umfassenderem Angriffe von dieser Seite her setzten sich bald
nachher 6 Bataillone des 3. Armeekorps in Bewegung: das Füsilierbataillon
12. Regiments, das 2. Bataillon des Leibregiments und das 3. Jäger=
bataillon als erstes, das Infanterieregiment Nr. 52, welches eben von
St. Ingbert her im Eilmarsch eingetroffen war, als zweites Treffen. Nur
das Füsilierbataillon des Leibregiments und das geschwächte 1. Bataillon

Die Preußen verteidigen die Südwestecke des Giferwaldes.

39. Regiments blieben in Reserve. Die Leitung des Angriffs wurde dem General
v. Schwerin übertragen und derselbe angewiesen am Abhang der Höhen bis
zur Goldenen Bremm vorzugehen und von dort aus links gegen den Forbacher
Berg einzuschwenken. „Es machte einen wahrhaft erhebenden Eindruck",
berichtet Oberst v. Voigts=Rhetz, Generalstabschef des 3. Armeekorps, „wie
die Bataillone, sobald angetreten wurde, die Wacht am Rhein volltönig
anstimmten und sich unter dem Donner der Geschütze und dem Geknatter
des Infanteriefeuers wohlgemut zu ihrer ersten Feuertaufe anschickten. Mit
der höchsten Spannung wurde das Vorgehen der Bataillone seitens des
Generalkommandos verfolgt. Jeder war sich bewußt, daß es sich um Sieg
oder Niederlage handelte. Mißlang der Offensivstoß, wurden diese Bataillone
zurückgeworfen, so mußte der Rückzug unwiderruflich angetreten werden.

Man war sich des Ernstes der Lage voll bewußt, und dem entsprach die feierliche Stimmung aller Anwesenden."

Unter der Führung des Oberstlieutenants v. L'Eſtocq, des Komman=deurs des Leibregiments traten, die 3 erſten Bataillone gegen 6¹/₂ Uhr an und erreichten zum Teil im Laufſchritt die beiden öſtlich von der Goldenen Bremm gelegenen Schluchten.

Die Zwölfer Füſiliere hatten eben den Eingang der weſtlichen Schlucht erreicht, als ſie in heftiges Mitrailleuſen= und Chaſſepotfeuer gerieten. „Meine

12er Füſiliere im Handgemenge oberhalb des Spicherer Waldes.

Herren, jetzt ſcheint es Ernſt zu werden; ich bitte die Pferde zurückzuſchicken", ſagte Major v. d. Chevallerie zu ſeinen Kompagnieführern. In beſchwer=lichem Aufſtieg wurde der Höhenrand gewonnen, den die Franzoſen an einer Stelle erſt nach einem erbitterten Handgemenge räumten; doch erlitten die Füſiliere ſtarke Verluſte, ohne dem Feinde viel anhaben zu können. Oberſt=lieutenant v. L'Eſtocq überzeugte ſich bald von der Unmöglichkeit hier in der Front der feindlichen Stellung vorzubringen und gab Befehl zum Rückzuge nach der Goldenen Bremm, um in der noch weiter weſtlich gelegenen großen

Schlucht (gegenüber der Baracke Mouton), wohin die 9. Kompagnie schon vorausgesandt war, gegen die linke Flanke des Feindes vorzubringen. Der schwierige Rückzug den steilen Berg hinab wurde angetreten; unten an der Golbenen Bremm fand sich auch das 3. Jägerbataillon und das 2. Bataillon des Leibregiments ein, welche in der ersten Schlucht aufgestiegen waren, aber hier ebenfalls ohne Erfolg gekämpft hatten. Dabei waren der Kommandeur der Jäger, Major v. Jena, und Lieutenant v. Rex († 7. August) schwer verwundet worden, Premierlieutenant Beelitz von den Leibgrenadieren gefallen.

Nun begann der Aufstieg durch den Spicherer Wald und die lange Schlucht, der trotz des hartnäckigen Widerstands und trotz wiederholter Vorstöße der Feinde, denen mehrmals mit Bajonett und Kolben begegnet wurde,

Gefangennahme von Franzosen durch 12er.

durch gegenseitige Unterstützung auch gelang. Am weitesten links drangen die 12er vor, rechts von ihnen die Leibgrenabiere und die Jäger; die Verteibiger der Golbenen Bremm schlossen sich größtenteils dem Vorgehen an. Die Lieutenants Schröder und Pabst vom 12. Regiment stürmten mit ungefähr 60 Füsilieren durch den Wald empor, überwältigten im Handgemenge einen Trupp Franzosen, die teils niedergemacht, teils gefangen wurden, und erreichten, allerdings mit kaum einem Dutzend Leuten, da die andern verwundet oder noch zu erschöpft waren, den Südostrand des Spicherer Waldes fast im Rücken der Feinde. Hier erblickten sie nur wenige hundert Schritte entfernt zwei Geschütze und machten den Versuch, dieselben wegzunehmen. Doch schon rückte eine starke feindliche Abteilung heran und zwang das kleine Häuflein zu eiligem Rückzug nach dem Walbrand, wo jetzt auch die Leibgrenadiere und 77er erschienen und den nachbringenden Franzosen durch

Schnellfeuer Halt geboten. Nach einem letzten Vorstoß bei einbrechender Dämmerung zog sich der Feind langsam über die Hochebene zurück. Die Unsern drängten nach und besetzten den Forbacher Berg, wo die letzten Franzosen mit dem Bajonett vertrieben werden mußten.

Dieser Erfolg war dadurch erleichtert worden, daß der Feind um dieselbe Zeit seine letzte Kraft in einem allgemeinen Angriff auf den Gifertwald und den Roten Berg erschöpft hatte. In dichten Schwärmen stürmten die Franzosen, einzelne Offiziere weit voraus, durch die Schlucht und über die Spicherer Hochfläche heran, indes Granaten auf Granaten gegen den Waldsaum flogen. Die Premierlieutenants D e t e r t und S c h r ö b e r vom 40. Regiment, die Lieutenants Z a c h a r i ä von den Leibgrenadieren und v. F r a n ç o i s vom 12. Regiment wurden tödlich verwundet, und die Reihen der Unsern wankten. Es bedurfte der ganzen Kraft und Autorität der Offiziere, um durch Befehl und Beispiel diesen gefährlichen Augenblick zu überwinden. Am Waldsaume lag der Hauptmann K o f c h vom 40. Regiment, der trotz einer schweren Verwundung im Oberschenkel, um seine Leute nicht zu gefährden, in der Feuerlinie geblieben war; dicht neben ihm wurde Landwehrlieutenant C r a m e r durch einen Schuß in die Schläfe getötet. Als nun bei dem furchtbaren Feuer und der drohenden Annäherung der Feinde die Schützenlinie in Unruhe geriet und einige sich erhoben, um zurückzugehen, rief der verwundete Hauptmann mit Aufgebot aller Kräfte den Seinen zu: „Liegenbleiben! Schnellfeuer!" und sie hielten stand.

Besonders gefährlich war die Lage für die Batterieen auf dem Roten Berg; sie waren verloren, wenn die Infanterie zurückging, und schon begannen die Schützen zu weichen. Da sprengte Oberst v. R e t z mitten unter sie mit den Worten: „Vorwärts, Soldaten, zeigt, daß Ihr wahre Preußen seid!" Die Worte des Führers und der feste Halt, den die eben jetzt angekommene 7. Kompagnie des 40. Regiments bot, ermutigten die Soldaten zum Ausharren; das Schnellfeuer der Infanterie und Artillerie trieb den Feind wieder zurück.

Allmählich brach die Nacht herein. Vom Pfaffenberg hinter Spichern donnerten heftig die Kanonen, doch das Infanteriefeuer wurde immer schwächer; nur vereinzelte Schüsse blitzten noch durch das Dunkel: D e r F e i n d w a r a u f d e m R ü c k z u g e.

Unten in dem brennenden S t i e r i n g e n tobte der Kampf am längsten. Es bleibt noch übrig, die Wendung, die das Gefecht seit 5 Uhr hier genommen hatte, zu berichten. Wir haben gesehen, wie Frossard, um nicht von Forbach und seiner Eisenbahnverbindung abgeschnitten zu werden, seinen linken Flügel gewaltig verstärkte. Frische Bataillone wandten sich gegen Alt-Stieringen und drangen in das Waldstück ein, das mit Granaten und

Mitrailleusenkugeln überschüttet wurde. Schon vorher hatte General v. Woyna, um die taktische Ordnung wiederherzustellen, das 1. Bataillon 53. Regiments zurückgenommen; die 74er hatten bei der Annäherung großer feindlicher Massen den Rückzug aus ihrer Stellung angetreten, in den jetzt auch die übrigen Truppenteile mitgerissen wurden. Schritt vor Schritt mußten die 77er und 39er in dem Waldstück bis zum Drahtzug zurückweichen; nur in dem nördlich von dem Eisenbahndamm gelegenen Walde behaupteten sich Teile des 77. und 53. Regiments. Am Drahtzug wurden die erschöpften Truppen von Saarbrücker Frauen und Mädchen mit Speise und Trank erquickt; viele Bürger, namentlich Turner, brachten mit eigener Lebensgefahr die Verwundeten vom Schlacht=feld auf den Verbandplatz. Bei dem verlustvollen Rückzug war Reservelieutenant Schnitzler

Vorstoß der Franzosen bei Stieringen.

vom 53. Regiment, der trotz einer Verwundung am Bein seine Kompagnie nicht verlassen hatte, töblich verwundet worden. Von den 77ern waren Premierlieutenant von Lorenz († 16. August) und Lieutenant Lehr I († 8. November) schon vorher schwer verletzt zurückgebracht worden. Der Bruder des letzteren, Lieutenant Lehr II, wollte beim Zurückgehen seinen verwundeten Freund Lieutenant v. Renz nicht in Feindes Hand fallen lassen und trug ihn, bis seine Kräfte versagten, sodaß er den Kameraden an einer geschützten Stelle zurücklassen mußte.

Hier am Drahtzug erschien General v. Zastrow selbst und ermutigte die inzwischen geordneten Truppen zu hartnäckiger Gegenwehr. Doch der Vorstoß des Feindes erlahmte, teils in Folge des mörderischen Feuers unserer Artillerie auf der Folster Höhe, teils in Folge des Kanonenbonners, der jetzt deutlich von Forbach herüberschallte.

Um biese Zeit telegraphierte Froffarb an Bazaine: „Wir sind von Wehrben aus umgangen; ich bringe meine ganze Macht auf die Höhen." Eben jetzt war nämlich bie Spitze ber 13. Division auf ihrem leiber verzögerten Marsche vor Forbach angekommen, bas von Verteibigern faft ganz entblößt war. Nur 2 Schwabronen Dragoner, 1 Genielompagnie und 200 erst eben eingetroffene Reservisten standen bem Oberftlieutenant Dulac zur Verfügung und wurden von ihm in trefflicher Weise verwenbet. Er ließ bie Dragoner abfitzen und verteibigte mit biesen und ben Infanteriften hartnäckig bie auf bem Raninchenberg aufgeworfenen Schützengräben gegen 2 Bataillone bes 55. Regiments und eine Batterie. Als schließlich bie 7. Jäger

Die 52er vor Stieringen.

bie feinbliche Flanke bebrohten, machte eine kühne Attake ber Dragoner ber kleinen Abteilung Luft und ficherte ihr ben Rückzug nach Forbach. Die eintretenbe Dunkelheit ließ zwar bie Schwäche bes Feinbes nicht erkennen und verhinberte einen entscheidenben Angriff, aber trotzbem war bie Lage Froffarbs, ber vergeblich auf Unterftützung gehofft hatte, bebrohlich genug, und er burfte nicht fäumen feinen Rückzug über bie Hochebene von Spichern anzutreten, wenn er fich nicht einer völligen Nieberlage ausfetzen wollte. Ein furchtbares Artilleriefeuer leitete biefe Bewegung ein.

Als gegen 7½ Uhr General v. Schwerin mit bem 52. Regiment fich ber Golbenen Bremm näherte, um auf ben Forbacher Berg nachzurücken,

15*

donnerten die französischen Geschütze so heftig von Stieringen her, daß der General 6 Kompagnieen dorthin vorgehen ließ. Zugleich fuhr die 2. leichte Batterie 7. Regiments (Hauptmann Götz) auf der Höhe nördlich von der Goldenen Bremm auf und kämpfte die feindlichen Geschütze durch Schnellfeuer nieder. Diesem Angriffe schlossen sich die im Walde stehenden Truppen unter General v. Woyna an und drangen, ohne erheblichen Widerstand zu finden, bis zum Südrande des Waldstückes vor. Während von den Spicherer Höhen bereits die französischen Rückzugssignale herabschallten, gingen die 39er, 77er und 52er gegen die Schladenhalde vor dem Eisenwerk und gegen die Schönecker

Straße vor, folgten dem weichenden Feind und erstürmten nach
9 Uhr Stieringen, wo die 52er
8 französische Offiziere, darunter
1 Stabsoffizier, und ungefähr
200 Mann gefangen nahmen.
Von den Offizieren des Regiments

Die 39er erstürmen die Schladenhalde.

fielen in diesem Kampfe die Lieutenants Hepke I, Streichhan und Lieutenant der Landwehr Boß.

Die 3 Kompagnieen 39er, die den Kampf bei Stieringen begonnen hatten, begegneten auch dem letzten Widerstand und machten blutigen Kehraus. Die Schladenhügel der Eisenhütte, Haufen von Wasserleitungsröhren und Eisenbahnschienen dienten dem Feind als Barrikaden, hinter denen noch immer Schüsse hervorblitzten, und es kam hier zu verlustreichen Einzelkämpfen. Lieutenant Baupel und Reservelieutenant Schmitz fielen, und auch mancher brave Füsilier büßte noch sein Leben ein. Die erbitterten Kameraden nahmen blutige Rache und machten alles, was sich zur Wehre setzte, nieder; die Flammen des brennenden Hüttenwerks leuchteten zu dem schaurigen Kampfe. Erst nach 11 Uhr verstummte hier das Gefecht. Die äußerst erschöpften Füsiliere durch= wachten, eines feindlichen Überfalls gewärtig, die Nacht in einem massiven Wohnhaus jenseits des Bahndammes und konnten hier durch Wein, den sie in dem Keller vorfanden, ihre Lebensgeister nach den furchtbaren Anstrengungen des Tages stärken. Es waren noch 6 Offiziere und 150 Mann, die Major v. Wangenheim von seinen 3 Kompagnieen hier zusammen hatte!

In Stieringen wurden am Morgen des 7. August noch mehrere hundert Franzosen, die sich hier versteckt hielten, gefangen genommen; auch in Spichern und Etzlingen fanden sich viele, größtenteils verwundete Franzosen vor. Im Übrigen war die Siegesbeute gering. Auf dem Forbacher Berg erbeuteten die Zwölfer 2 gefüllte Munitionswagen; auch ihre Zeltlager und ihr Gepäck hatten die Franzosen zurückgelassen. In den Tornistern fanden unsere Soldaten, die zum Teil seit morgens früh nichts gegessen hatten, Brot, Zwieback, Zucker und Kaffee vor und stillten damit ihren Hunger.

Mit der Verpflegung der Franzosen war es, wie es schien, in der letzten Zeit besser bestellt gewesen. Das bewiesen auch die reichlichen Vorräte, die man am nächsten Morgen auf dem Bahnhofe in Forbach erbeutete. Viele Tausend Säcke Hafer, ein großes Lager von Brot und Mehl, ein ganzer Schuppen voll Champagner und andere Weine fanden sich vor, dazu viel Offiziergepäck mit ganz neuen Uniformen, offenbar für den Einzug in Berlin, Bücher, Waffen, selbst Damengarderobe. Auf dem Geleise standen 3 französische Maschinen und ein Eisenbahnzug von 52 Wagen, den Saarbrücker Bahnbeamte mit Beschlag belegten; auch ein Zug von Brückenfahrzeugen, der zum Über= schreiten der Saar dienen sollte, wurde erbeutet.

An eine energische Verfolgung des Feindes, der sich in guter Ordnung über Ötingen und Spichern auf Saargemünd zurückzog, konnte wegen der Dunkelheit und der Ermüdung der Truppen nicht gedacht werden. Man begnügte sich Vorposten auszustellen, welche die zuletzt eingetroffenen Bataillone übernahmen; die Truppen ordneten sich, soweit dies in der Nacht möglich war, und biwakierten dann ohne Stroh und Feuer auf dem Schlachtfelde. Dabei nahm man sich nach Kräften der in der Nähe liegenden Verwundeten an, erquickte sie mit Wasser und suchte ihre Lage möglichst zu erleichtern. Mit leerem Magen legten sich die meisten der ermatteten Kämpfer zur Ruhe nieder; gar mancher von den braven Artilleristen, die so wacker ihre Pflicht gethan hatten, kaute ein paar Haferkörner, um den grimmigen Hunger zu bezähmen. Doch der allesbezwingende Schlaf übte bald seine Macht aus, und auf dem harten Boden schlummerten nach dem schweren Tagewerk die Krieger unter Leichen und Verwundeten.

XLIV. Ergebnis der Schlacht.

Der Sieg war nach erbittertem Kampfe errungen, der Feind in vollem Rückzuge, aber mit überaus schweren Opfern war dieser Erfolg erkauft.

49 Offiziere und 794 Mann waren tot auf dem Schlachtfelde geblieben, 174 Offiziere und 3482 Mann waren verwundet, 372 Mann wurden vermißt; der Gesamtverlust der Preußen belief sich somit auf 4871 Mann. Am stärksten hatten das 12., 74., 39., 77., 48., 40. und das 8. (Leib-) Regiment gelitten:

das 12.	Regiment verlor	35	Offiziere	771	Mann,
„ 74.	„	„ 36	„	661	„
„ 39.	„	„ 27	„	628	„
„ 77.	„	„ 26	„	602	„
„ 48.	„	„ 25	„	548	„
„ 40.	„	„ 25	„	468	„
„ 8.	„	„ 12	„	380	„

Die Franzosen zählten nach Frossard 37 Offiziere und 283 Mann tot, 168 Offiziere und 1494 Mann verwundet, 44 Offiziere und 2052 Mann vermißt (von diesen waren an 600 tot oder verwundet), also betrug ihr Gesamtverlust 4078 Mann. Der Tapferkeit der Besiegten muß man alle Anerkennung zollen, besonders ist die Zahl der gefallenen und verwundeten Offiziere verhältnismäßig sehr groß. 1 General und 1 Oberst waren tot, 14 Oberstlieutenants und Kommandanten wurden verwundet. Die stärksten Verluste hatten das 40. Linienregiment mit 33 Offizieren 531 Mann, das 10. Chasseurbataillon mit 10 Offizieren 215 Mann und das 3. Chasseur-bataillon mit 6 Offizieren 225 Mann. Dabei ist zu beachten, daß die französischen Bataillone nur 600—700 Mann zählten.

Wenn Frossard die Stärke der Preußen auf 70000 Mann angibt, so ist das eine große Übertreibung. Nach den Ermittelungen des preußischen Generalstabs standen den Franzosen im Kampfe bei Spichern und Forbach, wenn wir die Kavallerie außer Betracht lassen, 30194 Mann Infanterie und 108 Geschütze gegenüber, wovon 26023 Mann und 78 Geschütze zur Wirksamkeit kamen; das Frossard'sche Korps dagegen zählte an 24419 Mann Infanterie und 90 Geschütze. Somit ergibt sich auf deutscher Seite eine geringe Überlegenheit in der Gesamtstärke, die aber — wohlgemerkt — erst in den späten Abendstunden erreicht wurde, während in den ersten Stadien des Kampfes die deutschen Angreifer an Zahl bedeutend schwächer waren. Zudem hatten die Franzosen den Vorteil einer überaus festen Stellung, ihre Truppen waren durch keinen Marsch ermüdet, ihre Leitung einheitlich. Dahingegen mußten die Deutschen, die zum größten Teil durch Eilmärsche von 15 bis 20 Kilometer bei großer Hitze ermüdet waren, gegen feste Positionen, hinter denen die Feinde gesammelt standen, in vereinzelten Angriffsstößen vorstürmen und entbehrten der einheitlichen Führung*), so sehr auch das kameradschaftliche Zusammenwirken sowohl der höheren Offiziere wie der Truppen anerkannt werden muß. Ganz anders hätte der Verlauf der Schlacht sich gestalten können, wenn ein ähnlicher Geist in der französischen Armee geherrscht hätte. Zum Glück für uns war dies nicht der Fall.

Bei den ersten Kanonenschüssen hatte General Frossard an den Marschall Bazaine telegraphiert: „Würde es nicht gut sein, wenn die Division Montaudon eine Brigade von Saargemünd nach Großblittersdorf schickte, und wenn die Division Decaen (von St. Avold) über Merlenbach und Roßbrücken vorrückte?" Bazaine antwortete, er lasse die Division Metmann von Marienthal nach Beningen und die Division Castagny von Püttlingen nach Farschweiler und Thebingen marschieren. Wenn man nun bedenkt, daß von Marienthal nach Forbach und von Saargemünd nach Spichern ebenso weit ist wie von Friedrichs=thal nach Saarbrücken, daß Püttlingen von Stieringen nicht viel weiter entfernt ist als Bildstock von der Folster Höhe, daß St. Avold mit Forbach durch eine zweigeleisige Bahn verbunden ist und daß diese Strecke nicht so lang ist wie die von Neunkirchen nach Saarbrücken, so fragt man sich, warum die Franzosen nicht das geleistet haben, was die preußische 5. Division fertig gebracht hat, die an den erwähnten Punkten erst nach Mittag alarmiert wurde und, nachdem sie an diesem Tage 33 Kilometer marschiert war,**) gegen 5 Uhr auf dem Schlachtfelde stand. Dann wäre die Stärke der Franzosen um das Doppelte erhöht worden und ein verlustvoller Rückzug der Unsern nicht abzuwenden gewesen. Wir wollen uns mit der Untersuchung der seltsamen Kreuz= und Querzüge der französischen Generäle nicht aufhalten und nur feststellen, daß die Feinde durch mangelhaftes Zusammenwirken die Gelegenheit zu einem Siege verscherzten, der verdientermaßen den Preußen zufiel.

Es wird zwar allseitig zugegeben, daß der Angriff der 14. Division auf die nicht genügend aufgeklärte französische Stellung etwas übereilt war

*) Das Kommando war von Kamcke auf Göben, von Göben auf Zastrow über-gegangen. Die 3 Korpsführer einigten sich dann dahin, daß v. Zastrow auf dem rechten Flügel, v. Göben im Centrum und v. Alvensleben auf dem linken Flügel die Truppen-bewegungen anordneten. Erst um 7 Uhr erschien General v. Steinmetz, griff aber nicht mehr in die Leitung ein.

**) Nur das 12. Regiment wurde von Neunkirchen mit der Bahn befördert. — Um 6 Uhr abends war allerdings das 60. Regiment von St. Avold nach Forbach abgeschickt worden, doch es war zu spät: schon der erste Zug mußte vor dem Feuer der bei Emmersweiler stehenden Geschütze der 13. Division zurückfahren.

unb leicht nachteilige Folgen haben konnte; aber dieser Fehler wurde wieder gut gemacht. „Wenn auch nicht ber preußische General", sagt General von Albensleben, „so hat boch ber preußische Solbat ben General Frossarb besiegt." In ber That, bie Ausbildung unb bie Leistungsfähigkeit unserer Truppen zeigte sich im glänzenbsten Lichte. Von früh morgens an auf ben Beinen, stürmten sie mit leerem Magen in sengenber Hitze steile Höhen, auf benen ein furchtbarer Feind stanb, unb harrten in schwerer Bebrängnis standhaft aus, bis Hilfe kam. Das mußten auch bie Feinbe anerkennen. „Als ich am 7. August meine Wohnung verlassen wollte", erzählt General v. Albensleben, „traf ich im Flur einen schwer verwunbeten französischen Offizier, bessen Bahre man bort niebergesetzt hatte. Wohl ben höheren Offizier in mir vermutenb, richtete er sich auf unb sagte: „Vos soldats sont les plus braves des braves" (Euere Solbaten sinb bie Tapfersten ber Tapfern).

Aber „abgesehen von ber Tapferkeit ber Truppen", sagt ein höherer russischer Offizier, „ist bie Schlacht bei Spichern recht eigentlich burch bie kühne Selbstthätigkeit unb Entschlußfähigkeit ber untern beutschen Führer, vom Brigabegeneral bis zum Zugführer, gewonnen worben. Nur bie äußerste Thatkraft ber Offiziere, ihre Aufopferung, ihr Verständnis unb ihre Gewanbtheit im Verein mit bem Eifer unb bem ungewöhnlichen Zusammenhalt ber Mann= schaften vermochte in bem erbitterten, ohne einheitliche Leitung unb ohne regelrechte Reserven geführten Walbgefecht gegen einen georbnet unb oft über= legen auftretenben Gegner Vorteile zu erringen."

Unb welches waren bie Folgen bieser Schlacht? „Allerbings war sie nicht vorgesehen", sagt Moltke; „im allgemeinen aber wirb es wenig Fälle geben, wo ber taktische Sieg nicht in ben strategischen Plan paßt. Der Waffenerfolg wirb immer bankbar acceptiert unb ausgenutzt werben. Die Fühlung mit ber feinblichen Hauptmacht war gewonnen unb bas Frossarb'sche Korps gehinbert worben, ungeschäbigt abzuziehen." Arm war zwar ber Sieg an kriegerischen Trophäen, aber „ber moralische Wert eines Sieges reicht weit über bas Schlachtfelb hinaus." Wer jene Zeit erlebt hat, vergißt nie ben Jubel, ben bie boppelte Siegesnachricht vom 6. August in Deutschlanb hervorrief. Wie begeisternb unb erhebenb wirkte unb wirkt noch jetzt bie Kunbe von ber glänzenben Waffenthat bei Spichern! Die so siegesgewissen Franzosen aber befiel bei ber zweifachen Unglücksnachricht ein lähmenbes unb beklemmenbes Alpbrücken. Man gab in bem Hauptquartier bes Kaisers für ben Augenblick jeben Gebanken an Wiberstanb auf, unb ohne weiteren Kampf fiel bas Lanb bis zur Mosel in bie Hänbe ber Deutschen.

XLV. Auf der Walstatt.

nser war der Sieg", schrieb der „Gartenlaube" einer der
wackeren Brandenburger Artilleristen, die das erste Geschütz
auf den Roten Berg brachten, „unser war der Sieg —
ein erhebendes Gefühl, für welches es keine Worte gibt, welches alles Andere
vergessen läßt.

So groß wie vorher die körperliche und geistige Aufregung gewesen
war, so groß war jetzt auch die Abspannung. Den brennenden Durst konnten
wir nur notdürftig mit dem Wein stillen, den uns die Saarbrücker geschenkt
hatten. Rings um die Batterie lagen verwundete Preußen und Franzosen,
die nach Wasser und Brot jammerten. Trotz des eigenen Durstes gaben
unsere Kanoniere den Verwundeten — gleich, ob Freund oder Feind — den
letzten Tropfen Wein, und als später, zwischen elf und zwölf Uhr, Wasser in
Feldkesseln gebracht wurde, bekamen die Verwundeten zuerst. Erinnerlich ist
mir noch ein Franzose, welcher, am Fuße verwundet, zwanzig Schritte von
der Batterie lag. Wir nahmen ihm zuerst sein noch geladenes Gewehr ab
und trugen ihn dann in die Batterie. Hier nahm er mit großem Danke
eine Cigarre an und schien sich trotz seiner Wunde sehr wohl zu fühlen.
Andere schwerer verwundete Franzosen wimmerten herzzerreißend, Töne, welche
man nur einmal zu hören braucht, um sie nie wieder zu vergessen. Wie
gern hätten wir den Armen geholfen, aber wir waren selbst von Allem
entblößt. Einige Vorräte an Brot sowie einen Sack mit Hafer fanden wir
auf einem französischen vollständig ausgerüsteten Munitionswagen, welcher
neben der Batterie stand und dessen Bespannung, vier Schimmel, von einer
Granate getroffen, tot vor dem Wagen lag. —

Wir alle waren von der schweren, heißen Tagesarbeit auf's Äußerste
erschöpft, und doch floh der Schlaf uns, als wir versuchten, neben den ein-
gespannten Geschützen zu ruhen. Das Wimmern und Stöhnen der Verwundeten,
der Geruch, den die am Nachmittag gefallenen Pferde schon ausströmten, jagte
uns von der Erde auf. Dies Biwak auf dem Schlachtfelde in der Nacht

war in der That das Gräßlichste, was ich erlebt. Dicht neben der Batterie
war eine Verbandstelle eingerichtet; überall das Jammern der Verwundeten,
das Flehen um Waffer. Bei Fackelschein erfüllten hier die Ärzte ihre schwere
Pflicht die ganze Nacht mit einer seltenen Aufopferung.

Es war ein düsteres und doch belebtes Bild, diese Nacht! Auf dem
Schlachtfelde vor uns irrten Fackeln umher; es waren barmherzige Samariter,
welche Verwundete suchten, und Armeegensbarmen, welche auf die Hyänen der

Leichenräuber.

Schlachtfelder fahndeten. Von der Frech=
heit dieses Auswurfs der Menschheit
mag folgendes Beispiel Zeugnis geben.
Ein Infanterieoffizier war gefallen,
und seine Leute wurden zurückgedrängt.
Als sie bald nachher wieder vorgehen,
überraschen sie mitten im Gefecht einen
halberwachsenen Jungen, der dem ge=
fallenen Offizier den Rock aufgeknöpft

hat und eben deffen Uhr rauben will. Einige Kolbenstöße machten dem Dasein
dieses Elenden ein rasches Ende.

Leider lagerte sich gegen Morgen ein dichter Nebel über das Schlacht=
feld, der das Auffuchen der Verwundeten erschwerte und jenem Auswurf der
Menschheit sein gräßliches Handwerk erleichterte. — Noch jetzt stehen mir die
Scenen jener Nacht und der Anblick des Schlachtfeldes mit grellen Farben
vor Augen und werden mir unvergeßlich sein, so lange ich atme. Reihenweise
lagen die Kameraden tot und stumm da, in vollem Siegeslaufe von der
feindlichen Kugel hingestreckt, in der Hand noch das Gewehr. Zelte, Decken
und Tornister hatten die
Franzosen zurückgelassen. Ein
Franzose hatte seinen Tor=
nister geöffnet, um sich frische
Patronen herauszuholen;
schon hatte er sie in der Hand,
da traf ihn das tödliche Blei,
und entseelt sank er hin. So
fanden wir ihn.

Toter Franzose an seinem Tornister.

Gut ausgerüstet waren die Franzosen: fast alle hatten ein paar ganz
neue Schuhe und ein neues Hemd sowie ein halbes Brot im Tornister, welch'
letzteres nun unfern Leuten hochwillkommen war."

Fröstelnd erhoben sich die Soldaten aus dem schaurigen Biwak. Als
die Sonne den Nebel zerstreute, da zeigten sich auf dem Gefilde ringsum

erſt recht die Verwüſtungen der Schlacht. „Der Anblick, der ſich uns bot“, ſchreibt ein 39er, „war vielfach herzerſchütternd. Zwiſchen Pickelhauben, franzöſiſchen Käppis, Torniſtern, Waffen und Uniformſtücken lagen die Toten über und durch einander auf dem Geſichte oder auf dem Rücken. Dem einen war das ganze rechte Bein, dem andern der halbe Kopf abgeriſſen; einige Leichen ſtreckten einen Arm ſtarr gen Himmel empor, andere hatten die Finger krampfhaft in den mit Gras bewachſenen Boden eingekrallt.“

Hier und da zeigte ſich auch ein friedlicheres Bild. Das Geſicht eines blutjungen Franzoſen erſchien nicht einmal blaß und hatte einen glücklichen, lächelnden Ausdruck, als ob er ſchliefe und einen freundlichen Traum hätte. Seine Augen waren geſchloſſen, und ſeine geteilten Lippen zeigten zwei Reihen Zähne wie Perlen. Ein alter Troupier, der einen Schuß mitten durch’s Herz erhalten hatte, lag mit weitgeöffneten Augen da; der offene Waffen= rock ließ eine Menge geron= nenen Blutes an der linken Bruſtſeite ſehen. Ein Bündel Briefe ragte aus ſeiner Bruſttaſche hervor; in einem derſelben ſtand von Frauen= hand geſchrieben: „Unſere kleine Madeleine trägt mir auf Dich herzlich zu küſſen und zu umarmen. Hoffentlich kommſt Du bald geſund zurück.“ Die arme Frau mußte mit der kleinen Madeleine vergeblich den Vater er= warten!

Durch das Herz geſchoſſen.

Auf dem Roten Berge beſonders war ein wirres Durcheinander von gefallenen Preußen und Franzoſen. In den Schützengräben, welche den Berg umgaben, lagen die Franzoſenleichen, Offiziere und Gemeine, wie ein roter Wall. Im Giſert= und im Stieringer Walde waren die jungen Eichenſtangen durch Granaten kreuz und quer durcheinander geworfen, daß man kaum durchkommen konnte. Im Pfaffenwalde lagen überall abgeſchoſſene Äſte am Boden; in halber Manneshöhe ſaßen wohlgezielte Schüſſe an den Bäumen und bewieſen die Heftigkeit des Kampfes, der hier getobt hatte. Baſt und Rinde waren abgeriſſen oder hingen zerſplittert umher; große Maſſen ver= ſchloſſener Patronenpackete lagen hinter jedem ſtärkeren Baum, der den Franzoſen als ſichere Deckung gedient hatte. Im Walde und in den Schluchten lagen halberstarrt noch viele Verwundete, denen jetzt erst Hilfe gebracht werden konnte; zerschossene Pferde hinkten auf dem Schlachtfelde herum oder lagen halbverendet am Boden.

Vor und hinter Spichern waren die Lagerstätten der Division Laveau= coupet sichtbar. Die verlassenen Zelte und Laubhütten wurden bald von unsern Soldaten mit Beschlag belegt; ringsum war massenhaft Stroh auf= geschüttet, Kochherde waren errichtet, Kartoffeln, Reis und andere Lebens= mittel lagen umher, dazwischen allerlei Lagergerät, Pferdegeschirr und Waffen. Traurig sah es in dem halbverbrannten Dorfe aus. Von überallher tönte noch das Stöhnen der zurückgelassenen französischen Verwundeten. Scheunen und Ställe wurden zu Operationssälen eingerichtet, und gräßliche Scenen spielten sich hier ab. In der Dorfkirche lagen von der Schwelle bis zum Altar an 200 Schwerverwundete im traurigsten Zustande, kaum auf Stroh gebettet; Blutlachen bedeckten den Boden, Röcheln und Stöhnen drang aus allen Ecken des düstern Raumes, dem die ewige Lampe und die mit weißen Tüchern bedeckten Heiligenbilder ein eigenartiges Aussehen verlieh. Auf den Kirchenbänken saßen Leichtverwundete; der Pfarrer des Ortes war überall tröstend und helfend thätig.

Die Regimenter, welche auf dem Schlachtfelde gelagert hatten, rückten in der Morgenfrühe nach ihren Sammelplätzen, gefangene Franzosen wurden von Stieringen und Spichern her vorbeigeführt, und zahlreiche Versprengte stellten sich ein. Jetzt erst wurden die furchtbaren Lücken bemerkbar, welche die feindlichen Geschosse in die Reihen gerissen hatten; die 9. Kompagnie des 74. Regiments zählte nur noch 89 Mann unter einem Sergeanten!

„Wir haben die blutige Schlacht geschlagen,
Drob müssen die Mütter und Bräute klagen."

Die 48er, welche teils am Winterberg, teils auf dem Ludwigsplatz in Saarbrücken biwakiert hatten, versammelte Oberst v. Garrelts angesichts der blutgetränkten, vielumstrittenen Höhen von Spichern zu einem Regimentsappell. Während dessen näherten sich einige Träger mit der Leiche des gefallenen Lieutenants v. Falkenhausen der Front. „Regiment stillgestanden!" kommandierte der Oberst, „Gewehr auf! Achtung! Präsentiert das Gewehr!" Die lange Linie der Gewehre blitzte in der Sonne, die Degen der Offiziere senkten sich zur Erde, und die Fahnen neigten sich zum letzten Gruße, während unter den feierlichen Klängen eines Chorals der Trauerzug sich die Front des Regiments entlang bewegte. Ein tief ergreifender Anblick war es, „ob dem die Thräne rollt' in manchem Mannes Bart."

Nachdem die Krieger so ihrem jungen Helden die letzte Ehre erwiesen, sprach der Oberst dem Regiment für seine vortreffliche Haltung den Dank des Divisionskommandeurs v. Stülpnagel aus und gab dem Gefühl der Begeisterung, welches alle beseelte, durch ein Hoch auf den obersten Kriegsherrn Ausdruck, das weithin über das Schlachtfeld brauste. Dann spielte die Musik den alten prächtigen Choral: „Nun danket alle Gott", und wie am Tage von Leuthen stimmten die Brandenburger mit kräftigem Gesange ein.

Auch auf den andern Teilen des Schlachtfeldes ertönten an diesem Sonntag Morgen solche weihevolle Klänge, und Salven donnerten über den offenen Grüften, die letzte Ehre und der Scheidegruß der Lebenden an die Toten. Ein Teil der Krieger, die das Feindesgeschoß verschont hatte, übernahm in Gemeinschaft mit den Pionieren die traurige Pflicht, die Leichen der gefallenen Kameraden dem Schoße der Erde zu übergeben. Die Gefallenen wurden auf Bahren zusammengetragen, die Erkennungsmarken, auch Wertsachen und Erinnerungszeichen für die Angehörigen gesammelt und die Leichen in große Gräber gelegt, je zwei Lagen durch eine Schicht von Mänteln getrennt, übereinander, Angehörige der verschiedenen Regimenter, Deutsche und Franzosen zusammen, wie sie gestritten

Gräber auf der Höhe am Eisertwald.

hatten und gefallen waren. Ein rohes Holzkreuz wurde in den Grabhügel gesteckt und ein Zettel daran befestigt, der die Zahl der hier Begrabenen nannte. „Hier liegen 28 Preußen und 69 Franzosen", lautete eine solche Inschrift.*) Auch mit dem Bajonnett eingespießte Gewehre, an denen ein Käppi oder eine Pickelhaube hing, bezeichneten die Gräber. Nennt auch kein Grabstein

---

*) Später wurden die Gräber durch weiße Holzkreuze bezeichnet, die jetzt meistens durch eiserne ersetzt sind. Dabei ist nur zu bedauern, daß die gleichförmige Aufschrift der letzteren „Hier ruhen tapfere Krieger" die näheren Angaben der Holzkreuze verdrängt hat.

Euere Namen, Ihr Tapfern, Euer unvergängliches Denkmal sind die steilen Höhen, die Ihr erstürmt, auf denen Ihr Euer Blut und Leben für's Vaterland gelassen habt!

Drüben am Saum des Habsterbicks, wo jetzt dicht bei der Stieringer Schlackenhalbe das schöne Denkmal inmitten der freundlichen Anlagen sich erhebt, fand um Mittag die Totenfeier der 77er statt. Ein großes Grab war ausgeschachtet, und die Gefallenen des Regiments wurden hineingelegt, unter ihnen die Hauptleute v. Daum und v. Manstein*), Premier= lieutenant Schmidt und Lieutenant v. Heydekampf. Ohne Sarg wurden sie eingebettet — Schlaft in Euren Heldenehren! Der Divisionspfarrer

Totenfeier der 77er am Habsterbick.

hielt eine ergreifende Rede, dann krachten die Ehrensalven über das Grab, das mit Erde bedeckt, mit Kränzen und einem einfachen Kreuz geschmückt wurde.

Auch die gefallenen Offiziere vom Füsilierbataillon 74. Regiments wurden bei ihrer tapferen Mannschaft, die ihnen in den Tod gefolgt war,

---

*) Bald nachher traf der Vater des Hauptmanns, der kommandierende General des 9. Armeekorps, hier ein, ließ das Grab öffnen und die Leiche seines Sohnes heraus= nehmen. Nachdem die Erde von dem Gesicht des Toten abgewaschen war, blickte der Vater schmerzlich bewegt auf das bleiche Antlitz, drückte einen Kuß auf die Stirn und wandte sich ab mit den Worten: „Er ist für eine gute Sache gefallen. Gebt ihn der Erde wieder.“ Die Leiche wurde in einen Sarg gelegt und auf dem St. Johanner Friedhof beigesetzt, damit der Gefallene auch sicher in deutscher Erde ruhe.

bestattet. In halber Höhe des Roten Berges, unterhalb des Regiments=
denkmals, umschließt ein Grab 3 Offiziere, Hauptmann C l o f f, Premier=
lieutenant L e h m a n n, Lieutenant G r u n e w a l d, die Fähnriche C l a u s e n,
B a r i n g und v. G e r i k e; dicht bei ihnen ruhen die Füsiliere der vier
Kompagnieen, die den Roten Berg gestürmt haben.

Auf dem Schlachtfelde selbst wurden auch zwei Offiziere des 39. Regiments
bestattet. Gegenüber dem Zollhaus (Neue Bremm) auf der Folster Höhe
liegt Premierlieutenant v. W i n d i s c h mit 12 Kriegern; im kühlen Waldes=
schatten auf der Höhe ruht Hauptmann M u b r a c k. Er liegt mit einem
Sergeanten und einem Füsilier seiner Kompagnie zusammengebettet an der=
selben Stelle, wo er gefallen und wo seine Leiche später abscheulich beraubt
aufgefunden wurde.

Nachdem der Pflicht gegen die Toten genügt war, forderte das Leben
sein Recht. Die Gepäckwagen mit Lebensmitteln waren angekommen; bald waren
Feuer angezündet, und in den Feldkesseln brodelte es lustig, indes Offiziere
und Soldaten Nachricht in die Heimat schickten, daß sie gesund geblieben.

Rings um die Städte, soweit das Auge reichte, war ein großes Feld=
lager; die ganze gewaltige Kriegsrüstung unseres Volkes entfaltete sich hier an
der Landesmark. Immer neue Truppen aller Waffengattungen zogen seit dem
frühen Morgen auf der Forbacher Straße der Grenze zu. Mit heiliger Scheu
betrachteten die neuangekommenen Truppen das Schlachtfeld, auf dem eben ihre
Waffenbrüder zur letzten Ruhe eingesenkt wurden, und aus tiefbewegter Brust
tönte ihr Gesang:

> „Wer wollte wohl zittern vor Tod und vor Gefahr?
> Vor Feigheit und Schande erbleichet unsre Schar.
> Und wer den Tod im heil'gen Kampfe fand,
> Ruht auch in fremder Erde im Vaterland."

XLVI. Das Liebeswerk.

Während in unmittelbarer Nähe die Schlacht tobte, Regiment auf
Regiment in steigender Hast die Straßen durchzog, labten die Bürger die in
den Kampf ziehenden Krieger, soweit es die vorwärts drängenden Führer
zuließen, und erwarteten in banger Sorge den Ausgang des Kampfes, der
auch für sie verhängnisvoll werden konnte. Auf dem Exerzierplatz und an
der Lerchesflur, im Bereich der feindlichen Geschütze, standen so dichte Gruppen

von Zuschauern, daß ein höherer Offizier sie warnte: der Feind könne sie leicht als Reservetruppen ansehen, und in der That wurden sie mehr als einmal durch Granaten, die in der Nähe einschlugen, verscheucht. Aber das furchtbare, einzigartige Schauspiel zog viele immer wieder auf die gefährlichen Stellen. In angstvoller Spannung beobachtete man den wechselvollen Kampf: wie die Unsern angriffen und zurückgedrängt wurden, wie frische Bataillone über das offene Feld vorrückten und, noch ehe sie die Höhe erreichten, Tote und Verwundete zurückließen. „Warum müssen sie auch gerades Wegs auf den Berg losstürmen und den Stier bei den Hörnern fassen?" ruft einer unserer friedlichen Strategen. „Wie gut könnten sie den kleinen Umweg über Arnual machen, dort in aller Ruhe den Stiftswald ersteigen und die Franzosen auf gleichem Boden in der Flanke fassen!"

Doch es ist nicht Zeit zu müßigen Betrachtungen; schon werden die ersten Verwundeten dahergebracht und mahnen an das Elend, das eine Schlacht im Gefolge hat. Es gilt jetzt denen zu helfen, die für das Vaterland ihr Blut verspritzt haben, und zur Linderung ihrer Qualen zu thun, was Menschenhand vermag. Und die Saarbrücker lassen

Saarbrücker Fuhrwerk am Spicherer Wege.

sich nicht lange mahnen; Männer, Frauen und Mädchen kommen mit Wasserbütten, Eimern voll Kaffee und Flaschen mit Wein oder Limonade, um die Lechzenden zu laben; in aller Eile werden noch Binden gefertigt, Charpie gezupft und alles zur Aufnahme der armen Opfer des Kampfes vorbereitet.

In den Städten wird ausgerufen: „Wer Fuhrwerk hat, soll es mit Stroh belegen und hinausfahren, um Verwundete zu holen"; und wer wäre solchem Gebote nicht gefolgt?

Welches bewegte Bild entwickelte sich jetzt auf der Metzer Straße! Auf der einen Seite standen in langem Zuge Sanitäts= und Munitionswagen, frische Truppen zogen hinauf, während auf der andern Seite Verwundete, von Bürgern geführt oder auf Bahren und Wagen liegend die Straße herunter= kamen, oft noch die ankommenden Kameraden zu tapferem Vorgehen ermutigend. „Kinder, Ihr kommt nur halb zurück!" ruft einer diesen zu. „Thut nichts; dann bleiben wir da! Hurrah! Drauf!" lautet die Antwort.

Verbandplatz im Steinbruch an der Metzer Straße.

Hinter den Felsen eines Steinbruchs an der Straße war ein Verbands= platz*) errichtet, wo mehrere Ärzte thätig waren, denen unfer Mitbürger, Kürschner Ropp, beim Verbinden half; Granaten flogen bis dorthin. „Haben Sie denn keine Sanitätsfahne?" fragte Förster Bergmann, der hier Hilfe leistete, den Oberstabsarzt. „Gewiß haben wir eine; aber wer wird

---

*) Solche Verbandplätze befanden sich noch an mehreren Stellen des Schlachtfeldes. Auf dem ebenfalls von feindlichem Feuer gefährdeten Verbandplatze der Artillerie in der Nähe des Drahtzuges verdiente sich der Einjährig-Freiwillige Arzt Dr. Wirtgen das eiserne Kreuz.

sie da oben befestigen wollen?" — „Geben Sie nur her! Das will ich schon
machen", erwiderte Bergmann, nahm die Fahne, stieg trotz der feindlichen
Kugeln oben auf den Felsen und befestigte sie auf einem Sandhaufen. Nun
wehte zwar das Rote Kreuz weithin sichtbar, aber trotzdem kamen nach wie
vor Geschosse angeflogen. Ein Schwerverwundeter wurde auf einer Bahre
herzugetragen; da sauste eine Granate heran, eine Staubwolke verhüllte
Träger und Bahre: die Qualen des Ärmsten hatten ein Ende! — „Ihr
habt schon genug bekommen!" rief ein Heilgehilfe zwei Schwerverwundeten
zu und deckte sie mit seinem eigenen Leibe. „Ich sah deutlich", berichtet
Captain Seton, „unter die Ambulanzen Granaten fallen, und Chassepot=
kugeln umzischten die Krankenträger; aber trotz allem, was darüber geschrieben
ist, treibt mich die christliche Liebe, diese scheinbare Barbarei nichts anderem
zuzuschreiben als dem gewöhnlichen blindwütenden Feuer der Franzosen.
Während ich über das Schlachtfeld schritt, versuchte ich einem Manne zu
helfen, der mich anrief und zwei Schüsse im Bein hatte. Als ich ihn in
meinen Armen hielt und ihn zu einem Baum brachte, wo einige Kranken=
träger mit Erfrischungen waren, wurde er von einem dritten Schuß in die
Brust getroffen. Dies ließ mich bedenken, daß es jetzt kaum wohlgethan
wäre, einen Mann vom Boden aufzunehmen, und die Krankenträger schienen
derselben Meinung zu sein; denn ich sah, daß die meisten von ihnen sich

darauf beschränkten, den umher=
liegenden Verwundeten Erfrisch=
ungen zu reichen." Doch selbst
durch die augenscheinliche Gefahr
ließen sich die Bewohner nicht von
der Erfüllung der Samariter=
pflicht abhalten. Hoch und Niedrig
wetteiferte in der Bethätigung
echt christlicher Liebe. Neben dem
Dienstmann Reith sah man den
Landgerichtsrat Höstermann
mit seinen Söhnen Verwundete
vom Kampfplatze zurückbringen,
und wie der Tertianer Karl
Röchling mit seinem Freunde
Robert Klieber das Schlacht=

Saarbrücker Gymnasiasten mit einem Verwundeten.

feld durchstreifte und verwundete
Soldaten heimgeleitete, hat er ja selbst so hübsch und anschaulich geschildert,
daß eine Wiederholung den Reiz der Erzählung nur abschwächen kann. Ein

alter Saarbrücker Fuhrmann, namens Bohrer, gewöhnlich „Vetter Bohrer" genannt, fuhr viermal mit seinem Einspänner hinaus. Als er bei dem letzten Male schon vier Mann auf seinem Wagen hatte, rief ihm ein schwerverwundeter Vierziger zu: „Vetter Bohrer, kennen Ihr mich dann nit? Holle mich doch mit! Ich bin jo von Dudwiller un han' Eich doch so oft geholf' Kohle ufflade." Der Vetter Bohrer hielt auch an, ließ einen der leichter Verwundeten „dem arme Bub' von Dudwiller" Platz machen und brachte ihn in der Stadt, wo schon alle Häuser voll lagen, bei einer mitleidigen Seele noch unter.

Und hinter den Männern blieben die Frauen nicht zurück. Eine der ersten, die hinauseilten, war Frau Witwe Jakob Bruch aus St. Johann. Sie ließ zwei kräftige Pferde anschirren, belud den Wagen mit allerlei Erfrischungen und fuhr selbst aufs Schlachtfeld. Unerschrocken drang sie in die Gefechtslinie vor, labte die Verwundeten und nahm schließlich den schwerverwundeten Hauptmann v. Oppen mit nach Hause, den sie bis zu seinem Tode mit Aufopferung pflegte. „Ganze Wagen voll Frauen und Mädchen", erzählt Hans Wachenhusen, „fuhren auf das Schlachtfeld, unbesorgt um die überall einschlagenden Kugeln, um die Verwundeten verbinden zu helfen, ihnen Erfrischungen zu reichen und sie aus dem Kampfe zu tragen. Es war ein rührendes Bild, alle diese teilnahmevollen Leute zu sehen, wie sie, die eigene Sicherheit verachtend, sich in den Kugelregen wagten. Ich selbst sah zwei Mädchen, die einen Schwerverwundeten auf ihren Armen aus dem Kampfe trugen, ihn mit ihren Tüchern verbanden und dann erst zum Verbandplatz schafften."

Vor allen andern hat damals eine schlichte Magd solchen Opfermut bewiesen, daß sie zu einer Berühmtheit in unsern Städten geworden ist und auch verdiente Ehren erlangt hat. Katharina Weißgerber, nach der Herrschaft, bei der sie lange Jahre diente und auch in Zeiten des Unglücks treu ausharrte, „Schulzen Kathrin" genannt, ging mit einer Wasserbütte auf dem Kopfe bis an den Roten Berg vor. Ein Offizier sprengte auf sie zu: „Weib, machen Sie, daß Sie fortkommen! Sehen Sie denn nicht, daß hier geschossen wird?" — „Oh jo, Herr Leitnant, die schieße jo nit uff mich", erwiderte die Kathrin und setzte ihr Werk unerschrocken und unermüdlich bis zum späten Abend fort, indem sie mit starken Armen Verwundete vom Kampfplatze tragen half. Daß unter solchen Umständen auch Verwundungen vorkamen, kann nicht Wunder nehmen. Einer Frau aus Saarbrücken fuhr in der Nähe des Verbandplatzes an der Metzer Straße ein Granatsplitter durch das Kleid, so daß sie voll Schrecken ihre Wassereimer fallen ließ. Zum Glück war sie nur leicht getroffen. Auch von den benachbarten Ortschaften wurde thätige Hilfe geleistet; besonders zeichnete sich St. Arnual aus. Obwohl die Kugeln bis in's Dorf flogen und ein Mädchen auf dem Kirchenplatz durch den Leib geschossen wurde, ließen sich viele Einwohner nicht abhalten, auf den Kampf=

„Schulzen Kathrin" im Granatfeuer.

platz zu eilen und Verwundete zu ho= len, und selbst die Ärmsten spendeten willig ihr letzte Taſſe Milch für die ver= ſchmachtenden Krie= ger. Die Strohhut= fabrik der Gebrüder Simon verwandelte ſich in ein Lazaret und nahm an 300 Verwundete auf, die von St. Arnualer Frauen und Mäd= chen mit Hingebung gepflegt wurden.

Die erſten Verwundeten wurden in Saarbrücken ins Militärlazaret und in die Kaſerne auf dem Rotenhof ge= bracht. Doch hier lag bald alles voll. Nun ging der Leibenszug nach dem ſtädtiſchen Hoſpital, das, kaum fertig eingerichtet, ſchon am 2. Auguſt 14 verwundeten Vierzigern Aufnahme gewährt hatte. Hier ſtanden ungefähr 70 Betten, aber in kurzem waren mehr als 260 Verwundete unter= gebracht, und die leitenden Ärzte Dr. Jordan und Dr. Schmidtborn hatten alle Hände voll zu thun. Selbst die Gänge und der Hausflur waren mit Verwundeten und Sterbenden bedeckt, die meiſtens nur auf Strohlager gebettet waren; Ächzen und Stöhnen überall!

Und immer noch mehr Hilfsbedürftige und Elende nahen; welche Bilder des Jammers! Hier wird einer angebracht, dem der Leib aufgeriſſen iſt, daß die Gedärme hervortreten. Einem andern iſt der Fuß abgeſchoſſen; das Blut fließt noch immer durch den Verband, und er jammert unaufhörlich:

„Ach Mutter, mein Fuß, mein Fuß!"
Ein Hauptmann wird hoch zu Roß, wie
ein sterbender Ritter, einhergeführt; seine
Augen sind geschlossen, sein Mund mit
Tüchern verbunden; eine Kugel hat ihn
so unglücklich getroffen, daß er weder
sprechen noch das Geringste zu sich
nehmen kann. Manche kommen zu
zweien und dreien sich umschlungen
haltend und sich gegenseitig stützend.
Dort fährt ein ganzer Wagen voll
Schwerverwundeter. Mit geschlossenen
Augen liegen sie da, den Kopf hinten-
übergeneigt, das Gesicht leichenblaß
und mit Blut überströmt, bei jeder
Erschütterung des Wagens schmerzvoll
zusammenzuckend. Wohin mit den
Unglücklichen? In aller Eile werden

Dr. Jordan.

die Kasernen und die Schulsäle ausge-
räumt, mit Stroh bedeckt und die
wunden Krieger darauf gelegt. Doch
noch immer reicht der Raum nicht
aus, zudem fehlt es an Verbandzeug
und Pflegern. So thätig auch unsere
Vereine gewesen sind, auf solches
Massenelend konnten sie sich nicht einrichten. Jetzt zeigt es sich, daß die
Saarbrücker und St. Johanner das
Herz auf dem rechten Flecke haben:
sie führen die verwundeten Krieger in
ihre Häuser, räumen ihnen Betten und
Sophas ein, während sie selbst mit
Sesseln, Stühlen oder einem Lager
auf der Diele sich begnügen. Die ganze
Nacht hindurch dauerte der Zuzug der
Verwundeten, da Turner mit Fackeln

Dr. Schmidtborn.

und Bergleute mit Grubenlampen das Schlachtfeld abſuchten; Haus um Haus wurde gefragt: „Haben Sie noch ein Plätzchen für einen Verwundeten frei?" und ſie kamen alle unter. Dabei wußte man bis ſpät abends nicht einmal, ob der Sieg wirklich erfochten war. Verwundete 77er erzählten, ſie ſeien bei Stieringen zurückgeſchlagen worden, und ob auf den Spicherer Höhen etwas Entſcheidendes erreicht war, entzog ſich der Kenntnis der Bürger. Erſt allmählich verbreiteten die vom Schlachtfeld hereinkommenden Offiziere und einige der wohlbekannten Vierziger, die in der Stadt Hunger und Durſt ſtillten, die tröſtliche Gewißheit. Die letzteren wußten nachher zu rühmen, wie die Bürger, die ſie in der „Roſe" zu St. Johann antrafen, aus Freude und Erkenntlichkeit einen ganzen Wagen voll Brot, Wurſt, Schinken und Bier auf's Schlachtfeld hinausſandten. Und zu der einen frohen Botſchaft kam bald noch eine zweite: General v. Zaſtrow verlas in der „Poſt" die Siegeskunde von Wörth. Doch die Freude wurde gar ſehr gedämpft durch den Anblick des Elends, das überall ſich zeigte.

—•◦•—

XLVII. Not und Hilfe.

Der folgende Tag war ein Sonntag, wie unſere Städte noch keinen geſehen hatten. Vergebens riefen die Glocken zur Kirche; galt es doch die Pflicht gegen den Nächſten zu erfüllen, die höher ſteht als Sabbatsfeier. Jedermann hatte alle Hände voll zu thun, um den Ärmſten, die auf dem Schmerzenslager ſtöhnten, einige Erleichterung zu verſchaffen. Man nahm ſich kaum Zeit zum Eſſen und Schlafen; jeder Standesunterſchied war aufgehoben, Herrſchaft und Geſinde fühlten ſich eins in treuer Pflichterfüllung. Doch es fehlte an Ärzten; die Militärärzte waren von der Arbeit auf den Verbandplätzen erſchöpft, kamen und gingen mit ihren Truppenteilen, und unſere wenigen Civilärzte konnten, ſo aufopferungsvoll ſie ſich auch zeigten, unmöglich alles bewältigen. Waren doch über 3000 Verwundete in der Stadt untergebracht! So waren die Bewohner faſt ganz auf ſich allein angewieſen; jedes Haus war ein Spital, jede Frau, jedes Mädchen eine barmherzige Schweſter, die ſelbſt die Wunden der Krieger auswuſch und verband. Und noch immer wurden arme Opfer vom Schlachtfelde hereingebracht; ja noch am nächſten Tage fand man einige halberſtarrt im Walde, die zwei Nächte mit ihren Schmerzen hilflos unter freiem Himmel zugebracht hatten. Daß den verwunbeten Franzosen dieselbe Pflege zu Teil wurde wie unsern Landsleuten, bedarf wohl kaum der Erwähnung. „Beunruhigt Euch nicht zu sehr; ich werde von den Deutschen gut gepflegt", schrieb ein französischer Offizier an seine Eltern. Ein anderer richtete beim Abschied von Saarbrücken eine herzliche Danksagung an den Bürgermeister für die liebevolle Aufnahme, die er hier gefunden. Kaum ein Haus war ohne die weiße Fahne mit dem roten Kreuz, welche den Aufenthalt der Verwundeten kenntlich machte; einzelne Familien pflegten 8—10 Verwundete. Dazu kam noch die Last der Einquartierung. Am 7. und 8. August war in den Städten die ganze 5. Division, an 12 000 Mann, einquartiert; auf einzelne Häuser kamen 30, 40 und mehr Mann. Und dabei hatten die Bewohner selbst nichts mehr zu essen. In den Bäckerhäusern standen die Leute bis auf die Straße; das noch heiße Brot wurde, wie es aus dem Backofen kam, den Bäckern unter den Händen weg= gerissen. Es herrschte eine furchtbare Teuerung, da es Monate lang nicht durchbringend geregnet hatte, dann die Verkehrssperre und die ungeheuere Ansammlung von Menschen eingetreten war. Das Sechspfundbrot kostete zehn Silbergroschen und mehr, das Pfund Butter 24 Silbergroschen bis zu einem Thaler, das Dutzend Eier 12—18 Silbergroschen, die Kartoffeln das Fünffache des gewöhnlichen Preises; Milch, Zucker und Salz waren eine Zeit lang gar nicht zu haben. Dabei wälzten sich immer neue Truppenmassen heran; vier Armeekorps passierten in den nächsten Tagen unsere Städte. Große Züge von Proviantwagen und Schlachtviehherden folgten nach, alle Fuhrwerke in der ganzen Umgegend wurden zum Transport requiriert. Außerdem waren an 500 französische Gefangene in die Stadt gebracht worden, die in der Reitbahn ein Unterkommen fanden. Bei der allgemeinen Ver= wirrung waren sie ganz vergessen worden; mit entsetzlicher Gier verschlangen sie das Brot, das ihnen barmherzige Menschen schließlich reichten.

So war es eine Erleichterung, daß die Leichtverwundeten fortgeschafft werden konnten; schon am Sonntag wurden an 500 nach Kreuznach und Kaiserslautern übergeführt. Eine ganze Prozession von verwundeten Kriegern, mit verbundenem Kopfe, den Arm in der Schlinge oder auf Krücken sich stützend, bewegte sich nach dem Bahnhofe zu. Es blieben also fast nur Schwerverwundete zurück, und damit Arbeit und Elend genug. „Ich bin nicht sehr sentimental", schreibt die Prinzessin Salm, die am 7. August in Saarbrücken ankam, „allein, was ich sah und die Szenen, die ich erlebte, würden einem Stein Thränen ausgepreßt haben." Da lagen die armen Menschen zu Hunderten mit den schrecklichsten Verwundungen kaum auf Stroh gebettet, ohne ausreichende Pflege, ohne geeignete Nahrung. Es kam vor, daß bei 90 Verwundeten nur ein einziger ständiger Wärter war; im Civil=

Kasino fanden sich 20 Mann ohne Arzt und Pfleger vor. Die Ärzte klagten, daß ihnen die Verwundeten aus Mangel am Notwendigsten unter den Händen stürben. Jeden Morgen hielt der Totenwagen vor den Lazareten, um die gestorbenen Opfer aufzunehmen, die in ganzen Wagenladungen hinausgefahren wurden zu der gemeinsamen Begräbnisstätte.

Doch zum Glück blieb die Hilfe nicht aus. Johanniter und Malthefer kamen mit reichen Vorräten, auch Pfleger und Pflegerinnen von allen Orten: Diakone von Duisburg, allein 60 Diakonissen von Kaiserswerth, andere aus Stettin, Dresden, Speier, Berlin und Königsberg; barmherzige Brüder und mehr als 100 katholische Schwestern: Clementinerinnen und Franziskanerinnen aus Münster und Aachen, Kreuzschwestern aus Straßburg, Vincentinerinnen aus Hildesheim, Borromäusschwestern und Franziskanerinnen aus Herford, Münster und Salzkotten; dazu stellten sich zahlreiche freiwillige Krankenträger und Pfleger besonders aus Hessen, Nassau und der Pfalz ein. Viele Ärzte eilten aus allen Teilen Deutschlands, aus dem Ausland, selbst aus Amerika herbei, darunter die berühmtesten Namen: Professor Busch aus Bonn, Professor Gurlt aus Berlin, Professor Hüter aus Greifswald, Geheimrat Wendt aus Breslau, Professor Pirogow und Professor Heppner aus St. Petersburg u. a. mehr. So konnte die Pflege der Verwundeten allmählich in geordnete Bahnen kommen. In Saarbrücken wurden nicht weniger als 15 Lazarete eingerichtet: außer dem Garnisonlazaret, dem Hospital und den beiden Kasernen die Reitbahn (durch Frau v. Rundstedt verwaltet), die Turnhalle, das städtische Schulhaus, das Gymnasium, die Gewerbeschule, das Civilkasino, das alte Kasino, das Hafermagazin, der Rotenhof und die Quartier= häuser von Kaul und Philippi. In St. Johann bestanden 9 Lazarete: außer 3 Schulhäusern die Brucker'sche Bierhalle, die Lang'sche Sägemühle, der Bruck'sche Saal, das neuerbaute Brach'sche Haus, der Jolas'sche Saal, und dazu wurden noch Baracken an der Mainzer Straße gebaut. Auch in den umliegenden Ortschaften waren Hospitäler eingerichtet, in Burbach zwei, in Malstatt, Brebach und Ensheim je eins; in den Grubenorten waren die bergmännischen Schlafhäuser zu Lazareten umgewandelt, so in Sulzbach, Dudweiler, Völklingen, Neudorf u. s. w. Aus andern Schlafhäusern wurden die Betten in die einzurichtenden Pflegehäuser geschafft; aus Köln kamen 250 Haarmatrazen an, die der Baron v. Oppenheim der Prinzessin Salm auf ihre Bitte zur Verfügung stellte.

Die Oberleitung der Lazarete in beiden Städten übernahm Dr. Stein= bicker und ließ es sich angelegen sein, zunächst die Zahl und den Aufenthalt der in Privatpflege und in den Lazareten befindlichen Verwundeten zu ermitteln. Am 8. August befanden sich in St. Johann 355 Verwundete in Privathäusern, in Saarbrücken am 13. August, nachdem ein großer Teil schon in die Lazarete übergeführt war, noch 261. Neben unsern einheimischen Ärzten, den Doktoren Jordan, Schmidtborn, Zwicke, Küpper, Mügel und Berg machten sich Dr. Keßler aus Birkenfeld (seitdem hier angesessen), Dr. v. Frantzius aus Münster a. St., Dr. Junker v. Langegg aus Wien, Sanitätsrat Dr. Hanuschke aus Ottmachau und Dr. Schütze aus Bad Landeck besonders durch ihre Thätigkeit an den Hospitälern verdient.

Die Kunde von der Not, die in Saarbrücken herrschte, wurde durch die Zeitungen schnell verbreitet, und der Hilfeschrei verhallte nicht ungehört. Die Reihe der edlen Geber eröffnete die Königin Augusta mit einer Spende von 1000 Thalern, ihr schloß sich ein hochherziger Deutscher in Mailand mit 500 Thalern an, die Kieler Zeitung sammelte über 800 Thaler, und aus Nord und Süd, aus Ost und West unseres Vaterlandes folgten größere und kleinere Beiträge. Aus dem fernen Amerika sandte der Unterstützungsverein in Chicago 1821 Thaler, in Fort Wayne (Indiana) dachten einige frühere Einwohner von Saarbrücken und Umgegend an die alte Heimat und schickten einen namhaften Geldbetrag ein.

Viel nötiger freilich als baares Geld waren ausreichende Lebensmittel und Lazaretbedürfnisse, die hier gar nicht zu beschaffen waren. Doch auch dafür wurde gesorgt dank der opferwilligen Hilfe, die aus allen deutschen Gauen kam. Schon am 16. Juli hatte der Hilfsverein in Zürich seine Unterstützung angeboten für den Fall, daß in unserer Nähe eine Schlacht stattfinden sollte, und ließ dem Worte auch die That folgen; am 8. August meldete sich die Nachbarstadt Sobernheim zur Hilfeleistung. Aus Birkenfeld sandte Gymnasialdirektor Back am 12. August zwei große Körbe mit Brot und einen Korb mit Fleisch, Butter, Kaffee und Eiern, die er durch Sammlung zusammengebracht hatte. Ein Privatmann aus Düsseldorf schickte 180 Centner Kartoffeln, ein Förster 12 Kommißbrote, ein anderer eine Speckseite, die Unterstützungsvereine in Alzey und Duisburg je einen Wagen voll Lebensmittel und Erfrischungen, der Frauenverein zu Kochem 4 Faß Moselwein, der Zweigverein in Wittlich 67 Krüge Himbeersaft, der Hilfsverein zu Lindau 9 fette Ochsen und eine Milchkuh. Dann kamen reiche Gaben besonders aus den rheinischen und westfälischen Städten. Wattenscheid und Gütersloh sandten je 2, Offenbach, Brühl und Essen je 3, Frankfurt 7 Waggons voll Kartoffeln und andere Lebensmittel, Köln rüstete mit Bochum und Witten zusammen einen ganzen Extrazug aus. Auch aus Gießen, Hoya, Mülheim a. Mosel, Mannheim, Hamburg, Elberfeld, Stuttgart, Antwerpen, Basel, Amsterdam und anderen Städten kam Unterstützung. Außerdem wurden von den Hilfsvereinen zur Pflege der Krieger alle Arten von Lazaretgegenständen

übersandt, so aus Berlin auf Veranlassung des Professor Dr. Virchow
14 Kisten mit allen möglichen Instrumenten und Hilfsmitteln, die auf die
Lazarete der Städte und der Umgegend verteilt werden konnten.

Noch ist zu erwähnen, daß auch für die geistige Nahrung der Ver=
wundeten gesorgt wurde. Eine ganze Reihe von Zeitungsverlegern lieferten
ihre Blätter umsonst in die Lazarete, Privatleute und Vereine sandten gute
Zeitschriften und Bücher für die Kranken, die Britische und die Bergische
Bibelgesellschaft teilten den Trost des Evangeliums an den Stätten des Elends
aus. So gewährten denn allmählich unsere Hospitäler einen etwas tröstlicheren
Anblick. Reinlichkeit und Ordnung begannen ihre segensreiche Herrschaft;
bald hatte jeder Verwundete ein ordentliches Lager in einem sauberen Raume,
der fleißig gelüftet und desinfiziert wurde. Verständnisvolle Pfleger und
Pflegerinnen nahmen sich seiner mit Liebe und Sorgfalt an, lasen ihm vor
und schrieben ihm Briefe an seine Lieben. Die Geistlichen unserer Städte,
viele Bürger und Bürgerinnen beteiligten sich an dieser schönen Aufgabe. Es
drängt mich fast hier Namen zu nennen, doch ich muß fürchten, daß die Liste
zu groß wird und daß doch viele vergessen werden könnten.

Es hat auch an Anerkennung dieser aufopfernden Thätigkeit später nicht
gefehlt: eine große Zahl von Frauen und Mädchen unserer Städte hat das
Verdienstkreuz oder eine andere Auszeichnung erhalten, und doch konnten bei
weitem nicht alle, die es verdient hatten, berücksichtigt werden; sie mochten
sich damit trösten, daß in jenen auch sie geehrt wurden. Ein schönerer
Lohn blieb ihnen jedenfalls unverloren: das Bewußtsein treuer Pflichterfüllung
gegen den Nächsten, der letzte dankbare Blick des Sterbenden, der warme
Händedruck und das leuchtende Auge des Genesenen.

Die Dankbarkeit der Krieger, die hier Pflege genossen hatten, bewies
sich auf mannigfache Weise. „Auf fast fremder Erde ward uns ein zweites
Vaterhaus" rühmten die 3. Jäger in der Saarbrücker Zeitung. An derselben
Stelle sagte das 4. Feldlazaret 3. Armeekorps „den wackern jungen Damen
Saarbrückens, die uns durch ihre unerschrockene und opferfreudige Thätigkeit
in den Tagen der Not und Bedrängnis eine so wesentliche Hilfe im Gymnasium
und in der Gewerbeschule geleistet haben, beim Abmarsch den innigsten und
herzlichsten Dank." In vielen Familien werden noch die dankerfüllten Briefe
der Pfleglinge von 1870 und ihre Bilder verwahrt, gar mancher hat nachher
die lieben Gastfreunde noch besucht, und von mehr als einem könnten wir
erzählen, der seine freundliche Pflegerin später zum Altar geführt hat.

XLVIII. Der König in Saarbrücken.

Am Montag Nachmittag verbreitete sich in den Städten die frohe Kunde, daß der König von Homburg her unterwegs sei, und so schwer auch die Zeit war, so rüsteten sich unsere Bürger doch, den verehrten und geliebten Herrscher in der Grenzstadt seines Landes festlich zu empfangen. Alle Häuser schmückten sich mit Fahnen, preußischen, norddeutschen, bayerischen und schwarzrotgoldenen, wie sie ein jeder hatte. Auf dem Marktplatze in St. Johann versammelte sich eine große Menschenmenge, und am Eingang der Stadt, vor dem Pfarrhaus in der Mainzer Straße waren die königlichen und städtischen Behörden sowie viele höhere Offiziere zum Empfang versammelt. Man bemerkte besonders unter ihnen den General v. Steinmetz, einen kleinen lebhaften Herrn mit weißem Haupt- und Barthaar und freundlich blickenden blauen Augen, gar nicht so wild aussehend, wie man sich den „Löwen“ Steinmetz vorgestellt hatte. Doch die Hoffnung, den König zu sehen, wurde diesmal getäuscht. Eine Ordonnanz meldete, daß Se. Majestät heute nicht komme, und man ging recht niedergeschlagen auseinander.

Auch am folgenden Tage verlautete nichts Bestimmtes über die Ankunft des Königs, doch kamen nachmittags die Pferde des königlichen Marstalls an, sobaß das Gerücht, der König komme heute noch, an Stärke gewann und die Straßen besonders in St. Johann wieder dicht besetzt waren. Gegen 4 Uhr ertönte der Ruf: „Er kommt!“ Voran zog die Stabswache zu Fuß und zu Pferd, aus den verschiedensten Regimentern der Armee gebildet, lauter große und schöne Leute, dann Armeegensdarmen, und endlich nahte, von tausendstimmigem Hurrah und Hoch, von Tücher- und Mützenschwenken begrüßt, der königliche Wagen, den vier, von zwei Sattelreitern gelenkte Rappen zogen. Huldvoll dankte der Monarch, in dessen Zügen sich Ernst und Milde paarte, für die Grüße der Bürger. Neben dem König saß sein Flügeladjutant Oberstlieutenant v. Loucabou; in den Wagen, die in langer Reihe folgten, bemerkte man den Prinzen Karl, des Königs Bruder, den Großherzog von Sachsen, den Prinzen Luitpold von Bayern, den Erbgroßherzog von Mecklenburg-Schwerin und viele hohe Offiziere. Vor allen wurden begrüßt der eiserne Kanzler Graf Bismarck, der Schlachtendenker v. Moltke und der Kriegsminister von Roon. Den Zug schlossen die Beamten der Feldtelegraphie, der Feldpost und der Intendantur, im Ganzen an 900 Personen.

Welche Wandlung in kurzer Zeit! Vor 8 Tagen um dieselbe Zeit zeigte sich das französische Gesindel zuerst in unsern Straßen, und heute zieht der König mit seinen Paladinen in die befreite Stadt ein, vor deren Thoren die Franzosen in die Flucht geschlagen sind!

Über die alte Brücke, wo die Sandsäcke und Fässer noch an die Schreckenszeit der Bewohner erinnerten, ging der Zug zu dem Hause des Herrn Quien, dem Absteigequartier des Königs.*) Die Ankunft des Königs

Ankunft des Königs an der alten Brücke in Saarbrücken.

geschah so unerwartet, daß, als er den Wagen verließ, der Wirt des hohen Gastes nicht gleich zur Stelle war und durch seinen Schwiegersohn, Herrn Gustav Schlachter, vertreten werden mußte. Dessen ältestes Töchterchen überreichte dem König einen Rosenstrauß, den Se. Majestät freundlich entgegennahm und dabei bemerkte: „Aber mitnehmen kann ich die Rosen nicht; die Zeit ist zu ernst." Der feste Gang und die fast jugendliche Rüstigkeit des 73jährigen Herrschers erregte allgemeine Bewunderung: jeder Zoll ein König! Bald nach seiner Ankunft besuchte der König zwei in dem Hause liegende verwundete Offiziere, die Lieutenants Scheele und v. Fischer, und erkundigte sich freundlich nach den näheren Umständen ihrer Verwundung. Die Straße vor dem Hause war fast beständig von Leuten besetzt, die auf den

*) Ein Empfang, wie ihn das Werner'sche Bild im Saarbrücker Rathaussaal darstellt, hat in Wirklichkeit nicht stattgefunden, da die Zeit der Ankunft des Königs nicht vorher bekannt war.

Augenblick warteten, wo der König an dem Erkerfenster seines Zimmers sich zeigte, und ihm dann in begeisterten Zurufen ihre Huldigung darbrachten.

Die Herren des großen Hauptquartiers wurden ebenfalls in den Städten einquartiert, und zwar stieg Prinz Karl in der Bergwerksdirektion bei Geheimrat Achenbach ab, der Großherzog von Weimar bei Bankier Ferdinand Schlachter, Graf Bismarck bei Herrn Emil Halby, General v. Moltke in der „Post".

Am nächsten Morgen besuchte der König in Begleitung Moltkes das Schlachtfeld. Noch waren die Spuren des furchtbaren Kampfes nicht beseitigt. Zu beiden Seiten der Straße sah man Leute beschäftigt, große Gruben zu machen, um die gefallenen Pferde zu beerdigen, welche die Luft weithin verpesteten. Einzelne Uniformstücke und Waffen lagen noch auf den Feldern umher; das Meiste aber war bereits in großen Haufen zusammengetragen; auch hatten die Besucher des Schlachtfeldes manches Stück zum Andenken mitgenommen. Je näher man den Höhen kam, um so zahlreicher erschienen die großen und kleinen Erdhügel mit den schlichten Holzkreuzen und ihren kurzen, aber so inhaltschweren Inschriften, und oben auf der Höhe war Grab an Grab. Das Herz des Königs wurde tiefbewegt. Gottlob! Sein Gewissen war frei: er hatte ihn nicht gewollt, diesen thränenreichen Krieg.

Drüben auf der Forbacher Straße zogen jetzt seine Krieger in fast ununterbrochenem Zuge dem feindlichen Lande zu: Allbeutschland in Frankreich hinein! An der Goldenen Bremm, wo die Grenzpfähle stehen, ertönt ein vielstimmiges, kräftiges „Hurrah!", und in der Ferne verklingt das lustige Kriegslied:

„Jubelnd sei's der Welt verkündet:
Nicht mehr scheidet uns der Main!
Darum rücken wir verbündet
In's Franzosenland hinein.
Von der Alpe bis zum Strand
Schallt das Lied für's Vaterland;
Immer frisch, frei, fromm und froh
Haut sie auf den Chassepot,
Chasse-pot—pot—pot—pot—pot!
Auf den Chass'pot mit Hurrah!"

Bei der Fahrt über das Schlachtfeld ließ sich der König überall von kundiger Seite über den Verlauf des Gefechts Bericht erstatten und sprach wiederholt seine Anerkennung und Bewunderung für die Leistungen seiner braven Soldaten aus, besonders an den Verschanzungen des Roten Berges, wo Rhein-länder, Hannoveraner und Brandenburger in Tapferkeit gewetteifert hatten.

Auf der Rückfahrt traf der König am Gymnasium einen französischen Verwundeten, der auf einem Wagen saß, und redete ihn in französischer Sprache

an. „Zu welchem Regiment gehören Sie?"—„Zum vierzigsten."—„Ah, die Vierziger sind tapfere Leute", sagte der König freundlich. „Wissen Sie, wer das war?" fragte nachher ein Bürger den Franzosen. „Ein deutscher Offizier."—„Nein, das war unser König." Da leuchtete das Gesicht des Franzosen vor Freude auf, daß der König selbst seine und seiner Kameraden Tapferkeit anerkannt hatte.

König Wilhelm und der Franzose.

Am folgenden Morgen marschierte die 25. (großherzoglich-hessische) Division an dem Hause des Königs vorbei, an ihrer Spitze der Erbgroßherzog Ludwig als Kommandeur. Der Ruf: „Da wohnt der König", ging durch die Reihen; die Offiziere schwenkten die Helme, und eine Kompagnie nach der andern brach in lautes Hurrah aus. Freundlich dankend grüßte der König von dem Erkerfenster.

Nachdem die Vorträge beendet waren, fuhr der König mit dem Prinzen Karl, begleitet von dem Flügeladjutanten Fürsten Radziwill in die Lazarete und Hospitäler, um seine verwundeten Krieger zu besuchen und ihnen Trost einzusprechen. Im Bürgerhospital, wo der König unangemeldet erschien, traf er die leitende Schwester Marie Roth in voller Arbeit im Hausflur. „Liebes Kind, ich bin der König; ich wollte hier meine Soldaten besuchen", sagte er. Die Schwester führte den König die Treppe hinauf durch alle Zimmer, und der Herrscher unterhielt sich tröstend und ermutigend mit den Verwundeten, nicht nur mit den Offizieren, sondern auch mit jedem Gemeinen, indem er nach ihrem Regiment, ihrer Verwundung u. a. fragte. Überrascht war er durch die große Zahl der verwundeten Offiziere und soll scherzend gesagt haben:

„Ja, meine Herren, wenn Sie sich so exponieren, muß ich Maßregeln gegen Sie ergreifen." Dann ging er die Treppe wieder hinunter und wollte sich schon verabschieden, als die Schwester sagte, im oberen Stock lägen auch noch Verwundete. Der König bedauerte, diese nicht mehr besuchen zu können, da er sehr ermübet sei und noch seinen Besuch bei Frau v. Strantz versprochen habe. Schon stand er vor seinem Wagen, als die Schwester, welche die oben liegenden Kranken pflegte, mit der Frage: „Wo ist er denn?" die Treppe herunter eilte. Als sie hörte, daß der König vor der Thür sei, trat sie an ihn heran und sagte, ihre Verwundeten verlangten so sehr danach ihren König zu sehen, und sie erbäte um derenwillen diese Gnade. „Ja, dann muß ich wohl noch einmal hinaufkommen", sagte der greise Herrscher, stieg die Treppen hinauf und unterhielt sich mit jedem einzelnen, nahm sich mit der Gabel aus dem Näpfchen eines Verwundeten ein Stückchen Fleisch, von einem andern einen Bissen Brot und lobte die gute Verpflegung.

Gleich darauf fuhr der König an dem Hause der Frau v. Strantz am Ludwigsplatz vor, wo außer andern Offizieren auch der Oberst v. Reuter vom 12. Regiment Aufnahme gefunden hatte. Er begrüßte freundlich die Damen des Hauses und bemerkte, daß er in diesem Hause schon einmal gewohnt habe. Als Frau v. Strantz ihrer Besorgnis um das Schicksal ihrer beim Heere stehenden Verwandten Ausdruck gab, ergriff der König ihre beiden Hände und sagte: „Beruhigen Sie sich, gnädige Frau; mit Gottes Hilfe wird alles gut werden." Mit Stolz sprach er von dem Waffenerfolg, den sein Sohn an der Spitze der Preußen, Bayern und Württemberger errungen. Dieser Sieg werde, so sagte der König, von großer Bedeutung für die Zukunft seines Sohnes sein. Auch hier ging er freundlich von Bett zu Bett, überall verklärte Gesichter zurücklassend. Die von der anstrengenden Pflege ermübeten Damen wußten nicht genug zu rühmen, wie sehr die Teilnahme des hohen Herrn sie gehoben und gekräftigt habe.

Die Prinzessin S a l m erzählt in ihren Lebenserinnerungen, daß ihr der König durch den Flügeladjutanten Grafen Walderfee 120 Thaler in Gold für die Verwundeten schickte. „Am 11. August", erzählt die Prinzessin weiter, „war ich den ganzen Tag mit Professor Busch in den Hospitälern und assistierte ihm bei seinen wunderbaren Operationen. Da viele von den im Civillazino liegenden Verwundeten gute Bouillon und andere kräftigende Speisen haben mußten, indem Professor Busch sagte: „Sie müssen dergleichen zu essen haben oder sterben", so ging ich in die Küche des Königs und gab dem Oberkoch gute Worte, der auch sogleich bereit war, meine Wünsche zu erfüllen, und später ging ich mit einem Soldaten hinüber, der einige große Eimer trug, welche der brave Oberkoch mit köstlicher Suppe füllte, die er durch darin erſäuftes Rindfleiſch noch verbeſſerte. Da niemand bei der Hand war, all' die Eimer zu tragen, und das Kaſino in der Nähe lag, ſo trug ich ſelbſt zwei Eimer.

Gerade als ich über die Straße ging, bog ein Wagen um die Ecke, in welchem Seine Majeſtät der König ſaß. Obgleich ich mich meiner Arbeit nicht ſchämte, ſo verwirrte es mich doch etwas, ſo erwiſcht zu werden. Ich ſtellte daher die Eimer hinter mich und verſuchte ſie durch meine Röcke zu verbergen, als der König halten ließ und ausſtieg. Er kam auf mich zu, faßte meine Hand und ſagte mir einige gütige Worte, die ich nie vergeſſen werde. Lächelnd ſah er um mich herum, die Urſache meiner Verlegenheit zu entdecken, und erblickte meine Eimer. Als ich Seiner Majeſtät ſagte, daß ich die Suppe für ſeine ſterbenden braven Soldaten aus ſeiner Küche geſtohlen habe, wurde der Ausdruck ſeines Geſichts noch gütiger, und er ſagte, ich hätte ganz recht gethan und ich möge ſeine Küche nur nach Herzensluſt plündern."

Nachdem König Wilhelm von Saarbrücken aus eine Proklamation an das franzöſiſche Volk erlaſſen, durch welche er den Bewohnern Frankreichs, ſofern ſie ſich nicht feindlich gegen die deutſchen Truppen zeigten, Sicherheit des Eigentums verſprach, ſetzte ſich am 11. Auguſt mittags 2 Uhr das große Hauptquartier nach Forbach und St. Avold in Bewegung. Unter den begeiſterten Abſchiedsgrüßen und Segenswünſchen der Bewohner fuhr der König durch die dichtgedrängte Menge. Nächſt dem Herrſcher ſelbſt zog ſein großer Kanzler am meiſten die Augen auf ſich. Er trug den blauen Interimsrock mit gelbem Kragen und die weiße Küraſſiermütze, über deren Schirm die buſchigen Augen= brauen hervorragten, dazu mächtige Reiterſtiefel. Seine Bruſt zierte ein großer Blumenſtrauß, den ihm eine begeiſterte Verehrerin überreicht hatte. So ſaß er die Hände über den Pallaſch gelegt neben dem Geheimen Rat Abeken in einem vierſpännigen, von Sattelreitern gelenkten Wagen, während die andern Räte des auswärtigen Amtes, v. Keudell, Graf Hatzfeld und Graf Bismarck= Bohlen zu Pferde folgten. In zwei weiteren vierſpännigen Wagen fuhren die übrigen Beamten. Eine der erſten Arbeiten, die der im auswärtigen Amte beſchäftigte Dr. Buſch im Halbÿ'ſchen Hauſe zugewieſen erhielt, war die Chiffrierung einer nach St. Petersburg beſtimmten Depeſche des Inhalts, „man werde ſich unſerſeits mit dem etwaigen Sturze Napoleons nicht begnügen können." Alſo hier in St. Johann=Saarbrücken, wo einſt der Prinzregent die Verſicherung gegeben, keinen Fußbreit deutſchen Landes abtreten zu wollen, zeigte ſich zuerſt die ſchöne Ausſicht, das einſt ſchmählich verlorene deutſche Land wiederzu= gewinnen. So habt Ihr nicht umſonſt geblutet, Ihr Tapfern vom 6. Auguſt!

In den Städten waren alle Stallungen ſo überfüllt, daß die Pferde des Kanzlers nach ſeiner Ankunft auf bie Brückenwieſe geſtellt wurden. Am anbern Morgen ging Herr Gustav Bruch bort vorbei und bemerkte eine große schöne Fuchsstute, die ihm auf seine Frage als das Reitpferd des Grafen bezeichnet wurde. Da Herr Bruch noch Platz in seinem Stalle hatte, so bot er bem Reitknecht diesen an, doch der sagte, er dürfe ohne Befehl nicht vom Platze gehen; dem Grafen werde es jedoch sehr angenehm sein, und Herr Bruch möchte demselben nur Mitteilung machen lassen. Zu Hause angekommen sandte Herr Bruch einen seiner Arbeiter, Peter Bucks aus St. Arnual, in das Halby'sche Haus, um dort einem Diener zu sagen, daß bei ihm gerade noch ein Stall für die Pferde des Grafen frei sei. Der biedere Darler macht sich auf ben Weg und zieht bei Halby's die Schelle, worauf ein Diener erscheint, der nach seinem Begehr fragt. Peter sagt etwas verwirrt, er wolle zum Herrn Grafen Bismarck, und wird von dem Diener zu einem Offizier geführt, der ihn in das Zimmer des Grafen bringt. Dieser kommt auf ihn zu und fragt: „Nun, mein lieber Freund, was wünscht Ihr denn von mir?", worauf Peter antwortet: „Ein schöner Gruß von unserm Herr, un mir han noch Platz vor Euer Pärb." Der Graf verstand die Antwort zuerst nicht und ließ sie sich wiederholen; dann klopfte er Peter auf die Schulter und sagte: „Das ist mir sehr lieb, daß meine Pferde noch unterkommen können. Sagen Sie Ihrem Herrn meinen besten Dank dafür."

Graf Bismarck und der Schiffer.

Eine Viertelstunde später wurden die drei Reitpferde Bismarcks in Bruchs Stall geführt, wo sie blieben bis zur Abreise. Bruchs Peter aber ist heute noch stolz darauf, daß der Graf Bismarck mit ihm gesprochen und ihn auf die Schulter geklopft hat.

Es wird auch erzählt, daß, als Bismarck vom Vor= trag beim König kam, ein Schiffer ihn mit folgenden Worten zur Rede stellte: „Sagen Sie mal, find Sie der Herr Graf v. Bismarck?" — „Jawohl, der bin ich; was wollen Sie denn?" — „Seh'n Sie, Herr Graf; die Schurken haben mir mein

Schiff versenkt, wie der Krieg anging." Wer bezahlt mir das?" — "Da beruhigen Sie sich, lieber Freund", erwiderte der Graf; "reichen Sie nur Ihre Forderung ein. Wer das Spiel verliert, der muß alles bezahlen."

II. Aus der späteren Kriegszeit.

Kaum waren unsere Städte durch die Fortschaffung der Leichtverwundeten etwas entlastet worden, als aus den furchtbaren Schlachten vor Metz neue Züge von Schwerverwundeten hier ankamen, die in unsern Lazareten unter= gebracht werden mußten. Da war die thätige Hilfe hochwillkommen, die jetzt auch aus dem Auslande eintraf.

Am 18. August traf aus Holland ein trefflich eingerichtetes Feldlazaret mit männlicher und weiblicher Bedienung ein, das unter der Leitung des Barons v. Hardenbrod stand und im Hofe der Kaserne Nr. 1 aufgeschlagen wurde. Ferner kamen Ärzte und Apotheker aus Luxemburg, freiwillige Krankenpfleger und Pflegerinnen aus Belgien, die eine Lazareteinrichtung mit sich führten, und später ein englisches Sanitätskorps, das von Herrn Buschmann aus London geleitet wurde und über die reichsten Mittel ver= fügte. Aus der Niederlage dieser Anstalt am St. Johanner Bahnhofe wurden während des Kriegsjahres ungefähr 30 000 Flaschen Wein und Kognak, 1000 Kisten Fleisch, 2000 Schinken, 12 000 Büchsen Konserven, 1600 Pfund Wurst, 8000 Pfund Zucker, große Mengen von Salz, Reis, Gerste, Tabak und Cigarren, 60 000 Strümpfe, 21 000 Unterhosen, 26 000 Hemden, 5500 Schuhe, 5250 ganze Anzüge, 8000 Cholerabinden, 5000 Matrazen, 6000 Betttücher, 30 Kisten mit Instrumenten, über 100 Kisten Verbandzeug, 100 Kisten Medizin u. s. w. verabreicht.

Der Bahnhof bot in jener Zeit ein äußerst bewegtes Bild. Offiziere aller Grade, Soldaten, Johanniter, Maltheser, Diakone und Diakonissen, barmherzige Brüder und Schwestern, Verwundete, freiwillige Pfleger und Schlachtenbummler drängten sich dort in buntem Gewühl. Viele Tausende von Verwundeten passierten hier durch; 30 Duisburger Diakone waren ständig angestellt, um die Züge zu bedienen. Dann kamen aus Frankreich vertriebene Deutsche, die in die alte Heimat zurückkehrten, dann wieder — besonders nach der glorreichen Schlacht von Sedan und der Übergabe von Metz — lange Züge von französischen Gefangenen, unter ihnen auch General Frossard und seine Leute. Hungrig, elend und abgerissen kamen sie hier an und wurden, bevor sie ihre Weiterreise in die deutschen Festungen antraten, am Bahnhofe, wo Kaffeeküche und Verpflegungsstation eingerichtet war, gespeist. Von der andern Seite fuhren immer noch frische Truppen durch, meist Land= wehrleute; „Eilzug nach Paris" las man auf vielen Wagen oder auch „36 Mann, Väter von 130 Kindern." Dazu kamen große Proviant= und Munitionszüge, sodaß der Privatgüterverkehr eine Zeit lang vollständig stockte. Die Saarbrücker Bahn hat im Jahre 1870 nicht weniger als 624 835 Militär= personen und 31 295 Pferde befördert.

Diese Verkehrsstockung wirkte auf unsere so zahlreiche Bergarbeiter= bevölkerung in empfindlicher Weise zurück, da die Kohlengruben nur geringen Absatz hatten und ihre Förderung sehr einschränken mußte. Doch konnte fast die Hälfte der Belegschaft weiter beschäftigt werden; viele Bergleute fanden Unterhalt beim Festungsbau in Mainz und Koblenz, sowie bei dem Bau der Eisenbahn von Remilly nach Pont=à=Mousson und bei dem Grubenbetrieb in Westfalen. Der Lohn der Zurückbleibenden war bei der geringen Förderung freilich knapp, dazu kam Mißwachs, Teuerung und schließlich noch die Rinderpest. Demgegenüber ließ es die Behörde an Fürsorge nicht fehlen. Schon im Juli hatte die Bergwerksdirektion für ungefähr 20 000 Thaler Lebensmittel aller Art in Mannheim und Stuttgart aufgekauft und den Konsumvereinen zur Abgabe an die Arbeiter zu ermäßigten Preisen überlassen, wobei der Staat eine Zubuße von 1720 Thalern leistete. Später wurde durch Beschaffung von Saatgut ausgeholfen und die Kreditverhältnisse erleichtert. Auch wurden mehrfach Liebesgaben, so Ende August 6 Waggons Lebensmittel, an die Gruben ver= teilt, doch übte dies vielfach einen nachteiligen Einfluß auf die arbeitsfähigen Elemente, sodaß man vorzog diese Vorräte zu billigen Preisen zu ver= kaufen und für den Erlös Neuanschaffungen vorzunehmen. Der Bau von Zweigeisenbahnen nach Püttlingen und Grube König gab auch willkommene Gelegenheit zu gutem Verdienst. Besonders drückend war die Lage der mehr als 2000 Frauen von eingezogenen Wehrleuten. Sie erhielten vom Staate eine Unterstützung von je 3 Thaler monatlich, außerdem 1 Thaler für jedes Kind; gleichhohe Unterstützung gewährten die Kreise, sodaß eine erträgliche Lage geschaffen wurde. Zur Verteilung an die Notleidenden unter ihnen übersandte die Viktoria=Nationalstiftung 1000 Thaler. Auch die Burbacher Hütte sorgte gut für die Frauen ihrer einberufenen Arbeiter. Sie ließ Brot aus der Bäckerei zu ermäßigtem Preise abgeben; an barer Unterstützung erhielt jede Frau wöchentlich 2 Thaler und für jedes Kind unter 14 Jahren 7½ Silbergroschen; außerdem wurden ihnen freie Praschen geliefert.

Mannigfach waren auch die Leiden unserer städtischen Bevölkerung in dieser Zeit. Gerade der kleine Mittelstand hatte in den schweren Tagen die meisten Opfer gebracht und sah sich nun bei der herrschenden Teuerung in Not versetzt, ohne doch die öffentliche Mildthätigkeit in Anspruch nehmen zu wollen. Zudem richteten bösartige Krankheiten, wie Ruhr, Typhus und Pocken große Verheerungen an, und die Zahl der Todesfälle erreichte eine erschreckende Höhe. Auch kam gar manche betrübende Botschaft von Frankreichs Schlacht-feldern, sobaß nur wenig Häuser von Trauer verschont blieben. Den düstern Eindruck, den unsere Städte in dieser Zeit boten, erhöhten noch die von aus-wärts kommenden Angehörigen der am 6. August verwundeten oder gefallenen Krieger, die hier selbst nach ihren Lieben forschen wollten und alle Lazarete durchsuchten, oft genug ohne Erfolg. Erschütternd ist es, den Anzeigeteil unserer Zeitungen aus jener Zeit durchzulesen, der zahlreiche Nachfragen nach vermißten Offizieren und Mannschaften enthält. Besonders ergreifend ist eine Anzeige, die mit der Überschrift: „Bitte, bitte, bitte!" wiederholt in unsern Zeitungen erschien und die Nachfrage einer Witwe nach ihrem Sohn enthielt, der seit dem 2. August vermißt wurde; er ruhte längst in der kühlen Erde. Viele wandten sich an den Bürgermeister der Stadt; in den städtischen Akten sind rührende Briefe zu lesen, welche die flehentliche Bitte enthalten, Nach-forschungen nach einem Sohn oder Bruder anzustellen, über dessen Schicksal die Seinen in quälender Ungewißheit waren. Diese Nachfragen dauerten bis in das folgende Jahr hinein.

Allmählich erschienen die amtlichen Verlustlisten, und damit gab es für viele traurige Gewißheit. Nun handelte es sich darum, die Ruhestätte des teuern Toten zu finden, um die Leiche mit in die Heimat zu holen oder das Grab wenigstens mit einem Denkzeichen schmücken zu können. Doch wie viele suchten vergeblich! War doch in den großen Massengräbern Freund und Feind zusammengebettet. Wer kannte sie, die da zusammen lagen? Höchstens die Regimentsnummer der Begrabenen war festgestellt. 20 Arbeiter waren drei Tage lang gegen hohen Lohn angestellt, um die Leiche eines französischen Offiziers zu suchen. Von Kreuznach kamen Eltern mit einem Totengräber und einem Zinksarg hier an, um die Leiche ihres Sohnes zu holen, doch sie mußten unverrichteter Sache wieder abreisen.

Welche Schwierigkeiten mit dem Aufsuchen der Leichen verbunden waren, das möge ein Fall zeigen. Ein betrübter Vater in Schlesien bot eine hohe Belohnung für die Auffindung der Leiche seines einzigen Sohnes, der Vize-feldwebel der Reserve beim 12. Regiment gewesen war und in einem Massen-grabe auf dem Spicherer Berge liegen sollte. Nur das Geldtäschchen mit der Barschaft von über 100 Thalern war ihm durch seinen Kompagniechef zu-

gestellt worden. Ein Mann von derselben Kompagnie erklärte den Platz zu
wissen, und die Mutter unternahm nun im Herbst mit dem Betreffenden
die 130 Meilen weite Reise hierher. Der Soldat bezeichnete ein größeres
Grab, in das er selbst die Leiche und zwar an das eine Ende gelegt habe,
nachdem er dem Toten ein weißes Taschentuch über's Gesicht gebreitet. Nun
wollte die Frau die Leiche ihres Sohnes herausnehmen und auf den Kirchhof
überführen lassen, doch der Etappenkommandant versagte (wahrscheinlich wegen
der heißen Jahreszeit) die Erlaubnis dazu, stellte diese aber für später in
Aussicht. Die Mutter ließ den Platz, um ihn später wiederfinden zu können,
mit einem Stein und einem eichenen Kreuz bezeichnen und reiste nach Schlesien
zurück. Im Januar des nächsten Jahres wurde der Vater benachrichtigt,
daß die Überführung der Kriegerleichen von den Spicherer Höhen in's Ehrenthal angeordnet sei. Daraufhin reiste die Mutter mitten im Winter zum
zweiten Male hierher und fand auch Stein und Kreuz unverletzt. Jetzt
wurde das Grab geöffnet, aber nur französische Uniformen zeigten sich; an
der bezeichneten Stelle lag ein französischer Tambour; in dem ganzen Grabe
fand sich überhaupt kein Preuße vor! Man kann sich den Schmerz und die
Verzweiflung der trostlosen Mutter denken, die abermals ohne Erfolg abreisen
mußte, um eine liebe Hoffnung ärmer. Doch die betrübten Eltern gaben
ihre Bemühung noch nicht auf. Der Vater wandte sich an das Etappen-
kommando mit der Bitte, bei den bevorstehenden Ausgrabungen nach der
Leiche seines Sohnes suchen und dieselbe in einem Sarg in ein besonderes
Grab legen zu lassen, damit die Eltern wenigstens den Trost hätten, daß
die Gebeine ihres einzigen Sohnes nicht dereinst herausgeworfen und auf den
Feldern zerstreut würden. Er beschrieb das Aussehen seines Sohnes, der
kräftig gewesen sei und einen dunkeln Vollbart getragen habe; in den Taschen
der Kleider würden sich vielleicht irgend welche Papiere finden, die den nötigen
Aufschluß gäben. Bald darauf erbot sich ein Saarbrücker Maurer, der
bei der Beerdigung der Soldatenleichen beschäftigt worden war, das Grab
zu bezeichnen. Er habe am Morgen des 7. August zwischen 8 und 9 Uhr
links vom Spicherer Wege nach St. Arnual zu 24 bis 30 Soldaten vom
2. Bataillon des 12. Regiments begraben, und dabei sei auch ein Vizefeldwebel von dem bezeichneten Aussehen gewesen, dessen Gesicht ganz mit Blut
bedeckt gewesen sei. Bei seiner Vernehmung stellte sich aber heraus, daß der
Totengräber mit zwei andern Männern viele Gräber geöffnet, die Leichen
untersucht und die vorgefundenen Papiere sich angeeignet hatte, um auf Grund
derselben den Angehörigen seine Dienste anzubieten. So weit ging die Gewinn-
sucht dieser Leute, daß sie die Grüfte der Verwesung durchsuchten! Die
unwahrscheinliche Aussage des Mannes wurde durch einen Reserveunteroffizier

von den Pionieren widerlegt, der andere, und zwar zuverlässigere Auskunft geben konnte. Dieser versicherte, daß am 7. August nachmittags die Leiche des Gesuchten mit 14 andern preußischen Soldaten nur durch Pioniere, ohne Beihilfe von bürgerlichen Personen, unter seiner Aufsicht in ein Grab auf dem Spicherer Berg und zwar auf den rechten Flügel gelegt worden sei. Er erbot sich die Stelle genau zu zeigen, und sobald er vom Militär entlassen war, reiste die Mutter (nun zum dritten Male) mit ihm nach Saarbrücken. Und jetzt endlich kam die Ärmste zu dem ersehnten Ziele. Das Grab wurde wirklich ermittelt, aufgegraben und die Leiche auch an der betreffenden Stelle gefunden. Der Tote trug den Siegelring noch unter dem Handschuh; Uhr und Kette aber waren geraubt. —

Die Zahl der Verwundeten in unsern Städten hatte sich allmählich vermindert. Mitte September lagen in Saarbrücken in 12 Lazareten noch 481 Deutsche und 112 Franzosen; in den Hospitälern des Kreises, die zusammen 1440 Betten zählten, befanden sich 909 Deutsche und 168 Franzosen. Bei ihrer Pflege waren thätig: 54 Ärzte, 143 Diakonissen und barmherzige Schwestern, 10 andere Pflegerinnen, 24 Diakone und barmherzige Brüder und 89 andere Pfleger. An 500 Verwundete und Kranke verlebten hier noch das Weihnachtsfest, an dem ihnen von edlen Menschenfreunden unter dem Christbaum Gaben der Liebe bescheert und auch der fernen Frauen und Kinder gedacht wurde.

Und nun ging das schwere Jahr 1870 zur Rüste, aber immer noch tobte der Krieg. Wohl allen aus dem Herzen gesprochen waren die Worte des Königs, die er am Neujahrsfeste in Versailles sprach: „Auf das vergangene Jahr blicken wir mit Dank, auf das beginnende mit Hoffnungen. Der Dank gebührt dem Heere, das von Sieg zu Sieg gezogen. Die Hoffnungen richten sich auf die Krönung des Werkes, einen ehrenvollen Frieden." Diese Hoffnungen stiegen von Woche zu Woche, da alle Anschläge der Feinde zu Schanden wurden, und zugleich wurden die Wünsche aller auf eine feste Einigung Deutschlands in schönster Weise durch die Erneuerung der deutschen Kaiserwürde erfüllt. Doch wir wollen nicht das wiederholen, was damals alle deutschen Herzen gefühlt haben; nur das, was Saarbrücken und St. Johann in Leid und Freud vor dem übrigen Vaterlande voraus hatte, soll ja diese Blätter füllen.

So war denn der Jubel groß, als am 8. März der große Staatsmann hier eintraf. Böllerschüsse und begeisterte Hochrufe empfingen den Mann, der mit fester Hand die Dinge zum schönen Ziele geleitet hatte. Graf Bismarck erwiderte auf die Begrüßung der Bürger: „Ich danke Ihnen allen für den liebevollen, freundlichen Empfang hier auf der alten Grenze unseres Vaterlandes und fordere Sie auf, Sr. Majestät unserm allergnädigsten Kaiser ein

Hoch auszubringen." Jubelnd stimmten alle ein. Acht Tage später konnten die Saarstädte den geliebten Herrscher selbst begrüßen, der im Glanze unerhörter Siege aus Frankreich zurückkehrte. Die Abgeordneten der rheinischen Städte und Gemeinden hatten sich hier zusammengefunden, um dem deutschen Kaiser in der ersten preußischen Stadt einen goldenen Lorbeerkranz zu überreichen. Der Bahnsteig war zu einer großen Festhalle umgewandelt, die Tausende von Menschen füllten, und nicht endendes Hoch- und Hurrahrufen begrüßte den Herrscher, als er mit dem Kronprinzen, dem Prinzen Karl und dem Grafen Moltke dem Wagen entstieg. Zuerst wurde Se. Majestät von dem Gouverneur der Rheinlande, dem greisen General Herwarth v. Bittenfeld, sodann von dem Oberpräsidenten v. Pommer-Esche begrüßt. Danach ergriff der Beigeordnete von Saarbrücken, Herr Fr. Quien, im Namen der Bürgerschaft beider Städte das Wort und gab der Freude derselben über die Ankunft des Kaisers Ausdruck. Der bescheidene Sinn des Königs verleugnete sich auch hier nicht. Mit den Worten „Sehen Sie, lieber Moltke, das alles habe ich Ihnen zu danken" ehrte er den großen Schlachtendenker.

Nun überreichte der Oberbürgermeister Bachem von Köln mit einer Ansprache den goldenen Lorbeerkranz und verlas die Adresse, in der die Dankbarkeit der von dem Feinde bedrohten Rheinprovinz ausgesprochen war. Schließlich übergab Fräulein Maria Sarry an der Spitze einer Abordnung von Saarbrücker Jungfrauen dem König einen prächtigen Blumenstrauß und trug ein von Konrad Herrmann verfaßtes Sonett vor. Se. Majestät reichte zum Danke der Sprecherin die Hand und unterhielt sich freundlich mit ihr. „Ihr habt viel hier in Saarbrücken gelitten", sagte er; „ich weiß es wohl." — „Ja, Kaiserliche Majestät", erwiderte Fräulein Sarry, „aber diese Stunde wiegt bei uns allen die Vergangenheit auf." Gewiß eine schöne Antwort! All das Ungemach und Leid, das der schwere Krieg gebracht hatte, war ja aufgewogen durch den herrlichen Gewinn: Ein einiges Reich, an seiner Spitze Preußens Heldenkönig als deutscher Kaiser!

———————

L. Die Ruhestätten der Toten und ihre Denkmäler.

Unsern Toten soll das letzte Kapitel der Kriegschronik gewidmet sein. Nachdem die letzten der verwundeten Krieger — gar mancher ∙freilich ein siecher Mann auf Lebenszeit — unsere Mauern verlassen hatten und das

Alltagsleben wieder in seine Rechte getreten war, blieben ihre Ruhestätten unser teures Vermächtnis; sie zu hüten und zu pflegen ist unsere heilige Pflicht geworden.

Die Gräber auf dem Schlachtfelde, von denen wir schon gesprochen haben, sind nicht die einzigen Ruhestätten unserer Helben; noch an drei Stellen in der Nähe der beiden Städte sind ihre sterblichen Überreste geborgen: auf den Friedhöfen beider Städte und im „Ehrenthal".

Auf dem Saarbrücker Friedhofe wurden am Nachmittag des 8. August Premierlieutenant Beelitz, die Lieutenants v. Kaphengst und Zachariä und der Vizefeldwebel Gruner vom Leibregiment, Hauptmann Kracht und Lieutenant Freiherr v. Falkenhausen vom 48. Regiment und Lieutenant v. Rex vom 3. Jägerbataillon unter der Teilnahme der Generäle v. Stülpnagel und v. Döring, des gesamten Offizierkorps und eines Teiles der Mannschaft bestattet. Man zog den Toten die Ringe von den Fingern, um sie den Angehörigen als Andenken zuzusenden, dann wurden sie, während die Musik einen Choral spielte, in die Gruft gesenkt, die der Militärgeistliche einsegnete. Der Divisionskommandeur rühmte in kurzen, markigen Worten die aufopfernde Tapferkeit der Gefallenen, die für das Vaterland in den Tod gegangen waren, dann dröhnten als letzte Grüße die Ehrensalven über die Heldengräber. An derselben Stelle wurden auch drei Offiziere vom 53. Regiment, die Premierlieutenants Meyer und v. Rapparb und Lieutenant v. Spiegel, sowie Landwehrlieutenant Cramer vom 40. Regiment beigesetzt.

Eine ähnliche Totenfeier hatte am Morgen besselben Tages auf dem St. Johanner Friedhofe stattgefunden. Neben dem Hause des Friedhofswärters standen 12 Särge, in denen Major v. Klinguth vom 48. Regiment, Premierlieutenant Kirsten vom 53. Regiment, Lieutenant Schmitz und Unteroffizier Spieker vom 39. Regiment, Vizefeldwebel Haverbeck vom 12. Regiment und 7 Soldaten ruhten; außerdem wurden 18 Preußen und 5 Franzosen ohne Särge in ein großes Grab gelegt. Später wurden dort auch Hauptmann v. Manstein (77. Regiment), Hauptmann Groß und Portepeefähnrich v. Ranbow (48. Reg.) beigesetzt, die anfangs auf dem Schlachtfeld beerdigt worden waren, dazu kamen noch drei Offiziere, die ihren am 6. August erhaltenen Wunden erlegen waren, nämlich Premierlieutenant v. Beaulieu (39. Regiment), Premierlieutenant v. Hobe und Hauptmann v. Oppen (12. Regiment). Im Ganzen ruhen hier ungefähr 250 Krieger, darunter 15 Offiziere; ihre Grabstätte ließ die Stadt St. Johann mit einem würdigen Denkmal bezeichnen, das am ersten Jahrestage der Spicherer Schlacht feierlich eingeweiht wurde. Der Beigeordnete Gustav Bruch hielt an Stelle des erkrankten Bürgermeisters die Festrede, in der er mit tiefempfundenen

Worten die Verdienste der Gefallenen pries und die Aufgaben der Über=
lebenden darlegte.

Von der städtischen Verwaltung Saarbrückens war schon am 7. August
der Plan gefaßt worden, die vom Schlachtfelde in die Stadt gebrachten Leichen
der Offiziere und die an ihren Wunden verstorbenen Krieger auf einem
eigenen Begräbnisplatze beizusetzen. Besonders geeignet hierzu erschien das
Mockenthal, auch „Galgenbelle" genannt, welches westlich von der Forbacher
Straße in unmittelbarer Nähe des Schlachtfeldes liegt. Dies Grundstück,
auf dem schon die im Jahre 1814 in Saarbrücken gestorbenen französischen
Soldaten beerdigt worden waren, wurde von der Stadt angekauft und als
Militärfriedhof eingerichtet; die Maurermeister B a r t h und S e h m e r über=
nahmen die Aufsicht über denselben. Noch an demselben Tage wurde der
Begräbnisplatz durch die Beerdigung dreier Offiziere vom 12. Regiment ein=
geweiht; dies waren die Lieutenants Graf R e v e n t l o w und v. P i r c h und
der Major J o h o w. Der General Alvensleben, welcher der Feier beiwohnte,
sagte tiefbewegt zu den Offizieren: „Was das Regiment geleistet, was es geopfert,
es ist so viel, daß einem die Stimme versagt, wenn man es aussprechen will."

Außer zahlreichen anderen Offizieren fand General v. F r a n ç o i s hier
seine Ruhestätte, dessen Grab jetzt die erste Reihe eröffnet. Hinter dieser
wurden in einem großen Massengrabe die Leichen der in den Lazareten

Begräbnis eines Offiziers im Ehrenthal.

geſtorbenen Krieger beſtattet, in der erſten, drangvollen Zeit — es waren ja
der Opfer zu furchtbar viele! — ohne Särge, ohne den Segen eines Geiſtlichen,
ohne Sang und Klang. Nur die auf der Straße nach Frankreich vorüber=
marſchierenden Truppen erwieſen ihren toten Kameraden zuweilen die letzte
Ehre, indem ſie unter den Klängen eines Chorals ernſt und ſchweigend an
der Trauerſtätte vorüberzogen. Als die Zeit etwas ruhiger geworden war,
wurde in den Städten Geld zur Beſchaffung von Särgen für die geſtorbenen
Krieger geſammelt, die Geiſtlichen begleiteten die armen Opfer zur Gruft,
und ein Zug von Bürgern bildete das Geſolge. Am 16. Oktober endlich
wurde der Friedhof nachträglich durch eine erhebende Totenfeier geweiht, an
der ſich mehrere Tauſend Menſchen beteiligten, unter ihnen auch die in Geneſung
begriffenen Verwundeten, denen unter den Ehrengäſten ihre Plätze angewieſen
waren. Schon hatte der Volksmund dieſer Ruheſtätte der Krieger den richtigen
Namen gegeben, den Wilhelm Fiſcher*) in ſeinem Gedicht „Umtauſe" ſeierte:

Die Galgendelle,	Wie feſt am Alten
So hieß die Stelle,	Wir ſonſt auch halten,
Wo wir gebettet	In ſolcher Stunde
Kraft, Jugend und Mut;	Zerfließt ſelbſt Stahl;
Wo nun ſie ſchlafen,	Und dankbar ſagen
Die vielen Braven,	In künft'gen Tagen
Die uns entkettet,	Zum ſtillen Grunde
Die uns errettet	Aus einem Munde
Ach! durch ihr Blut.	Wir: „Ehrenthal".

Über 450 deutſche und franzöſiſche Krieger, darunter 29 Offiziere, ſind
hier beerdigt, die meiſtens in den Lazareten geſtorben ſind; außerdem wurden
im Jahre 1890 mehrere auf dem neuen Exerzierplatz gelegene Gräber geräumt
und die Gebeine von ungefähr 80 Leichen feierlich in's Ehrenthal übergeführt.
Auch Veteranen des Krieges, die ſpäter in unſern Städten geſtorben ſind, wurden
an dieſer Stelle beſtattet, unter ihnen ruht Schultzen Kathrin dicht bei
den Kämpfern, denen ſie in der Gefahr ſo nahe war: ein ſchöner Beweis, daß
edle Menſchlichkeit auch im ſchlichten Kleide heute noch Anerkennung findet.

Der Friedhof und ſeine Umgebung iſt aufs ſchönſte nnd würdigſte her=
gerichtet: Trauerweiden und Lebensbäume beſchatten die Gräber, auf einem
Hügel ſteht das eherne Bild der trauernden Germania, die den Gefallenen
einen Kranz von Eichenlaub reicht. Neben dem Friedhof befindet ſich das
Denkmal des 53. Regiments, das am 6. Auguſt 1872 zugleich mit den Denk=
mälern der 74er, 39er, 40er (auf dem Roten Berg) und 77er (bei Stieringen)
feſtlich eingeweiht wurde; innerhalb der Umzäunung iſt den hier liegenden
franzöſiſchen Offizieren und Soldaten ein großes Sandſteinkreuz errichtet.

---

*) Früher Rektor in Ottweiler, jetzt in Bückeburg.

Die Gräber hütet ein Invalide vom 40. Regiment, namens Kretſch, der am 6. Auguſt durch einen Schuß in den Kopf das linke Auge verloren hat und eine Zeit lang der Sprache faſt völlig beraubt war.

Noch fehlte es an einem Denkmal, das an weithin ſichtbarer Stelle errichtet, an die großen Ereigniſſe des Jahres 1870 erinnern ſollte. Der Geheime Kommerzienrat Stumm, der Rechtsanwalt Fritz Böcking und andere patriotiſche Männer unternahmen es dieſen Gedanken zu verwirklichen. Kaiſer Wilhelm ſpendete einen großen Geldbeitrag zu den Koſten, und von über= allher, wo Deutſche wohnen, floſſen ſo reiche Beiträge zuſammen, daß der Bau in Angriff genommen werden konnte. Als Standort wurde der Winterberg gewählt, der ja in den Kämpfen jener Tage eine ſo wichtige Rolle geſpielt hat und eine prächtige Ausſicht zugleich auf die beiden Städte und das Schlacht= feld gewährt. Hier ſteht der ſtattliche von Regierungsrat Lieber in Düſſeldorf entworfene Bau: auf einem künſtlichen Erdhügel eine nach dem Vorbilde des Königsſtuhls zu Rhenſe errichtete zehnſeitige von ebenſoviel gotiſchen Bogen durchbrochene Halle, in deren Mitte ein 20 Meter hoher mit einem ſteinernen Helm gedeckter Turm ſich erhebt. In halber Höhe umgibt ihn ein breites Band, auf dem die an Juli= und Auguſtkämpfen bei Saarbrücken beteiligten Truppen verzeichnet ſind. Darüber iſt auf der den Spicherer Höhen zugewandten Seite eine Tafel mit der Inſchrift: „Deutſchlands Helden 1870—71“ an= gebracht, auf der Seite nach den Städten zu der deutſche Reichsadler. Gerade unter dieſem befinden ſich die Namen des 7. Ulanen= und des 40. Regiments, welche die Wacht an der Saar hielten, während unter der Widmungstafel das 39. Füſilierregiment, das den Kampf am 6. Auguſt begonnen, und das 12. Grenadierregiment, das die ſtärkſten Verluſte erlitten, verzeichnet ſind. Am 9. Auguſt 1874 wurde das Denkmal in Gegenwart des Kriegsminiſters General v. Kamke, des Oberpräſidenten v. Bardeleben, des Regierungs= präſidenten v. Wolff, des Generals v. Rex und vieler anderer Offiziere, unter der Teilnahme der geſamten Bevölkerung der Umgegend, vieler Vereine und Abordnungen von auswärts feſtlich eingeweiht. Auf den Weiheſpruch des Superintendenten Zilleſſen folgte die von patriotiſcher Begeiſterung durchwehte Feſtrede des Rechtsanwalts Fritz Böcking. Bei dem Feſtmahle, das viele Bürger mit ihren Gäſten in dem neuen Kaſino vereinigte, wurde für „den Letzten von Spichern“, den Füſilier Fender vom 48. Regiment, den eine ſchwere Verwundung durch die Lunge noch immer im Garniſonlazaret zurück= hielt, eine Sammlung veranſtaltet, die 170 Thaler ergab; weitere Sammlungen durch die Zeitungen befreiten den Armen von Nahrungsſorgen.

Bei der Einweihung des Denkmals verlas der Regierungspräſident ein Kaiſerliches Handſchreiben aus Gaſtein, durch welches Se. Majeſtät den Städten

Saarbrücken und St. Johann „zur Erinnerung an ihre patriotische und opferwillige Haltung während des letzten Krieges" fortan die Preußischen Farben in ihren Wappen zu führen gestattete. Nach längeren Verhandlungen mit dem Heroldsamte wurde des Näheren bestimmt, daß die Städte als großes Wappen den Preußischen heraldischen Adler mit dem früheren Wappen als Brustschild, als kleines Wappen aber den bisherigen Schild mit schwarz-silbernem Rande führen dürften. Doch damit war die Gnade des Kaisers und sein Wohlwollen für unsere Städte noch nicht erschöpft: der prachtvoll ausgeschmückte Saarbrücker Rathaussaal mit den herrlichen Bildern Anton v. Werners legt Zeugnis davon ab.

Wir sind am Schlusse unserer Kriegserinnerungen. Fünfundzwanzig Jahre sind seit jener denkwürdigen Zeit dahingegangen, doch das Gedächtnis der Augusttage von 1870 lebt noch frisch in den Herzen der Bewohner von St. Johann-Saarbrücken. Alljährlich am 6. August ziehen die Schulen und die Kriegervereine ins Ehrenthal und aufs Schlachtfeld hinaus, um die Gräber mit Blumen zu schmücken, und ein großes Kinderfest prägt auch den Kleinen die Erinnerung an Deutschlands große Zeit ein. Und mit Recht. Thut es doch Not, das heranwachsende Geschlecht immer wieder daran zu erinnern, daß das Große und Herrliche, das wir besitzen, nicht etwas Selbst-verständliches ist, sondern mit schweren Opfern errungen wurde. Möge diese schöne, pietätvolle Sitte noch lange in unsern Städten gepflegt werden, und mögen die bevorstehenden Fest- und Erinnerungstage dazu dienen, den Geist der Opferwilligkeit und der Hingabe an das große Ganze, der uns 1870 und 1871 von Sieg zu Sieg geführt hat, in den deutschen Herzen neuzubeleben und zu stärken! Dann können wir vertrauensvoll auch an die Aufgaben herantreten, die eine neue Zeit uns stellen mag. Unser Wahlspruch aber bleibe allewege:

Mit Gott für Kaiser und Reich!